FÓRUM NACIONAL

XXIV FÓRUM NACIONAL – 14 a 17 de maio/2012

Tema básico:
RUMO AO BRASIL DESENVOLVIDO (EM DUAS, TRÊS DÉCADAS):
Estratégia de Desenvolvimento para Transformar Crise em Oportunidade, através de Três Propostas Básicas (Economia do Conhecimento, Mobilização pela Competitividade Nacional e Uso Universal do Mercado de Capitais), aproveitando Grandes Oportunidades. Brasil – "País de Classe Média"

PATROCINADORES

Grandes Beneméritos – Especiais

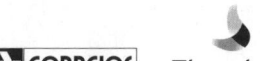

GOVERNO FEDERAL – BRASIL – PAÍS RICO É PAÍS SEM POBREZA

ipea • BNDES • FINEP
PETROBRAS • Banco do Brasil • CAIXA

BID • IBMEC MERCADO DE CAPITAIS • ODEBRECHT

Telefônica | vivo

Grandes Beneméritos

CORREIOS • Eletrobras

RIO PREFEITURA • Light • Bradesco • SEBRAE • CCR • ANDRADE GUTIERREZ

Sistema FIRJAN INFORMA, FORMA, TRANSFORMA • CNI Confederação Nacional da Indústria • BM&F BOVESPA A Nova Bolsa • ibp • GERDAU

oi • natura bem estar bem • queiroz galvão EXPLORAÇÃO E PRODUÇÃO • Shell • OGX GRUPO EBX • Statoil • Icatu

Patrocinadores Especiais

BRASIF • SIEMENS • FIESP • BRF BRASIL FOODS

INSTITUTO NACIONAL DE ALTOS ESTUDOS – INAE
Rua Sete de Setembro, 71 – 8º andar – Centro • 20050-005 – Rio de Janeiro/RJ
Telefone: (21) 2212-5200 – Fax: (21) 2212-5214 • www.forumnacional.org.br • e-mail: inae@inae.org.br

RUMO AO BRASIL DESENVOLVIDO
(EM DUAS, TRÊS DÉCADAS)

Preencha a **ficha de cadastro** no final deste livro
e receba gratuitamente informações
sobre os lançamentos e as promoções da Elsevier.

Consulte também nosso catálogo
completo, últimos lançamentos
e serviços exclusivos no site
www.elsevier.com.br

RUMO AO BRASIL DESENVOLVIDO
(EM DUAS, TRÊS DÉCADAS)

João Paulo dos Reis Velloso
Coordenador

João Paulo dos Reis Velloso • Ozires Silva
Cláudio R. Frischtak • Luciano Coutinho
Robson Braga de Andrade • José Ricardo Roriz Coelho
Carlos Mariani Bittencourt • José Augusto de Castro
Paulo Godoy • Humberto Barbato
Marcelo Odebrecht • Paulo Stark
Raul Velloso, Marcelo Caetano, Marcos Mendes e Paulo Springer
Regis Bonelli e Armando Castelar Pinheiro
Julio Gomes de Almeida • Carlos A. Rocca • Glauco Arbix
Osmond Coelho Jr. e Ana Luiza Silva Costa de Albuquerque
João Carlos França de Luca • André Araujo
Otto Vicente Perrone • Clayton Melo

© 2013, Elsevier Editora Ltda.

Todos os direitos reservados e protegidos pela Lei nº 9.610, de 19/02/1998.

Nenhuma parte deste livro, sem autorização prévia por escrito da editora, poderá ser reproduzida ou transmitida sejam quais forem os meios empregados: eletrônicos, mecânicos, fotográficos, gravação ou quaisquer outros.

Copidesque: Jussara Bivar
Revisão: Edna Cavalcanti e Roberta Borges
Editoração Eletrônica: Estúdio Castellani

Elsevier Editora Ltda.
Conhecimento sem Fronteiras
Rua Sete de Setembro, 111 – 16º andar
20050-006 – Centro – Rio de Janeiro – RJ – Brasil

Rua Quintana, 753 – 8º andar
04569-011 – Brooklin – São Paulo – SP – Brasil

Serviço de Atendimento ao Cliente
0800-0265340
sac@elsevier.com.br

ISBN 978-85-352-6399-2

Nota: Muito zelo e técnica foram empregados na edição desta obra. No entanto, podem ocorrer erros de digitação, impressão ou dúvida conceitual. Em qualquer das hipóteses, solicitamos a comunicação ao nosso Serviço de Atendimento ao Cliente, para que possamos esclarecer ou encaminhar a questão.

Nem a editora nem o autor assumem qualquer responsabilidade por eventuais danos ou perdas a pessoas ou bens, originados do uso desta publicação.

CIP-Brasil. Catalogação na fonte
Sindicato Nacional dos Editores de Livros, RJ

R89   Rumo ao Brasil desenvolvido (em duas, três décadas) /
        João Paulo dos Reis Velloso (organizador); Ozires Silva...
        [et al.]. – Rio de Janeiro: Elsevier, 2013.
        23 cm

        Apêndice
        ISBN 978-85-352-6399-2

        1. Desenvolvimento econômico – Brasil. 2. Brasil – Política
        econômica. 3. Brasil – Condições econômicas. 4. Brasil –
        Condições sociais. 5. Investimentos públicos. I. Velloso, João
        Paulo dos Reis, 1931-. II. Silva, Ozires. III. Instituto Nacional
        de Altos Estudos.

12-6057.   CDD: 338.981
                                            CDU: 338.1(81)

Sumário

Apresentação   xi
João Paulo dos Reis Velloso

PARTE I
RUMO AO BRASIL DESENVOLVIDO (EM DUAS, TRÊS DÉCADAS): AS TRÊS PROPOSTAS BÁSICAS

Rumo ao Brasil desenvolvido(em duas, três décadas)   3
João Paulo dos Reis Velloso

Vamos avançar sobre o futuro: é possível ser e fazer melhor   13
Ozires Silva

A social-democracia brasileira: seu momento de definição   17
Cláudio R. Frischtak

As grandes oportunidades prioritárias do BNDES, visando
transformar crise em oportunidade   57
Luciano Coutinho

PARTE II
MOBILIZAÇÃO NACIONAL PELA COMPETITIVIDADE, PRINCIPALMENTE NA ÁREA INDUSTRIAL

Fatores limitativos da competitividade industrial brasileira e como superá-los   63
Robson Braga de Andrade

O papel da indústria nas políticas de desenvolvimento do país   69
José Ricardo Roriz Coelho

Fatores estruturais de competitividade: oportunidade real de
crescimento para o Brasil   87
Carlos Mariani Bittencourt

Barreiras ao fortalecimento da competitividade industrial do Brasil   91
    Heitor José Müller

Estratégia de desenvolvimento para transformar crise em
oportunidade e promover competitividade no comércio exterior brasileiro   95
    José Augusto de Castro

Limites e possibilidades para o fortalecimento da competitividade industrial   111
    Paulo Godoy

Competitividade industrial no Brasil: negócio da China ou para
segurar a China?   115
    Humberto Barbato

A crise e a mobilização pela competitividade   121
    Marcelo Odebrecht

Uma agenda para a competitividade   125
    Paulo Stark

PARTE III
PRIORIDADE À ESTRATÉGIA DE COMPETITIVIDADE INTERNACIONAL DO BRASIL, PRINCIPALMENTE NA ÁREA INDUSTRIAL, COM MAIOR USO DO MERCADO DE CAPITAIS E BONS FUNDAMENTOS MACROECONÔMICOS

Estratégia de recuperação da poupança pública   133
    Raul Velloso, Marcelo Caetano, Marcos Mendes e Paulo Springer

Competitividade e desempenho industrial: além do câmbio   167
    Regis Bonelli e Armando Castelar Pinheiro

Indústria e desenvolvimento   195
    Julio Gomes de Almeida

Estratégia nacional de acesso ao mercado de capitais   219
    Carlos A. Rocca

PARTE IV
O FUTURO DA INOVAÇÃO, NO BRASIL, E COMO USAR O PRÉ-SAL PARA TRANSFORMAR A ECONOMIA

Como transformar a inovação em grande oportunidade   257
   Glauco Arbix

O Pré-sal como oportunidade   263
   Osmond Coelho Jr. e Ana Luiza Silva Costa de Albuquerque

Como transformar o Pré-sal em grande oportunidade para o desenvolvimento da indústria nacional de petróleo e gás   271
   João Carlos França de Luca

O Pré-sal no contexto das necessidades futuras de suprimento de energia   275
   André Araujo

Disponibilidade de matérias-primas para a indústria petroquímica no Brasil   281
   Otto Vicente Perrone

Os tablets vão mudar sua vida   301
   Clayton Melo

Apresentação

*João Paulo dos Reis Velloso**

---

*Presidente do Fórum Nacional.

Rumo ao Brasil Desenvolvido (em duas, três décadas) reúne algumas apresentações do XXIV Fórum Nacional, realizado em maio de 2012.

Trata-se, no fundo, de novos caminhos para o desenvolvimento brasileiro, dentro da ideia de transformar crise em oportunidade. Há uma crise global, mas nela, como em outras grandes crises da economia mundial, pode-se ver uma oportunidade para o Brasil, se jogarmos na defesa e no ataque (Sun Tzu, *A Arte da Guerra*), com visão estratégica.

Em que consiste a oportunidade?

O Brasil já poderia ser um país desenvolvido, se não tivesse feito opções erradas, em diversos momentos de sua história.

Agora, parece ao Fórum Nacional ser chegado o momento de iniciar uma trajetória que leve ao Brasil desenvolvido, no período de uma geração.

Esse, em essência, é o tema de *Rumo ao Brasil Desenvolvido*.

PARTE I

Rumo ao Brasil desenvolvido (em duas, três décadas): as três propostas básicas

Rumo ao Brasil desenvolvido
(em duas, três décadas)

João Paulo dos Reis Velloso

> *Você conhece o símbolo chinês para crise?*
> *É constituído de dois outros símbolos tomados em conjunto.*
> *Um significa perigo. O outro significa oportunidade.*
> **Stephen Becker**

> *Ser invencível está na defesa; a vulnerabilidade*
> *do inimigo vem com o ataque.*
> **Sun Tzu, *The Art of War*,***
> **The Folio Society, 2007**

---

* Escrito há 2.500 anos.

VISÃO DE BRASIL

Enquanto a Europa está tomando novos rumos, é hora de o Brasil definir o rumo que vai tomar. Em nosso entender, a rota a seguir é: **Rumo ao Brasil desenvolvido (em duas, três décadas)**
Como?
Com uma estratégia de desenvolvimento para transformar crise em oportunidade, por meio de três propostas básicas.
Primeira: Usar a economia do conhecimento para levar os investimentos em intangíveis a todos os setores da economia, inclusive setores primários como agronegócio moderno e mineração moderna, a todos os segmentos da sociedade, compreendendo aí os de renda mais baixa, o que significa também inclusão digital.
Intangíveis: Conhecimento sob todas as formas: Educação (técnica e tecnológica), Ciência e Tecnologia (tecnologias genéricas, como as TICs, tecnologias específicas do setor), Engenharia de Processo, Engenharia de Produto, métodos modernos de Management, Design, Logística.
É este o paradigma econômico do século XXI.
O Brasil vem perdendo posição nessa área. Entre 1989 e 2011, a Produtividade Total dos Fatores (PTF)[1] no país mostrou queda de 7%. E a PTF é constituída, essencialmente, de economia do conhecimento, com um pouco de elementos institucionais.
Segunda: Mobilização nacional pela competitividade internacional do Brasil, principalmente na área industrial, evitando vulnerabilidades na área de importações e fortalecendo a capacidade de exportar.

---

[1] Ver *The Conference Board*.

Terceira: Uso universal do mercado de capitais, por empresas abertas e empresas fechadas, grandes e pequenas.

Viabilização da estratégia

Atuação na defesa e no ataque, segundo a prescrição de Sun Tzu.

Condições macroeconômicas favoráveis: o trinômio câmbio-inflação-ajuste fiscal permanente. Com um destaque: a Taxa de Investimento em Capital Fixo é, hoje, de cerca de 17% do PIB. Meta: 22% em 2015.[2]

A questão política: um mínimo de normalidade. A sociedade deve estabelecer que "O crime não compensa".

PROPOSTA: MOBILIZAÇÃO NACIONAL
PELA COMPETITIVIDADE DO PAÍS, PRINCIPALMENTE
NA ÁREA INDUSTRIAL (CHORAR MENOS E
TORNAR-SE MAIS COMPETITIVO)

Mobilização do governo (principais instituições) e lideranças empresariais para apoio ao fortalecimento da competitividade brasileira, principalmente na área industrial.

Objetivo: Reindustrialização do País, a fim de que a indústria de transformação (nos setores mais competitivos) volte a exercer papel de liderança no desenvolvimento nacional.

Inegavelmente, a indústria brasileira precisa revitalizar-se, pois vem perdendo participação no PIB e nas exportações:

Participação no Valor Adicionado total
(preços constantes de 1990)

1972-1980	2007
30%	23,7%

---

[2] Ver, adiante, texto de Raul Velloso.

Desempenho do PIB por setores

	1998-2004	2005-2011
Indústria de transformação	1,8% a.a.	1,8% a.a.
Agropecuária	4,8% a.a.	3,3% a.a.
Extrativa mineral	4,4% a.a.	4,9% a.a.
PIB (VA)	2,3% a.a.	3,7% a.a.

Vulnerabilidades do Brasil (sexto PIB do mundo), no tocante a pilares da competitividade:[3]

Qualidade da infraestrutura	104º lugar
Desequilíbrios macroeconômicos	115º lugar
Má qualidade da educação	115º lugar
Rigidez do mercado de trabalho	121º lugar
Qualidade das instituições	93º lugar

Além, claro, do fato de não sermos potência em inovação e tecnologia, como é o caso da China.

Em um país com a nossa riqueza de recursos naturais (até excessiva, segundo o *The Economist*), é possível restabelecer uma posição de liderança da indústria de modo a beneficiar também o agronegócio e a mineração (petróleo/gás), pela construção, em torno desses setores, de grandes complexos industriais (fornecimento de bens, equipamentos, adição de valores em geral).

E integração também, com serviços modernos, principalmente as tecnologias do futuro.

Em síntese: integração de indústria moderna (setores líderes como equipamentos de informática, produtos eletrônicos e ópticos; máquinas e equipamentos de vários tipos; veículos automotores, celulose e papel, produtos químicos, metalurgia em geral), agronegócio competitivo, serviços modernos.

Sempre seletivamente e sempre com alta produtividade – de preferência, criando produtos diferenciados e novas vantagens comparativas.

---

[3] Global Competitiveness Indicators (GCI), World Economic Forum.

PROPOSTA: MAIOR PARTICIPAÇÃO DAS EMPRESAS, PRINCIPALMENTE INDUSTRIAIS (ABERTAS E FECHADAS) NO MERCADO DE CAPITAIS (IBMEC – MERCADO DE CAPITAIS)

Pontos básicos da proposta

A parcela das empresas brasileiras que participam do mercado de capitais é muito pequena.

Há vários instrumentos e veículos financeiros do mercado de capitais que não estão sendo usados pelas empresas de capital aberto nem pelas de capital fechado.

A maior participação das empresas (grandes e pequenas, abertas e fechadas) permitirá obter redução do custo de capital e alongamento do prazo de financiamento.

E dará grande impulso à Bovespa.

Ponto a destacar: há novas oportunidades no mercado de capitais até para empresas de capital fechado (debêntures de empresas de capital fechado, aumento de recursos e redução de custo no Mercado de Capitais, inclusive com novo papel do BNDES).

Novas iniciativas do governo federal e de entidades privadas (principalmente a criação do Novo Mercado de Renda Fixa [NMRF]) e da ANBIMA (as últimas com apoio do BNDES) contribuem para criar as condições para que o mercado de capitais possa financiar parcela substancial das empresas brasileiras.

SUPERAÇÃO DO DRAMA BRASILEIRO E GRANDES OPORTUNIDADES

Superação do drama brasileiro

O País tem grandes oportunidades em setores intensivos, em recursos naturais, tecnologias do futuro, indústrias criativas, mas não tem sabido aproveitar.

Com a execução das três propostas básicas e com o uso dos intangíveis da economia do conhecimento, é possível superar esse drama e aproveitar grandes oportunidades.

Diversidade das áreas de grandes oportunidades brasileiras

Setores intensivos em recursos naturais

I. Usar o Pré-sal para transformar a economia brasileira, não apenas para produzir petróleo e gás.
II. Novos avanços na melhoria de nossa matriz energética.
III. Estratégia de implantação do carro elétrico (em paralelo com os biocombustíveis).
IV. Usar o "Modelo Escandinavo" para construir grandes complexos industriais em torno dos setores intensivos em recursos naturais (agronegócio/agroindústria, mineração moderna/metalurgia, petróleo/petroquímica).
V. Novas tecnologias de desenvolvimento de biocombustíveis (à base de celulose?).

Tecnologias do futuro

I. Universalização da inovação: Brasil como potência em inovação e tecnologia, a exemplo da China.
II. Transformação da biotecnologia, com base na biodiversidade, em uma das grandes tecnologias do século XXI. Temos a maior biodiversidade do mundo, mas usamos apenas 1%.
III. Transformar o Brasil em quinto centro global de Tecnologias de Informação e Comunicações (TICs).
IV. Estratégia de desenvolvimento da eletrônica orgânica, inclusive para produzir o chip orgânico.

"Teatro Mágico da Cultura" (indústrias criativas)

I. Estratégia de desenvolvimento das indústrias criativas (cultura, artes, *entertainment*, turismo).
II. Transformar o Delta do Parnaíba (Delta das Américas), a Ilha de Fernando de Noronha e a Ilha Grande (RJ) em atrações turísticas mundiais.

Desenvolvimento social

I. Novo sistema de transportes coletivos metropolitanos à base de trilhos (metrô, trem de subúrbio, bonde moderno – VLT).
II. Nova Era: transformar as comunidades (favelas) das regiões metropolitanas em oportunidade para desenvolver o País, usando setores como artesanato, economia solidária, cultura, turismo, qualificando a mão de obra.

Oportunidade global

Desenvolvimento ambiental: o Brasil como potência ambiental, principalmente pelo "PIB Verde" (agricultura verde, indústria verde, serviços modernos verdes).

TRAJETÓRIA DO DESENVOLVIMENTO

Após o impulsionamento da estratégia de desenvolvimento, o rumo a seguir: subir a escada, em estágios sucessivos, sempre numa trajetória em direção ao desenvolvimento, ao longo de duas, três décadas.

DA "NOVA CLASSE MÉDIA" À SOCIAL-DEMOCRACIA SUSTENTÁVEL

Existe hoje toda uma literatura, no País, sobre a "Nova Classe Média", relativa ao enorme contingente de brasileiros que ascendeu social e economicamente desde a década passada.[4]

A nova visão que se apresenta neste Fórum Nacional[5] é de uma social-democracia nos trópicos: o crescimento associado à queda nos índices de pobreza e na desigualdade de renda; e o fato de o aumento do consumo privado ser alavancado por grandes transferências do governo, aumentos reais de salários (particularmente do salário mínimo) além do crédito, principalmente nos extratos mais baixos da população.

---

[4] Ver, principalmente, Marcio Pochmann e Marcelo Néri.
[5] Cláudio R. Frischtak.

Paralelamente, a criação de empregos e o aumento de renda estão se dando na base da pirâmide – segmentos como serviços (não modernos), comércio e construção civil.

Esse tipo de social-democracia tende a perder sustentação, principalmente porque o País vem investindo pouco na produção de bens coletivos essenciais – ou seja, bens e serviços de uso de toda a população, como educação de qualidade, transporte de massa, saúde pública/saneamento.

Assim, a sustentabilidade do modelo depende de uma "reorientação de prioridades (e, pois, dos gastos do governo), reduzindo a ênfase nas transferências e voltando mais os recursos para os bens coletivos" (inclusive a geração e disseminação de conhecimento na sociedade).

A DIMENSÃO SOCIAL DO DESENVOLVIMENTO – BRASIL: "PAÍS DE CLASSE MÉDIA"

Se desejamos ter como modelo do Brasil "Um País de Classe Média", necessitamos de uma estratégia específica.

Pontos básicos:

- Impulsionar a taxa de investimento em capital fixo, até atingir o nível de 21% a 22% do PIB. Para isso, é indispensável a contenção de despesas de custeio do governo, aumentando o investimento público.
- Ampliar o uso dos intangíveis da economia do conhecimento, tanto na dimensão econômica quanto na dimensão social.
- Melhorar o aproveitamento das grandes oportunidades econômicas (em diferentes áreas) e sociais.
- Impulsionar a integração de educação, ciência e tecnologia: fazem parte do mesmo complexo. O desenvolvimento do capital humano deve trazer contribuição fundamental à solução dos problemas da economia e da sociedade (chega de alienação e isolacionismo).
- Fomentar a importância dos salários em ascensão gradual (sem indexação), para compatibilização (e estímulo) com o crescimento do emprego.
- Pobreza extrema: extinção o mais breve possível. Pobreza absoluta (necessidades básicas) sempre em declínio, por meio de crescimento contínuo e expressivo (como na década de 1970).

- Inclusão econômica e social para todas as formas de pobreza, inclusive em favelas ("Favela é cidade", favela é, também, oportunidade).

Além disso, implementar a "economia com alegria": inclusão cultural para todos.

Partir da realidade recente: entre 2005 e 2011, 64 milhões de brasileiros ascenderam social e economicamente das classes D e E para a classe C, e da classe C para a Classe B[6].

"É o equivalente à população da Itália."

A sustentação dessa mobilidade depende de bons níveis de crescimento e investimento (no sentido amplo). Nenhum modelo se sustenta só com o lado da demanda. Isso é viável se seguirmos a estratégia sugerida anteriormente. Todos os pontos são viáveis, se atuarmos de modo gradual e sistemático.

Com isso, teremos: **Brasil – País de classe média**.

SÍNTESE E CONCLUSÃO

Brasil desenvolvido – País de classe média para construir a "grande sociedade", o "sonho brasileiro".

---

[6] Estudo da CETELEM – BGN.

Vamos avançar sobre o futuro:
é possível ser e fazer melhor

*Ozires Silva**

---
*Reitor do Centro Universitário Monte Serrat (Unimonte) e fundador da Embraer.

Em abril de 2012 a *Revista Conjuntura Econômica* me convidou para uma entrevista que, publicada, saiu com o título desta mensagem, ganhando razoável repercussão, com algumas menções de leitores que tiveram acesso ao texto.

O Brasil vive momentos mágicos, na grande janela de oportunidades oferecida pelo mundo, mas ao mesmo tempo sempre com dúvidas sobre o próprio futuro. Acredito que a vontade de muitos brasileiros é que o país realmente consiga o lugar que merece, como nação mundial, e principalmente como um país de brasileiros que construíram uma realidade através da democracia.

O Brasil hoje para muitos é a terra dos sonhos, ou melhor, da realidade, da produção, das conquistas, do Pré-sal, da riqueza, dos aviões aqui produzidos voando em 90 países, da diversão, e ao mesmo tempo é a nação que oferece oportunidades para o desenvolvimento da vontade de "fazer acontecer", do empreender.

Entre nós, existem exemplos de empreendedorismo que nos estimulam a acreditar que, apesar das dificuldades, é possível fazermos mais, contribuindo para que o futuro seja construído de sucesso. De uma forma ou de outra, nosso país conseguiu mostrar uma face otimista perante o sistema internacional, ganhando o respeito pelos valores e alternativas que apresenta.

Hoje, em pleno século XXI, com Pré-sal, Amazônia Azul, economia aquecida e novos horizontes de comércio internacional, o Brasil vive momentos estratégicos positivos, e temos de enxergar mais longe. Na *Revista Conjuntura Econômica* usei a expressão "temos que superar os asiáticos", respondendo a uma questão do entrevistador, Claudio Accioli, de como nosso país poderia enfrentar a crescente dinâmica que vem da Ásia. Isso mesmo, "superar" é a palavra de ordem.

Temos de tentar identificar os problemas do país e defender de forma efetiva os investimentos em educação e formação dos brasileiros, além de posicionar o

Brasil para um novo alinhamento de inovação e busca de valores constantes sobre a tecnologia internacional, principalmente quando comparado com países como China e Índia.

Tornou-se essencial, na atualidade nacional, conquistar uma visão de futuro, propor estratégias de desenvolvimento e atacar os pontos principais, entre os quais incluo a educação como fundamental. A formação de grandes contingentes de compatriotas competentes é o atributo fundamental para o desenvolvimento e para criar o novo Brasil, com o qual sonhamos construindo o edifício que pode gerar conceito da superação.

Assim, é possível "ser e fazer melhor"!

A social-democracia brasileira: seu momento de definição

*Cláudio R. Frischtak**

---

*Presidente da Inter.B Consultoria Internacional de Negócios e Country Director do International Growth Center.
 O autor agradece a excelente assistência de pesquisa de Felipe S. Katz e os comentários de João Paulo dos Reis Velloso e de Fábio Giambiagi.

I. INTRODUÇÃO

O Brasil vem dando forma há mais de duas décadas a um novo modelo de economia, sem que necessariamente o corpo político ou a sociedade civil tenham formado uma visão *ex ante* dos seus contornos – ainda que os dois partidos dominantes nesse período tenham uma forte referência social-democrata.

Na realidade, o modelo não teve seu desenho planejado como tal, mas se estruturou como resultado de um duplo compacto: um explícito, refletido na Constituição de 1988 e no conjunto de direitos redistributivos consagrados no seu texto e na legislação posterior. Outro, implícito, que impulsionou políticas que priorizaram a estabilidade macroeconômica, o processo de abertura e modernização da economia, e ênfase crescente na redução da pobreza e da desigualdade.

Talvez por uma felicidade histórica, evitaram-se arroubos radicais (com a possível exceção do aprisionamento da poupança no Plano Collor) ou o recurso ao fundamentalismo econômico, principalmente no que diz respeito à desregulamentação financeira e à liberalização da conta de capital. Pelo contrário, pode-se argumentar que as políticas mais bem-sucedidas foram fruto de um processo de aprendizado ou aproximações sucessivas. O próprio Plano Real – inovador e uma ruptura com seus antecessores – destilou as lições da multiplicidade de tentativas malsucedidas de estabilização, inclusive e particularmente o Plano Cruzado. Da mesma forma, o Programa Bolsa Família de redução da pobreza foi resultado de um processo de unificação de diferentes iniciativas e integração de cadastros que garantiram foco e eficácia.

Assim, também o darwinismo social é estranho ao léxico da sociedade, exceto para frações politicamente extremas. Nesse sentido, políticas de proteção aos mais frágeis comandam um forte apoio, da mesma forma que a universalização dos benefícios (tal qual expresso na Lei Orgânica da Assistência Social – LOAS) e de serviços públicos (a exemplo do Sistema Único de Saúde – SUS) seja vista como natural, ainda que contenha um elemento de injustiça distributiva.

Qual é o cerne da social-democracia brasileira? Primeiro, o fato de o crescimento econômico estar associado simultaneamente à queda nos índices de pobreza *e* de desigualdade da renda, sendo impulsionado pelo consumo e secundariamente pelo investimento. Segundo, o fato de o consumo privado ser alavancado por transferências do governo, aumentos reais de salários (particularmente do salário mínimo) e ainda pelo crédito, resultando que a expansão do consumo se dê de forma mais acelerada nos extratos mais baixos de renda. Este modelo gera um crescimento apenas moderado da economia: afora em choques exógenos, uma expansão da ordem de 3% a 4% é "neutra" no sentido de ser consistente com uma não aceleração da inflação ou explosão do déficit em conta corrente.[1]

O mercado de trabalho, por sua vez, se caracteriza por um dinamismo peculiar: mesmo com a economia crescendo abaixo de seu potencial, o desemprego é bastante reduzido. Ao longo de 2011, na medida em que a economia desacelerava, paralelamente a taxa de desemprego caía fortemente, após um aumento no início do ano. Em parte isso se explica pelo fato de a criação de emprego (e o aumento dos rendimentos) estar se dando na base da pirâmide, em segmentos de baixa produtividade, a exemplo de serviços, comércio e construção civil, impulsionado pelo aumento e diferenciação do consumo das camadas sociais entrantes no mercado. Um padrão de crescimento centrado no consumo das novas classes médias e dos mais pobres (impulsionado por transferências governamentais, principalmente por uma dinâmica do mercado de trabalho que propiciou a ascensão da classe C), que gera baixos níveis de desemprego e cujo dinamismo maior está na base da pirâmide, pode sem dúvida ser caracterizado como virtuoso.

Porém a sustentabilidade desse modelo pode estar sendo colocada em cheque. Primeiro, pelas distorções que o vem acompanhando, mas que não parecem ser inerentes ao modelo social-democrata adotado tácita ou explicitamente no país. Estas dizem respeito à forma como o sistema político se financia e processa as demandas de estamentos político-burocráticos e grupos de pressão, e que geram gastos excessivos – a exemplo do sistema de aposentadorias e pensões do setor público – e improdutivos, por decorrência seja de incompetência na alocação dos recursos ou pelo seu mau direcionamento por conta de

---

[1] Essas taxas são consistentes com um olhar de prazo mais longo: o crescimento médio anual no período 1993-2003 foi de 3,33%, e de 3,88% em 2003-11.

processos decisórios marcados no mais das vezes pela corrupção. A deterioração dos costumes políticos e uma cultura de impunidade que permeia a sociedade são resultado de um legislativo frágil e um judiciário cujas regras de operação provocam injustiças flagrantes. O risco maior é que essas práticas se entranhem no sistema político e assumam o papel de uma "segunda natureza" da sociedade, travando as reformas necessárias.[2]

O segundo aspecto que coloca em risco no médio prazo a atual trajetória virtuosa diz respeito à baixa produtividade da economia, mais além do funcionamento do mercado de trabalho, cujo dinamismo na base da pirâmide vem adicionando empregos de limitado valor agregado (se bem que com salários crescentes), centrados nos serviços e na construção civil. O Brasil subinveste na educação e na capacitação de trabalhadores, assim como em infraestrutura física e social (e seus sistemas de gestão, operação e regulação) – isto é, nos alicerces da produção de *bens coletivos*. Exemplos desses bens incluem: mobilidade urbana (assentada em transportes coletivos de massa); acessibilidade (calcada em redes e nos concentradores de cargas e pessoas, tal qual portos e aeroportos); saúde comunitária (função de saneamento básico e redes eficazes de provisão de serviços); energia de qualidade (com acesso universal baseado em fontes renováveis e competitivas); e conhecimento (cujo suporte é a escola pública de qualidade e o sistema nacional de inovação).

Nessa perspectiva, a distorção *econômica* básica que confronta a social-democracia brasileira pode ser resumida no fato de que o país vem investindo pouco na produção dos bens essenciais para dar sustentabilidade ou perenidade aos aspectos virtuosos do atual modelo. Dito de outra forma, a melhoria do bem-estar de parte considerável da população reflete a ascensão a padrões de consumo de bens (e serviços) individuais típicos da classe média urbana, mas cujos ganhos de utilidade vêm rapidamente se exaurindo pela necessidade insatisfeita do consumo de bens coletivos. Assim, por exemplo, a melhoria representada pela aquisição do automóvel como marca registrada da ascensão das novas classes médias se vê colocada em cheque pela crise de *mobilidade* nas metrópoles brasileiras que vem aumentando o tempo morto gasto em deslocamento. A menos que sejam feitos investimentos maciços em transporte coletivo e outras soluções urbanísticas contemporâneas, a utilidade do automóvel como

---

[2] Para uma visão mais benigna do sistema político, ver Carlos Pereira, "Por que só olhamos a metade do copo vazio?", em *Valor*, 25 de janeiro de 2012, p. A8. Ver ainda Flavia Piovesan, "Uma grande vitória", em *O Globo*, 23 de fevereiro de 2012, p. 7, para as consequências positivas de o STF ter considerado constitucional a Lei da Ficha Limpa.

meio de transporte urbano irá progressivamente desaparecer, ao mesmo tempo em que subtrai da produtividade da economia.

De modo mais geral, os limites do modelo estão sendo dados – no lado da oferta – pela baixa produtividade dos fatores. Com a elevação dos custos unitários de trabalho (na medida em que a produtividade do trabalho não acompanha os salários) e as ineficiências que geram perdas significativas de competitividade, o país está se tornando uma plataforma de alto custo, exceto em recursos naturais, cadeias relacionadas e certos nichos. No médio e longo prazos não há como sustentar (e menos ainda acelerar) o crescimento.

Se as restrições pelo lado da oferta operam de forma insidiosa, minando gradativamente a capacidade de crescimento, não levam a uma parada súbita. A menos que ocorra uma nova Grande Recessão e um colapso no preço das commodities – não se exclui, mas é improvável – o curto prazo é determinado pela demanda doméstica, impulsionada pelo aumento da renda, expansão do crédito e transferências do governo. Apesar de o mercado de trabalho continuar aquecido com expansão do emprego e da renda, a demanda doméstica vem se enfraquecendo pela sua natureza cíclica (principalmente os bens duráveis), limitações à expansão do crédito (dada a escassez de ativos e a fragilidade financeira da classe C) e restrições fiscais para expandir as transferências do governo. Ao mesmo tempo, uma parte crescente da demanda "vaza" por uma combinação de custos crescentes e excesso de oferta nos mercados globais.

Caminha-se no fio da navalha. O modelo não pode ser pressionado. É capaz de produzir crescimento moderado, salvo uma quebra no superciclo de commodities. Mas seu grau de resiliência a choques é decrescente. A perda de competitividade pela elevação dos custos e insuficiência de investimentos – 19,3% do PIB em 2011 – se irradia da indústria para o restante da economia. A aparente solidez e dinamismo do mercado doméstico são enganosos: novos consumidores – as classes C e D – vêm se endividando rapidamente, e sem reservas para fazer frente a qualquer choque adverso.

A mudança no atual modelo terá de ser gradual: no plano macroeconômico, ampliando a poupança e o investimento, contendo o déficit em conta-corrente e a valorização do Real, e abrindo espaço fiscal que permita o aumento da poupança pública assim como dos investimentos em bens coletivos. Ao mesmo tempo, tornou-se imperativo a melhoria da gestão dos gastos públicos, a contenção dos gastos correntes e a racionalização das transferências.

A seção II descreve o que seja talvez o aspecto mais meritório do modelo vigente: a redução da pobreza e da desigualdade, e a ascensão de uma nova classe média. Esse fenômeno resulta de uma combinação de um mercado de trabalho que gera baixo nível de desemprego, inclusive e particularmente para os menos educados e os mais pobres, transferências significativas do sistema de benefícios previdenciários e de assistência social aliados à expansão do crédito.

A seção III estabelece os limites do modelo econômico que dá suporte à social-democracia brasileira. O país necessita de um *novo paradigma* que privilegie os investimentos em infraestrutura física e social e na acumulação de capital humano, que dê suporte à geração e disseminação de conhecimento. O objetivo é conciliar o aumento do bem-estar da população por meio de uma maior racionalidade intertemporal e qualidade nos gastos públicos (e privados), com ganhos de produtividade e menor pressão sobre os recursos naturais escassos.

A seção IV, conclusiva, indica as principais linhas dessa estratégia, que teria por ponto de partida uma mudança de cultura política, com a despartidarização dos organismos de Estado e a instituição de mecanismos que insulem ou ao menos minimizem a captura do Estado por interesses particulares. Faz-se necessário o reordenamento das prioridades e recursos por meio de uma *agenda de reformas* do Estado, mirando ganhos sistêmicos de produtividade, e um *mapa de ações* tendo por foco o capital humano, como base para a melhoria na produtividade do trabalho e a difusão do conhecimento na sociedade.

II. A REDUÇÃO DA DESIGUALDADE E DA POBREZA COMO CERNE DA SOCIAL-DEMOCRACIA BRASILEIRA

Desde meados da década de 1990, observa-se progresso significativo do país em reduzir a desigualdade e na luta contra a pobreza. Para todos os anos desde 2001, houve redução no coeficiente de Gini (Gráfico 1). Deve-se destacar o aspecto monotônico dessa trajetória, perpassando anos de baixo crescimento ou recessivos (2003, 2009) e de crescimento mais acentuado. Vale sublinhar que o grau de concentração medido pelo índice (0,52 ao início de 2012) permanece bastante elevado (quando comparado, por exemplo, a 0,36 na Índia e 0,42 nos EUA), sendo o tempo de convergência para este último de 16 anos.

Ainda que o índice de Gini apresente queda consistente desde 2000, sua dinâmica nos últimos 35 anos apresenta fases bastante distintas (Gráfico 2). Após queda na segunda metade da década de 1970 e algo parecido com um passeio aleatório (*random walk*) até o Plano Cruzado, houve alta acentuada com a retomada do processo inflacionário, chegando ao pico em 1989 e nova

GRÁFICO 1
Brasil: Evolução do coeficiente de Gini, 2001 a jan/2012

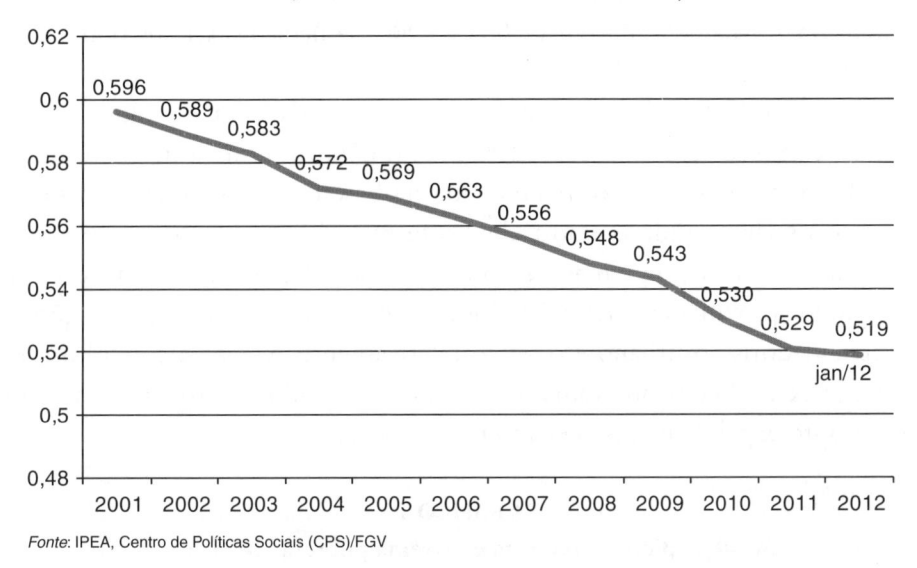

Fonte: IPEA, Centro de Políticas Sociais (CPS)/FGV

GRÁFICO 2
Brasil: Evolução do coeficiente de Gini, 1976 a jan/2012

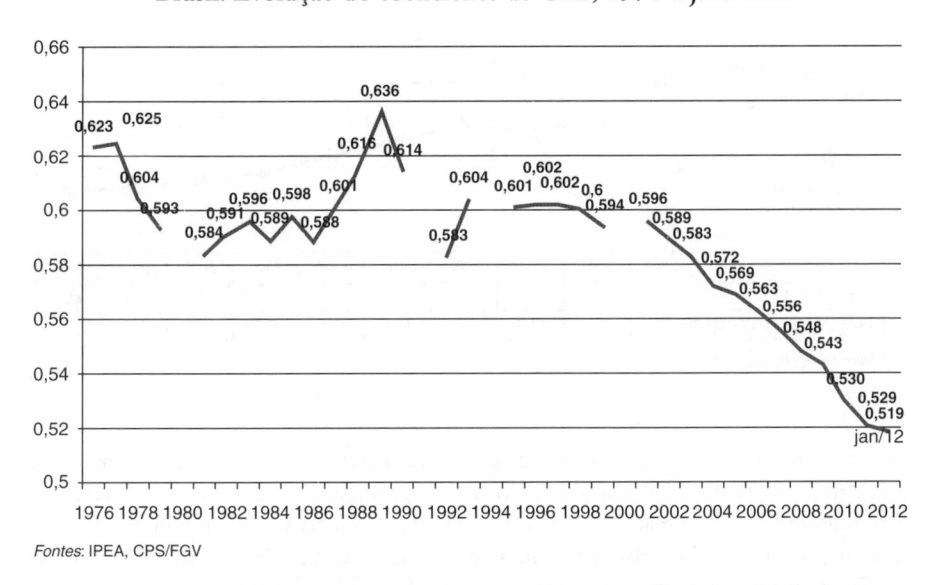

Fontes: IPEA, CPS/FGV

deterioração anterior ao Plano Real. O imposto inflacionário cobrado dos mais pobres fez da inflação no país a máquina possivelmente mais eficiente de concentração de renda.

A queda da desigualdade foi acompanhada de uma redução acentuada da taxa de pobreza.[3] Conforme o Gráfico 3, enquanto o índice de pobreza contraiu de 35,2% para 21,4% entre 2001 e 2009, a queda da extrema pobreza foi ainda mais dramática, pois se reduziu pela metade em termos percentuais (de 15,3 para 7,3).[4] Mais além da estabilidade macroeconômica, a evolução desses índices, como se verá adiante, reflete uma dinâmica positiva no mercado de trabalho, em que o excesso de demanda na base da pirâmide levou à maior adesão ao salário mínimo e ao trabalho formal. A evidência também sugere a importância dos programas de seguridade social e transferência de renda (atingindo aproximadamente 64 milhões de pessoas). Por fim, a promoção do empreendedorismo urbano e o apoio relativamente extenso à agricultura familiar (a exemplo dos programas de crédito subsidiado do Pronaf) vêm tendo importante papel de inclusão econômica e social.

GRÁFICO 3
Brasil: Índices de pobreza e extrema pobreza, 2001-2009

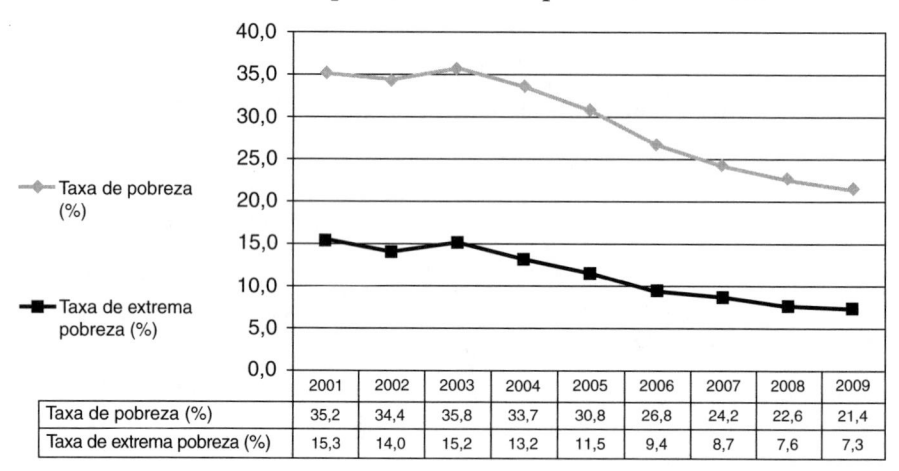

	2001	2002	2003	2004	2005	2006	2007	2008	2009
Taxa de pobreza (%)	35,2	34,4	35,8	33,7	30,8	26,8	24,2	22,6	21,4
Taxa de extrema pobreza (%)	15,3	14,0	15,2	13,2	11,5	9,4	8,7	7,6	7,3

Fonte: IPEA; elaboração Inter.B

---

[3] A taxa de extrema pobreza é o percentual de pessoas na população total com renda domiciliar *per capita* inferior à linha de indigência (ou miséria ou extrema pobreza). A linha de extrema pobreza aqui considerada é uma estimativa do valor de uma cesta de alimentos com o mínimo de calorias necessárias para suprir adequadamente uma pessoa, com base em recomendações da FAO e da OMS. São estimados diferentes valores para 24 regiões do país. Série calculada a partir das respostas à Pesquisa Nacional por Amostra de Domicílios (PNAD/IBGE). A linha de pobreza é o dobro da linha de extrema pobreza.

[4] A queda da pobreza na década só foi interrompida no ano 2003 em função do forte ajuste na economia (e nas contas públicas), refletido no mercado de trabalho.

Em números absolutos, 12 milhões de pessoas saíram da extrema pobreza entre 2001 e 2009 e outros 19,3 milhões galgaram acima da linha da pobreza (Gráfico 4). Na realidade, o movimento maciço de ascensão foi de magnitude suficiente para possibilitar a constituição de uma nova classe média. A extrema pobreza, por outro lado, se apresenta sob a forma de ao menos 13 milhões de pessoas com alta dependência de transferências do governo. É provável que o dinamismo do mercado de trabalho formal seja insuficiente para impulsioná-las acima da linha de pobreza extrema. Para superar este desafio serão necessários mecanismos que tenham por alvos adultos sem educação e jovens em situação de risco oriundos de famílias desestruturadas, maior acesso ao crédito e à terra, programas especiais de treinamento e absorção de mão de obra, e provisão de bens coletivos. Melhorias na segurança de comunidades urbanas de baixa renda, que reduzem os custos de transação e valorizam os ativos das famílias, seria parte de um esforço maior de reduzir rapidamente a extrema pobreza.[5]

GRÁFICO 4
Brasil: A evolução da pobreza em números absolutos, 2001-2009

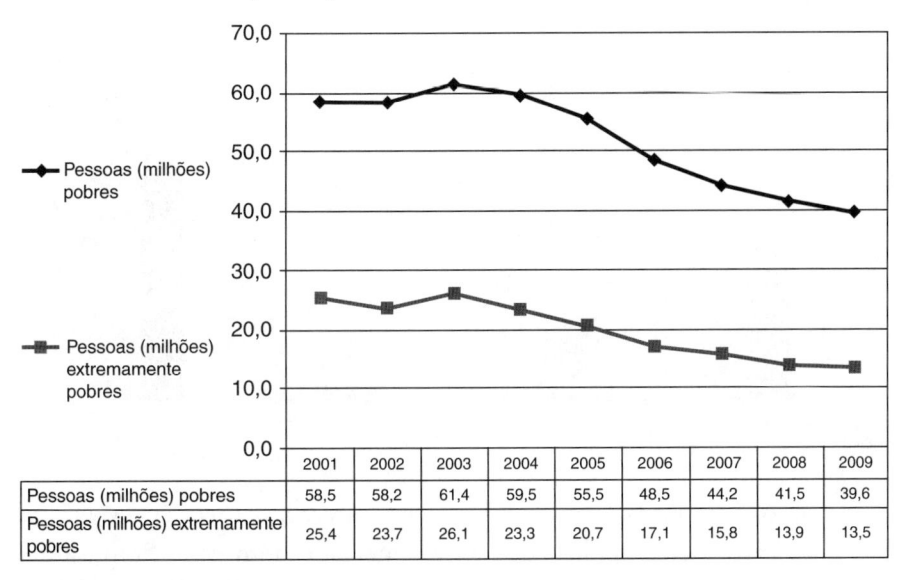

	2001	2002	2003	2004	2005	2006	2007	2008	2009
Pessoas (milhões) pobres	58,5	58,2	61,4	59,5	55,5	48,5	44,2	41,5	39,6
Pessoas (milhões) extremamente pobres	25,4	23,7	26,1	23,3	20,7	17,1	15,8	13,9	13,5

Fonte: IPEA; elaboração Inter.B

---

[5] O Programa "Brasil sem Miséria" pretende chegar à população que ainda está em condição de extrema pobreza, identificando e inscrevendo pessoas que precisam e ainda não recebem o Bolsa Família. Para quem já recebe, o objetivo é apoiar na procura de formas alternativas de renda de modo a propiciar melhoras permanentes nas condições de vida.

Conforme observado, um dos epifenômenos da transformação econômica e social observada nos últimos anos foi a ascensão de uma nova classe média. Este movimento se inicia com a queda da inflação, a estabilidade macroeconômica e a reorganização fiscal do Estado, que propicia os recursos para cumprir o contrato social refletido na Constituição de 1988, e se acelera nos anos 2000 com a recuperação sustentada da economia (Gráfico 5). Em termos percentuais observa-se uma queda na participação das classes D e E entre 1993 e 2002 (de 63% para 53%), e uma expansão correspondente nas classes C (31% para 39%) e A/B (6% para 8%). Porém, em números absolutos, somente na década que segue há uma contração acentuada, com cerca de 30 milhões de pessoas deixando as classes D/E e 37,4 milhões de pessoas ascendendo à classe C, compondo 55% da população (e 47% do poder de compra).[6]

GRÁFICO 5
Brasil: Demografia por classe socioeconômica (milhões de habitantes)
1993, 2002, 2011

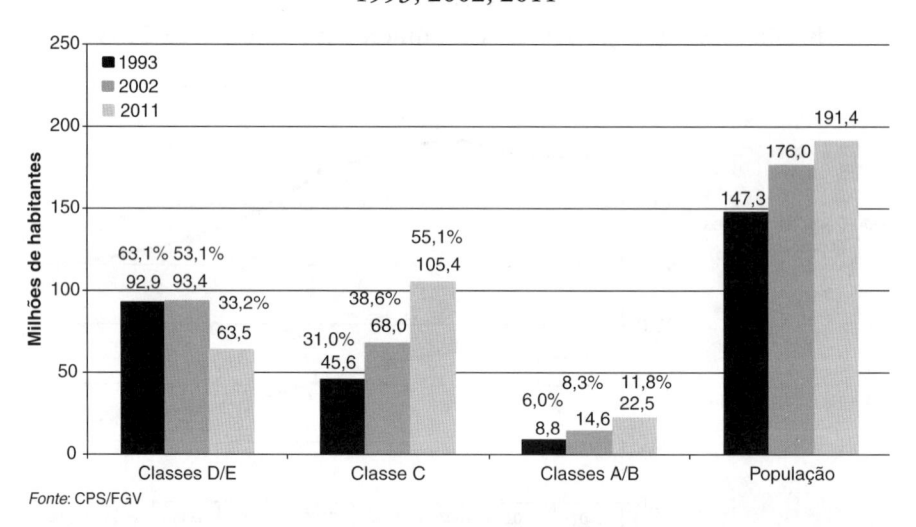

Fonte: CPS/FGV

Do ponto de vista da economia brasileira, talvez a consequência mais relevante desse movimento tenha sido sobre o mercado doméstico, impulsionado em forte medida pelo consumo da nova classe média. O crédito, por sua vez,

---

[6] De acordo com o Centro de Políticas Sociais – CPS/FGV. Ver M. Neri, "Cenários de classe", *Valor*, 27/03/12, p. A15. O CPS projeta para 2014 uma redução do contingente D/E para 48,9 milhões (25% do total de 196 milhões) e uma classe C de 118 milhões (60,2%) e A/B de 29,1 milhões (14,8%). Ver www.fgv.br/cps/ncm2014.

passou a ter um papel crítico no processo, pois historicamente o nível de endividamento das famílias no país foi baixo, como uma das heranças da elevada inflação e sua volatilidade, e a imprevisibilidade da renda disponível para as classes D/E. O Gráfico 6 mostra a evolução das operações de crédito para habitação e para o consumo das famílias entre 2002 e 2011.[7] Ambas se expandem de forma intensa, e sua participação no PIB praticamente triplica: se no caso do crédito ao consumo os ganhos são progressivos ao longo da década, no caso do crédito imobiliário o salto se dá de 2006 em diante.

GRÁFICO 6
Brasil: Operações de crédito – indivíduos e habitação, 2002-2011
(em R$ milhões e % do PIB)

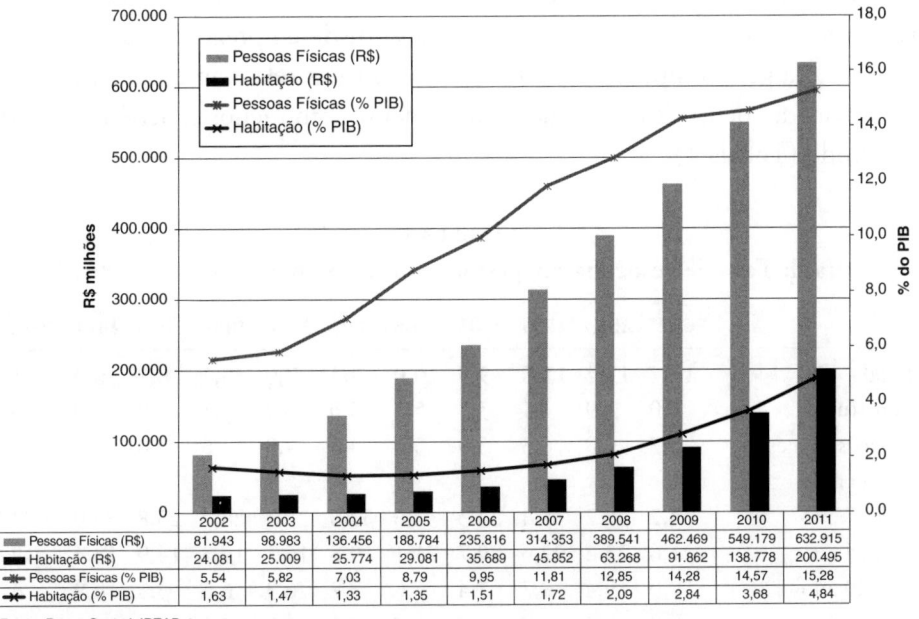

	2002	2003	2004	2005	2006	2007	2008	2009	2010	2011
Pessoas Físicas (R$)	81.943	98.983	136.456	188.784	235.816	314.353	389.541	462.469	549.179	632.915
Habitação (R$)	24.081	25.009	25.774	29.081	35.689	45.852	63.268	91.862	138.778	200.495
Pessoas Físicas (% PIB)	5,54	5,82	7,03	8,79	9,95	11,81	12,85	14,28	14,57	15,28
Habitação (% PIB)	1,63	1,47	1,33	1,35	1,51	1,72	2,09	2,84	3,68	4,84

Fontes: Banco Central, IPEAData
Notas: Dados para pessoas físicas exclui crédito rural e habitacional. Dados para habitação referem-se às operações realizadas com pessoas físicas e cooperativas habitacionais. As operações destinadas a empreendimentos imobiliários são classificadas no segmento indústria.

---

[7] Vale indicar que, desde 2003, o volume total de operações de crédito na economia saltou de 24% em 2003 para 49,1% em 2011, certamente um dos direcionadores do crescimento econômico. De acordo com o Banco Mundial, que usa um método distinto do Banco Central, em 2010 a participação do crédito era de 57% do PIB, acima da Índia (49%), porém inferior à China (130%) e às economias maduras, a exemplo de Alemanha (108%), França (114%), Japão (169%), EUA (202%) e Reino Unido (204%). Quanto ao crédito imobiliário, sua participação no PIB foi de 4,8% em 2011, dentre as mais baixas, comparado com Chile (18,5%), Alemanha (47,6%), Canadá (53,9%), Austrália (84,2%), Nova Zelândia (89,9%), e Holanda (105,6%), todas ao final dos anos 2000. Na América Latina, o mercado chileno é o mais avançado e eficiente, sem direcionamento do crédito, que é 100% securitizado e comercializado num mercado secundário denso e líquido.

A redução da desigualdade e da pobreza no Brasil e o deslocamento maciço de classes são explicados fundamentalmente por dois fatores de ordem distinta, ainda que não inteiramente independentes. Primeiro, o dinamismo do mercado de trabalho e as melhorias nos níveis de educação que levaram a um aumento real na renda do trabalhador. Segundo, os programas de seguridade social e transferência de renda que ampliaram a rede de proteção e possibilitaram a integração das famílias mais pobres ao mercado consumidor. Estima-se que cerca de dois terços da redução da desigualdade podem ser atribuídos ao padrão de expansão do mercado de trabalho em anos recentes, e o restante adviria da renda previdenciária (15,7%) e dos programas sociais (17%), sendo o Bolsa Família o mais relevante.[8]

Um aspecto que chama atenção no padrão de crescimento da economia brasileira nos últimos anos é a dinâmica virtuosa do mercado de trabalho, particularmente a combinação de contração nas taxas de desemprego e a capacidade de a economia gerar emprego e renda para as camadas relativamente mais frágeis em atividades ocupadas por aqueles tipicamente com menos experiência e anos de estudo (Tabela 1).

TABELA 1
Brasil: Taxa de desocupação, pessoas com 10 ou mais anos, 2002-2012

	2002*	2003	2004	2005	2006	2007	2008	2009	2010	2011	2012**
Total	11,7	12,4	11,5	9,9	10,0	9,3	7,9	8,1	6,7	6,0	5,6
Construção	6,0	8,9	7,1	5,7	5,5	5,0	3,9	4,1	2,9	3,0	3,1
Serviços domésticos	5,7	6,8	6,3	5,0	5,0	4,8	4,0	3,6	3,0	2,4	1,9
Faixa etária											
15 a 17 anos	34,2	38,2	35,4	33,3	32,6	32,0	28,8	28,7	25,8	23,0	23,8
18 a 24 anos	21,6	23,4	22,6	20,7	21,1	19,8	16,7	17,3	14,9	13,4	12,6
25 a 49 anos	9,0	9,4	8,7	7,4	7,6	7,2	6,3	6,6	5,5	4,9	4,7
50 anos ou mais	4,9	5,3	4,7	3,7	3,7	3,2	2,8	3,0	2,4	2,3	2,0
Grau de instrução											
Menos de 8 anos	12,1	12,0	10,6	8,9	8,9	8,1	6,8	6,6	5,5	5,0	4,2
8 a 10 anos	15,5	16,6	15,8	13,4	13,7	12,6	10,7	10,5	9,1	8,1	7,5
11 anos ou mais	9,6	10,7	10,4	9,1	9,3	8,8	7,6	8,0	6,5	5,8	5,6

Fonte: PME/IBGE
Notas: Taxas anuais referentes à média dos 12 meses.
* Média de março a dezembro.
**Média de janeiro e fevereiro.

---

[8] Ver Marcelo Neri, "Geografia das Fontes de Renda", CPS/FGV, agosto de 2010, pp. 15-16.

Desde 2003 a taxa média de desemprego nas regiões metropolitanas vem caindo sistematicamente (com exceção de 2006), chegando em 2011 a 6%. No período, o rendimento médio real se expandiu em 22,2% e a proporção de trabalhadores com carteira assinada no setor privado chegou a 48,5% (era 39,7% em 2003). Esse desempenho se combina com outros elementos do funcionamento do mercado que indicam que a economia gera resultados extremamente favoráveis do ponto de vista distributivo e do bem-estar da população.

Primeiro, a taxa de desemprego dos mais jovens vem acompanhando a queda do agregado, o que sugere que o mercado vem absorvendo trabalhadores que historicamente teriam mais dificuldade de se colocar por falta de experiência. Segundo e igualmente importante, a criação de emprego está se dando na base da pirâmide, com rendimentos de até dois salários mínimos. Em 2011, os maiores responsáveis pelo saldo de quase dois milhões de postos de trabalho foram os serviços, comércio e construção civil. Nesses setores, os rendimentos cresceram de forma acentuada para as categorias que historicamente foram penalizadas pelo excesso de mão de obra com baixo nível de qualificação.[9] Assim, no período 2003 a 2011, os maiores ganhos reais foram para o serviço doméstico e trabalhadores na construção (ajudantes e pedreiros, na maioria).[10]

Como se explica o comportamento de modo geral virtuoso do mercado de trabalho?

O ponto de partida para a melhora do mercado de trabalho no Brasil foi o fim do processo hiperinflacionário e os ganhos reais de renda propiciados pelo Plano de Estabilização. Após as crises de 1999 e 2002, o forte ajuste de 2003 e a consolidação institucional da normalidade macroeconômica tanto no plano fiscal quanto no monetário, a economia brasileira passou a se beneficiar da melhoria dos termos de troca com o início do chamado "superciclo" das commodities e uma redução sem precedentes dos juros internacionais. A superação

---

[9] Também no plano do gênero o mercado de trabalho vem produzindo resultados positivos. Entre 2006 e 2011, a massa de renda feminina teve uma alta de 30,8% *versus* 22,7% para a masculina. Na classe C, em particular, o avanço da renda da mulher foi ainda mais acentuado no período: 48,6% *versus* 38,3% no período, enquanto a renda média da mulher elevou-se em 25,6% *versus* 15,1% para os homens, ajudando a reduzir a brecha dos rendimentos médios, ainda significativamente favoráveis aos homens (em 58% no ano 2011). Ver *O Globo*, 12/09/2011, p. 21.

[10] Particularmente para uma das categorias mais estigmatizadas na sociedade – empregado doméstico –, a taxa de desocupação de 6,4% em fevereiro de 2004 chegou a 1,9% em fevereiro de 2012, o que caracteriza claramente excesso de demanda por essa categoria e tendência de aumento contínuo de seus rendimentos.

das restrições externas resultou na ampliação do potencial de crescimento da economia e o deslocamento da fronteira de possibilidades de consumo.

A consequência da retomada do crescimento em bases mais sustentáveis inicialmente se refletiu no mercado de trabalho com a queda do desemprego e o aumento do rendimento médio e da massa salarial. À medida que se consolidava a recuperação com a elevação do salário médio, os ganhos reais advindos do reajuste do salário mínimo eram absorvidos e se espraiavam no mercado. Assim, os vetores de mercado e institucional convergiram no sentido de elevar os ganhos não apenas para aqueles na faixa salarial do mínimo, mas para as categorias indexadas explicita ou tacitamente ao mínimo, e as transferências que seguem esse indexador. Em um ambiente de baixa inflação, esse processo resultou numa rápida expansão do poder aquisitivo.[11] A queda dos juros e a melhoria dos rendimentos abriram espaço para a expansão do crédito ao consumidor, como visto, o que potencializou os ganhos salariais e o dinamismo do mercado consumidor doméstico.

A ascensão econômica da chamada classe C e de modo geral o aumento da renda disponível da população geraram novas demandas sob a forma tanto de bens duráveis como de serviços. Em contraposição ao mercado de bens duráveis, caracterizado por competição acirrada, escala elevada, automação crescente e preços em queda, os serviços são intensivos em trabalho e não transacionáveis na sua maior parte. Com o mercado aquecido e trabalhadores com níveis crescentes de educação ampliaram-se as alternativas para aqueles na base da pirâmide,[12] levando a um aumento sistemático de ganhos e preços dos serviços acima da inflação (Tabela 2). A esse fenômeno se superpõe a expansão do crédito imobiliário e programas de habitação popular, que implicaram um *boom* sem precedentes da indústria de construção civil, enquanto a construção pesada vem sendo impulsionada por uma combinação de investimentos públicos e privados. Na medida em que a indústria de construção permanece sendo um conjunto de atividades intensivas em trabalho, com níveis moderados ou baixos

---

[11] De acordo com o Boletim Regional do Banco Central de 22/11/2011, o reajuste de 14% no ano corrente (2012) terá um impacto de 3% na massa de rendimentos do trabalho (exclusive os efeitos sobre as transferências previdenciárias e outras), o que é extremamente significativo.

[12] Tome-se o caso dos empregados domésticos, cuja média de escolaridade chega a 6,1 anos de estudo, dos quais em 2011 43,8% tinham mais de 8 anos. Para esses trabalhadores, o aquecimento do mercado de trabalho amplia as alternativas de emprego mais bem remunerado e com mais benefícios. Aqueles que permanecem na ocupação auferem ganhos maiores por conta de uma oferta mais restrita de trabalhadores na categoria.

TABELA 2
Brasil: Variação dos preços de serviços e bens duráveis, 2007-2011

	2007	2008	2009	2010	2011
IPCA	4,46	5,90	4,31	5,91	6,50
Serviços*	5,19	6,39	6,36	7,61	9,00
Bens duráveis	–0,05	–0,01	–1,88	0,94	–1,56

Fonte: IBGE
*Referente à inflação de serviços do IPCA-15.

de complexidade, sua demanda por mão de obra compete diretamente com o setor de serviços, o que reforça a escassez e amplia os ganhos dos trabalhadores da base.

Em síntese, a combinação de forte dinamismo do mercado de trabalho e uma produção com um viés que privilegia a demanda por trabalhadores menos qualificados e crescentemente escassos resulta em um padrão de crescimento voltado à base da pirâmide, que vem gerando resultados virtuosos do ponto de vista da equidade e melhoria do padrão de vida dos mais pobres.[13]

Aliado ao mercado de trabalho, as transferências governamentais reforçaram a queda da desigualdade e a redução da pobreza. Conforme a Tabela 3, 14,86% do PIB foram realocados pelo setor público em 2011 sob a forma de benefícios previdenciários, assistenciais e subsídios, inclusive 0,52% indiretamente, como recursos repassados a instituições filantrópicas. Ainda que o incremento desses recursos não tenha chegado a 1% do PIB desde 2002, em termos absolutos os valores se alargaram de forma significativa (acompanhando a expansão do PIB e o aumento do poder de compra pela valorização do Real). Assim, se em 2006 os governos transferiram R$352 bilhões ou US$162 bilhões, em 2011 esses valores chegaram a R$615 bilhões ou US$368 bilhões.

---

[13] O mercado ainda apresenta uma tendência quase paradoxal: enquanto a economia vem crescendo apenas moderadamente (em torno de 3%), o desemprego vem caindo de forma bastante acentuada, apesar de os níveis de desocupação já serem bastante baixos, com sinais evidentes de escassez de mão de obra. E, ao longo de 2011, algo ainda mais inusitado aconteceu: na medida em que a economia desacelerava, paralelamente a taxa de desemprego, após um aumento no início do ano, se estabilizou e voltou a cair com força. A expansão mais modesta da população economicamente ativa (PEA) explica em parte o fenômeno, mas seu ritmo mais moderado de crescimento reflete possivelmente a própria melhora do mercado de trabalho, com as famílias podendo adiar a (re)entrada de alguns de seus membros (jovens, mães) no mercado. Ao mesmo tempo, o fato de haver escassez de mão de obra imporia maior cautela no ajuste cíclico da força de trabalho ante as variações na demanda, e o represamento dos trabalhadores tem racionalidade econômica perante os elevados custos de transação.

TABELA 3
Brasil: Tamanho e composição das transferências públicas de assistência, previdência e subsídios, 2002-2011 (% do PIB)

Ano	Servidores federais	RGPS	FAT	LOAS	FGTS	Bolsa família	Estados e municípios	IPSFL	Demais	Total
2002	2,14	5,66	0,49	0,35	1,33	0,06	2,69	0,36	0,88	14,05
2003	2,18	6,02	0,49	0,38	1,20	0,11	2,64	0,40	1,08	14,58
2004	2,06	6,13	0,49	0,40	1,14	0,23	2,45	0,47	0,67	14,14
2005	1,98	6,19	0,53	0,44	1,21	0,30	2,42	0,53	0,83	14,52
2006	1,96	6,18	0,62	0,50	1,25	0,32	2,44	0,46	1,02	14,86
2007	1,96	5,98	0,68	0,51	1,44	0,34	2,39	0,49	0,89	14,78
2008	1,97	5,77	0,67	0,52	1,41	0,36	2,35	0,52	0,70	14,38
2009	2,11	6,14	0,83	0,58	1,48	0,41	2,42	0,55	0,58	15,20
2010	1,94	5,93	0,79	0,59	1,32	0,42	2,32	0,55	0,71	14,67
2011	1,91	5,96	0,82	0,60	1,39	0,44	2,34	0,52	0,78	14,86

Fonte: Comunicado IPEA nº 138, p. 3, com base em IBGE, Codefat, Caixa Econômica Federal, Banco Central, Secretaria do Tesouro Nacional. Cálculos próprios.

Ao se considerar apenas as chamadas "transferências às famílias" – a soma dos benefícios do Regime Geral de Previdência Social (RGPS), as despesas com abono salarial e seguro-desemprego, as despesas com benefícios assistenciais da Lei Orgânica da Assistência Social (LOAS) e renda mensal vitalícia (RMV), e Bolsa Família – estas no seu conjunto se ampliam de 6,66% para 7,82% do PIB em 2002 a 2011, ou 1,16% no período, ao final do qual foram transferidos R$323,8 bilhões a estimados 49,6 milhões de beneficiários diretos[14] (Tabela 4). Ainda que se registrem aumentos em todas as categorias, os maiores são observados nos Programas Bolsa Família, com a unificação e ampliação dos diferentes programas de transferências de renda às famílias mais pobres ao início da década passada, a LOAS/RMV, e nos gastos do Fundo de Amparo ao Trabalhador (FAT) com o abono e seguro-desemprego,[15] nessa ordem.

---

[14] Na ausência de dados para 2011, estima-se em 7,2 milhões de beneficiários do seguro-desemprego.

[15] Um aspecto que chama atenção diz respeito ao aumento significativo dos gastos com seguro-desemprego e número de beneficiários em consentâneo à redução do desemprego. Ainda que parte considerável das chamadas "parcelas" pagas ao desempregado tenha relação efetiva com a elevada rotatividade que se observa no mercado de trabalho, sem dúvida uma proporção significativa é fruto de fraude, na medida em que o empregado em conluio com o empregador evita a contratação formal antes de esgotadas as parcelas. Ademais, o seguro-desemprego, da forma como é administrado, desincentiva a pronta reinserção no mercado de trabalho formal e estimula o subemprego (ver seção III).

TABELA 4
Brasil: Tamanho e composição das transferências públicas às famílias, 2002-2011 (% do PIB)

		2002	2003	2004	2005	2006	2007	2008	2009	2010	2011
RGPS (total)	% PIB	5,66	6,02	6,13	6,19	6,18	5,98	5,77	6,14	5,93	5,96
	Valor (R$ bilhões)	83,67	102,36	119,06	133,00	146,53	159,22	175,07	199,05	223,43	246,80
	Beneficiários (milhões)	18,87	19,52	20,52	21,16	21,64	22,07	22,78	23,53	24,43	25,18
	R$/beneficiário	4434	5244	5803	6286	6770	7215	7686	8458	9147	9803
RGPS (rural)	% PIB	1,12	1,18	1,17	1,21	1,27	1,25	1,23	1,35	1,31	1,29
	Valor (R$ bilhões)	16,51	20,14	22,73	25,92	30,12	33,39	37,44	43,81	49,30	53,55
	Beneficiários (milhões)	6,58	6,76	6,95	7,13	7,31	7,50	7,74	8,00	8,25	8,46
	R$/beneficiário	2511	2979	3272	3635	4122	4453	4838	5480	5979	6329
LOAS	% PIB	0,35	0,38	0,40	0,44	0,50	0,51	0,52	0,58	0,59	0,60
	Valor (R$ bilhões)	5,17	6,40	7,68	9,44	11,74	13,55	15,77	18,89	22,13	24,79
	Beneficiários (milhões)	2,25	2,33	2,63	2,79	2,94	3,10	3,31	3,50	3,70	3,86
	R$/beneficiário	2296	2748	2922	3380	3995	4377	4763	5390	5974	6416
FAT	% PIB	0,49	0,49	0,49	0,53	0,62	0,68	0,67	0,83	0,79	0,82
	Valor (R$ bilhões)	7,24	8,33	9,51	11,38	14,69	18,10	20,32	26,89	29,78	33,97
	Beneficiários (milhões)[a]	4,91	5,10	5,01	5,56	6,09	6,51	7,10	7,80	7,46	7,20
	R$/beneficiário	1474	1634	1898	2046	2414	2780	2861	3445	3991	4721
Bolsa Família	% PIB	0,06	0,11	0,23	0,30	0,32	0,34	0,36	0,41	0,42	0,44
	Valor (R$ bilhões)	0,89	1,87	4,47	6,44	7,58	9,05	10,92	13,28	15,83	18,23
	Famílias (milhões)	–	–	6,57	8,70	10,97	11,04	10,56	12,37	12,78	13,35
	R$/família	–	–	679	740	691	819	1034	1074	1239	1365
TOTAL 1[b]	**% PIB**	**6,56**	**7,00**	**7,25**	**7,46**	**7,62**	**7,51**	**7,32**	**7,97**	**7,72**	**7,82**
	Valor (R$ bilhões)	**96,97**	**118,96**	**140,72**	**160,26**	**180,54**	**199,92**	**222,07**	**258,10**	**291,17**	**323,79**
	Beneficiários diretos (milhões)	**26,04**	**26,95**	**34,73**	**38,21**	**41,64**	**42,72**	**43,75**	**47,21**	**48,37**	**49,59**
	Benefício médio (R$/ano)	3725	4414	4052	4194	4336	4680	5076	5467	6019	6530
TOTAL 2[c]	**% PIB**	**2,02**	**2,16**	**2,29**	**2,48**	**2,71**	**2,78**	**2,78**	**3,18**	**3,10**	**3,15**
	Valor (R$ bilhões)	**29,81**	**36,74**	**44,39**	**53,18**	**64,13**	**74,09**	**84,45**	**102,87**	**117,05**	**130,54**
	Beneficiários diretos (milhões)	**13,74**	**14,19**	**21,16**	**24,19**	**27,30**	**28,15**	**28,71**	**31,68**	**32,19**	**32,87**
	Benefício médio (R$/ano)	2170	2589	2098	2199	2349	2632	2942	3248	3636	3971

Fontes: Comunicado IPEA nº 138; IPEAdata; Relatório de Gestão FAT 2009; Anuário Estatístico da Previdência Social 2010; Nota Técnica nº 015/2011 CGFAT/SPOA/SE/TEM.
Notas: (a) Para os beneficiários do FAT, não foi contabilizado os que receberam abono salarial (somente seguro-desemprego). O número de beneficiários do seguro-desemprego em 2011 é uma estimativa do MTE. (b) O TOTAL 1 é a soma do RGPS (total), LOAS, FAT e Bolsa Família. (c) O TOTAL 2 é a soma do RGPS (rural), LOAS, FAT e Bolsa Família.

Finalmente, numa definição mais restrita de transferências assistenciais – excluindo-se do RGPS todas as despesas exceto aquelas destinadas às aposentadorias/pensões rurais – os gastos de governo somaram 3,15% do PIB em 2011, um salto de 1,13% do PIB quando comparado com 2002 (Tabela 4). Em outras palavras, o aumento (relativo) das transferências foi direcionado para fins basicamente assistenciais. Tomando-se como métrica da rede social de proteção o número de beneficiários diretos e seus familiares, *estima-se que em 2011 essa rede transferiu R$130,5 bilhões para aproximadamente 92,4 milhões de pessoas, algo em torno de R$1.412 per capita.*[16]

Qual o impacto das transferências sobre a redução da pobreza no Brasil? Sem dúvida, quanto mais bem focado o programa nos mais pobres e mais frágeis, maior é sua eficácia. Nesse sentido, os gastos com o Programa Bolsa Família seriam de melhor qualidade quando comparados aos demais (pois tem por alvo fundamentalmente a eliminação da pobreza extrema). Nesse gradiente, seguiriam os gastos referente à LOAS, benefícios rurais, demais componentes do RGPS e programas do FAT. Em 2011, os gastos com os mais necessitados, crianças e jovens – objetivo específico do Bolsa Família – perfizeram apenas 0,44% do PIB, enquanto as demais transferências às famílias atingiram não apenas os pobres e os mais idosos, mas uma parcela expressiva da nova classe média. *Assim, do ponto de vista da equidade distributiva e do desiderato de reduzir e eliminar as formas mais extremas de pobreza, o reforço ao Programa Bolsa Família e novos programas direcionados a crianças e jovens pobres seria uma alocação superior de recursos.*

Porém não se deve subestimar o impacto sobre a pobreza das transferências do regime previdenciário. O Gráfico 7 mostra a evolução do percentual de pobres do país com e sem transferências previdenciárias no período de 1992 a 2009 (não se obteve dados para 1994, 2000 e 2008) e a população acima do nível de pobreza. Nota-se primeiramente que houve uma queda acentuada no percentual de pobres em dois momentos: à época do Plano Real, devido à redução drástica do imposto inflacionário cobrada com especial vigor dos mais pobres; e em anos mais recentes e de forma mais sustentada, após o ajuste de 2003. Segundo, a relativa eficácia das transferências previdenciárias parece ter aumentado ao longo dos anos. Em 1993, a diferença no percentual de pobres com e sem as transferências era de 6,8%; em 2009, chega a 12,5% (ou 23,1 milhões de pessoas). Terceiro, o gráfico sintetiza o progresso do país desde o

---

[16] Supondo que para cada beneficiário direto haveria um indireto no caso do RGPS rural, LOAS e FAT, e três indiretos para o Programa Bolsa Família.

início da década de 1990 no plano de combate à pobreza, quando então mais da metade da população era constituída de famílias com renda *per capita* abaixo de meio salário mínimo (definição aqui da linha de pobreza), *versus* menos do que um terço da população pertencendo a essa categoria ao final dos anos 2000. Como no período o salário mínimo dobrou em termos reais (de um índice de 100 em dezembro de 1994 para 208,3 em dezembro 2008),[17] o poder aquisitivo dos que permaneceram pobres por definição igualmente aumentou.

GRÁFICO 7
Brasil: Percentual de pobres inclusive e exclusive transferências previdenciárias, 1992-2009

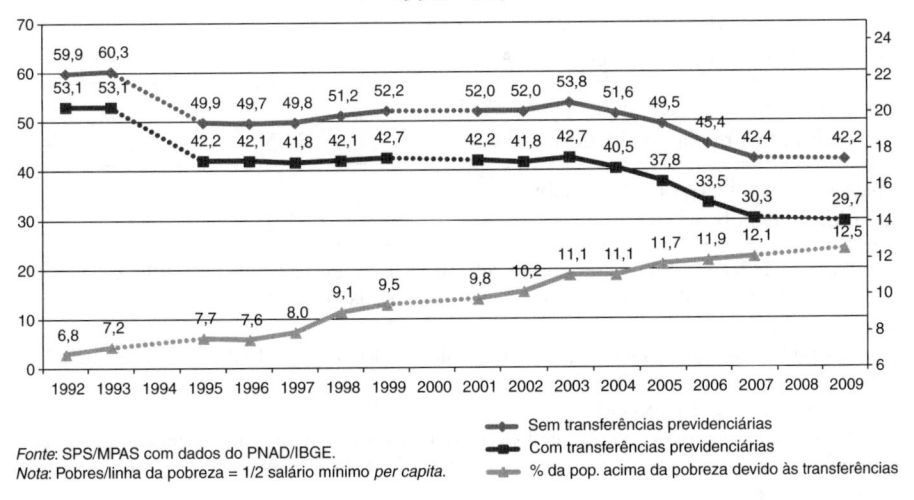

Fonte: SPS/MPAS com dados do PNAD/IBGE.
Nota: Pobres/linha da pobreza = 1/2 salário mínimo *per capita*.

— Sem transferências previdenciárias
— Com transferências previdenciárias
— % da pop. acima da pobreza devido às transferências

A Tabela 5 compara o impacto das transferências previdenciárias (regimes gerais e próprios da previdência e da LOAS/RMV) com outros fatores que contribuíram em anos recentes para a redução da pobreza numa perspectiva intertemporal. Inicialmente leva-se em consideração o número total de pessoas que ultrapassaram a linha de pobreza entre os anos 2002 e 2009, que perfazem 16,8 milhões. Da mesma forma, se estabelece a diferença nesses anos do número daqueles que, por força da renda previdenciária, foram impulsionados acima da linha de pobreza, isto é, 5,6 milhões. Pode-se então definir que a razão entre essas duas magnitudes – 33,3% – seria *o impacto intertemporal das transferências de renda previdenciárias na redução da pobreza,* dado que a renda do Programa Bolsa Família não é suficiente para retirar a

---

[17] Ver Luís Eduardo Afonso, Paula Carvalho Pereda, Fábio Giambiagi e Samuel Franco, "O Salário Mínimo como Instrumento de Combate à Pobreza Extrema: Estariam Esgotados os seus Efeitos?", *Economia Aplicada*, v. 15, n.4, 2011, pp. 559-593, Tabela 1.

família da pobreza, mas minorar seus efeitos. Nesse sentido, o mercado de trabalho seria possivelmente o fator dominante que explica a queda da pobreza[18] mais além das transferências (além de outras ações de governo, como a ampliação do crédito rural voltado para o pequeno produtor).

TABELA 5
Brasil: Impacto relativo da previdência e assistência social* sobre mudanças no nível de pobreza,** 2002 e 2009 (milhões de pessoas)

	2002 (A)	2009 (B)	(B) – (A)
População de Referência***	172,2	185,6	13,5
Pessoas com renda domiciliar *per capita* < 1/2 sal. mín.; incluindo a renda previdenciária (A)	72,0	55,1	–16,8
Pessoas com renda domiciliar *per capita* < 1/2 sal. mín.; excluindo a renda previdenciária (B)	89,5	78,3	–11,3
Impacto dos benefícios do RGPS sobre a "quantidade de pobres" (B) – (A)	17,6	23,1	5,6

Fontes: Secretaria de Políticas da Previdência Social (SPS/MPS) com base em dados do PNAD/IBGE 2009 e cálculos próprios. Ver "Não foi só o Bolsa Família" em *Valor Econômico*, 18/08/11, p. A2
Notas:
*Considera também os segurados dos Regimes Próprios de Previdência Social (RPPS) e os gastos com a LOAS e Renda Mensal Vitalícia (RMV).
**Linha da Pobreza = 1/2 salário mínimo.
***Foram considerados apenas os habitantes de domicílios onde todos os moradores declararam a integridade dos seus rendimentos. Usou-se a proporção de 2009 entre população de referência e população total para calcular a população de referência de 2002.

Na comparação acima a eficácia dos gastos previdenciários para alçar indivíduos acima da linha de pobreza são contrastados (de modo implícito) com fatores fundamentalmente derivados do mercado de trabalho. Aqui não se discutem as distorções dos regimes previdenciários (a exemplo das regras de reajustes das aposentadorias, de concessão de pensões e sua transferência para cônjugues) e a iniquidade entre regimes (geral e o referente ao setor público). Tampouco se compara a relação custo-benefício entre as transferências previdenciárias e o Programa Bolsa Família na perspectiva de redução da pobreza (extrema), que parece ser amplamente favorável a esta última. Poderia ser argumentado que na realidade estes são instrumentos complementares: o que escapa da rede de seguridade e

---

[18] Melhorias no nível de educação vêm contribuindo para a elevação dos ganhos dos trabalhadores, reforçando os efeitos da expansão da demanda.

transferências dos regimes de previdência e da LOAS, a Bolsa Família tenta captar, mirando assim a pobreza extrema e a emancipação dos mais pobres.

De fato, o regime previdenciário no país tem uma dupla finalidade: garantir por meio de aposentadorias um padrão minimamente digno para a vida dos idosos urbanos e rurais; e com base em transferências oferecer uma renda básica a incapacitados e outros dependentes, tenham ou não contribuído em anos pregressos para a previdência. Nesse processo, alçou-se 23,1 milhões de pessoas acima da linha de pobreza em 2009 a um custo que não se pode estabelecer diretamente, na medida em que somente parte dos gastos da previdência chegou aos mais pobres.

Tomando-se apenas a soma dos gastos da RGPS rural e da LOAS (sem considerar que parte das transferências dos demais elementos do regime geral e outros ajudam também a levantar o rendimento das famílias acima do nível de pobreza), chega-se a 1,93% do PIB em 2009. Esses dois componentes das transferências do governo tiveram por beneficiários diretos 11,5 milhões de pessoas (e número possivelmente igual de indiretos). Em contraposição, foram despendidos então 0,41% do PIB no Programa Bolsa Família, voltado para superar a pobreza extrema para 12,4 milhões de famílias ou cerca de 48 milhões de pessoas. A elevada diferença de gastos *per capita* e o foco exclusivo nos mais pobres garantem que sob qualquer métrica a eficácia das transferências do Programa Bolsa Família é possivelmente superior às demais. Contudo, não se pode deixar de assinalar que o RGPS rural, a LOAS/RMV e mesmo os elementos do FAT que têm por alvo os mais pobres (a exemplo do abono salarial) servem como um colchão de renda e ampliam de forma significativa a capacidade de consumo dos pobres (no conjunto) e gera benefícios óbvios, inclusive de adesão ao compacto político que vem propiciando razoável estabilidade ao país.

Menos óbvios são os retornos em termos de equidade e bem-estar de demais regimes previdenciários – deficitários em maior ou menor escala – e de programas de transferências a indivíduos (seguro-desemprego) e a instituições do terceiro setor (IPSFL), pois eivados de distorções, seja resultado de políticas falhas, regras mal desenhadas ou ainda mecanismos frágeis de fiscalização e monitoramento. No todo, tornam ainda maiores as dificuldades de consolidação fiscal e aumento da poupança do setor público, colocam em cheque a solvência da previdência social[19] e retiram recursos dos mais necessitados. Igualmente importante: os be-

---

[19] A criação de um fundo de previdência do setor público é um passo muito importante nesse sentido, ainda que os efeitos serão apenas obtidos no longo prazo. Na transição é imprescindível um combate sistemático não apenas às fraudes, mas a introdução de regras mais rígidas à concessão de benefícios previdenciários, referentes ao FAT, e de transferência a entidades filantrópicas.

neficiários da previdência não são crianças e jovens, e são estes que em última instância serão capazes de romper a reprodução do ciclo da pobreza.

De modo mais geral, o país necessita rumar para uma nova social-democracia, consolidar os ganhos observados nos últimos anos em termos de redução da pobreza e da desigualdade, e atualizar o modelo que vem revelando custos crescentes em termos de competitividade e crescimento econômico. Este é o objeto da discussão que segue.

III. O REVERSO DA MOEDA E OS LIMITES DO PADRÃO ATUAL

A seção anterior mostrou que a economia brasileira se conforma atualmente a um modelo que tem dois aspectos centrais: primeiro, um mercado de trabalho extremamente dinâmico que tem gerado emprego e renda com ênfase na base da pirâmide; segundo, uma ampla rede de proteção que tem possibilitado a redução da pobreza – inclusive da pobreza extrema – e melhora das condições de vida e consumo das famílias nas classes inferiores de renda. Com a melhoria do nível de educação da população, esses vetores vêm gerando uma redução sistemática da desigualdade. Como os ganhos têm sido sistemáticos nos últimos anos, a questão possivelmente mais importante se resume a: o modelo é sustentável?[20] Caso não seja, é possível atualizá-lo e reproduzir ainda assim seus aspectos mais virtuosos em termos de redução da pobreza e desigualdade?

Deve-se tentar entender primeiramente a essência macroeconômica do modelo. A economia brasileira tem seu dinamismo centrado no consumo, com a ascensão de uma nova classe média, a incorporação das classes D – e mesmo E – ao mercado de bens e serviços, e a contínua expansão da renda e do emprego. Esse movimento é sancionado por uma crescente demanda de trabalhadores num espectro amplo de qualificação, voltados para a produção de bens e crescentemente de serviços. O governo vem impulsionando o consumo, tanto pelas transferências quanto pelos seus gastos correntes, assim como pela expansão do crédito. Apesar do esforço primário, a dificuldade de contenção dos gastos se traduz num impulso fiscal positivo. Talvez ainda mais importante, a amplitude da rede de proteção e sua magnitude (cerca de 15% do PIB) dá suporte ao mer-

---

[20] Ver também Fábio Giambiagi e Armando Castelar Pinheiro. *Além da euforia. Riscos e lacunas do modelo brasileiro de desenvolvimento*. Rio de Janeiro: Campus/Elsevier, 2012.

cado pela elevada propensão ao consumo dos mais pobres e das novas camadas médias. A elevação do crédito, seja por força da política monetária, do afrouxamento regulatório ou mais recentemente pelas ações de redução dos juros com base nas iniciativas do BB e da CEF, é um estímulo adicional à absorção doméstica centrada no consumo.

A taxa de investimento está estagnada num patamar capaz de sustentar um crescimento da ordem de 3% a 4%. O crescimento do PIB em 2006-2008 elevou a taxa de investimento de 16,4% para 19,1%, e permanece neste nível (19,3% em 2011, após uma oscilação em 2009-2010).

As opções – no interior do atual modelo – para ampliar a taxa de investimento são limitadas pela aceleração da inflação e do déficit em conta-corrente, dada a rigidez da estrutura de gastos do governo e a baixa taxa de poupança do país. Um forte estímulo fiscal e/ou monetário ao consumo agregado, e daí ao crescimento do PIB, impulsionaria a taxa de investimento, como o fez em 2010. Mas não se sustentaria, levando a uma rápida deterioração das expectativas e uma aceleração da inflação, pela limitação da capacidade de oferta da economia. A ampliação do investimento sem a concomitante ampliação do déficit em conta-corrente (na medida da necessidade de se financiar externamente uma crescente brecha poupança-investimento) demandaria a economia se voltar para as exportações.

Atualizar o modelo sem romper com o padrão benigno de crescimento irá demandar uma estratégia multifacetada, que leve em conta que os mesmos elementos que fazem o modelo atraente e beneficiam a base da pirâmide travam a competitividade da economia e limitam seu crescimento.

As mudanças necessitam ocorrer de forma gradativa. O ponto de partida é a constatação que nos médio e longo prazos é imprescindível a elevação da produtividade da economia. A produtividade fatorial total cresceu a uma média anual de apenas 0,63% em 1992-2011 (contribuindo com 18,8% para o crescimento do PIB), sendo –0,07 em 2011. Quanto à produtividade do trabalho, seu crescimento médio anual no período 1996-2011 foi de 1,02% no Brasil, em contraposição, por exemplo, a 1,14% na União Europeia, 1,88% nos EUA, 3,34% na Coreia do Sul, 4,95% na Índia e 8,35% na China. Há de se observar ainda o dinamismo produtivo de economias emergentes como Malásia, Indonésia e Tailândia, cujos ganhos recentes têm dominado a média dos últimos 15 anos.[21]

---

[21] Para esses países, a produtividade média anual do trabalho em 1996-2011 foi de 2,14%, 1,89% e 1,67%, respectivamente, enquanto a produtividade em 2011 foi de 3,3%, 5,4% e 2,7%. Ver *Conference_Board Total Economy Database*, janeiro de 2012. Ver também BNDES, *Visão do desenvolvimento* n. 101, 7 de maio de 2012.

É com base no aumento da produtividade – inclusive pelo uso mais inteligente dos recursos da natureza, para o qual sua correta precificação é essencial – que a economia brasileira deixará de ser apenas um mercado atraente e extremamente dinâmico para ser de fato uma plataforma competitiva, criativa e de valor agregado. Porém de que forma promover ganhos de produtividade consistentes com a melhoria do bem-estar da população?

A elevação da produtividade requer um maior investimento na oferta de **bens coletivos**. Há duas classes de suporte na produção desses bens que são essenciais ao país e cujas externalidades são evidentes: **infraestrutura física e capital humano,** para geração e disseminação de conhecimento na sociedade, incluindo aquele voltado para a melhoria de gestão pública e privada, para educação e qualificação do trabalhador.

A atualização do modelo brasileiro levará a se repensar os incentivos ao consumo (inclusive os de natureza creditícia e financeira) e distorções na precificação dos bens coletivos, que levam, por exemplo, à baixa mobilidade urbana, elevada congestão e poluição, ou ainda à expansão imobiliária dos bairros e cidades sem suporte em saneamento básico ou áreas verdes.

Porém, o campo para ampliar a produção dos bens coletivos é limitado sem definir uma agenda de reformas do Estado que dê suporte à mudança no modelo. Um salto nos investimentos públicos requer melhoria da gestão e espaço fiscal; expandir o investimento privado supõe estabilidade das regras e maior visibilidade da trajetória do país. *No cerne da agenda está uma mudança de prioridades: das transferências à produção dos bens coletivos que darão permanência aos ganhos de bem-estar da população.*

Há um quase consenso que os investimentos públicos são baixos, e ampliá-los irá depender de mudanças na estrutura de gastos do governo, dado que a pressão tributária chegou próximo (ou mesmo ultrapassou o limite) da disfuncionalidade.[22] As mudanças ocorrerão com a compressão e melhoria da qualidade dos gastos correntes, reavaliação das transferências e introdução de novas formas de gestão para conter a ineficiência e a corrupção.

A melhoria da produtividade supõe (i) elevação dos investimentos voltados para a *infraestrutura física*, que provê os suportes e serviços essenciais para o

---

[22] Não apenas a carga tributária é elevada – atualmente em cerca de 35% do PIB comparado com cerca de 25% em média ao início dos anos 1990 – como o regime é de grande complexidade; ambos fatores retiram competitividade da empresa. Ademais, mudanças *ad hoc* que vêm sendo implementadas (por vezes não reguladas) aumentam a incerteza no plano da operação das empresas. Finalmente, a qualidade dos serviços públicos é baixa.

país se aproximar da fronteira de eficiência e melhoria do bem-estar da população; e (ii) a rápida acumulação de *capital humano*, que tome partido dos recursos e suportes institucionais existentes, adicionando competências em gestão do conhecimento e sua difusão em todos os níveis.

Quanto à infraestrutura física, o país investe relativamente pouco, seja do ponto de vista dos requisitos de manutenção do estoque de capital em infraestrutura (em torno de 3% do PIB), seja na perspectiva de alcançar seus competidores (que investem acima de 4% do PIB no setor, chegando a mais de 10%).

De fato, nos últimos anos a soma dos investimentos públicos e privados no setor foi de cerca de 2,5% do PIB, sendo aproximadamente 1% do setor privado e 1,5% do governo federal e empresas públicas (Tabela 6), o que parece ser pouco para sustentar o crescimento do país sem incorrer em custos crescentes, deterioração da qualidade dos serviços e perda de competitividade. Como ampliar os investimentos?

TABELA 6
Brasil: Investimentos em infraestrutura, 2007-2010 (R$ bilhões correntes)

	2007	2008	2009	2010
Governo Federal	11,4	14,6	19,1	22,9
% PIB	0,43	0,48	0,60	0,62
Empresas públicas	18,2	23,9	33,7	32,9
% PIB	0,68	0,79	1,06	0,90
Empresas privadas	24,9	41,7	32,8	37,2
% PIB	0,94	1,38	1,03	1,01
Invest. Infra Total	54,5	80,3	85,6	93,0
% PIB	2,05	2,65	2,69	2,53

Fontes: Empresas abertas (públicas e privadas): Siafi: Ipeadata. Banco Central e cálculos e estimativas próprias.

O setor privado não necessita ser instado a aumentar seus investimentos, desde que seja assegurado:

- Qualidade do planejamento pelo setor público, que dê racionalidade e visibilidade à trajetória de expansão do setor.
- Transparência e estabilidade das regras de concessão ou ainda nas parcerias público-privadas.

- Eficácia do aparato institucional que garante fundamentalmente a exploração dos serviços, o respeito aos direitos do consumidor, e a integridade e o equilíbrio dos contratos.

Apesar destas condições não estarem sempre presentes, se observam ágios que denotam forte demanda de investimentos (Tabela 7).

TABELA 7
Resultados de leilões de infraestrutura, 2007-2012

	Ano	Resultado		Ágio/Deságio (%)
Transporte				
Aeroporto de Brasília	2012	Valor (R$ bi)	4,5	673,4
Aeroporto de Guarulhos	2012	Valor (R$ bi)	16,2	373,5
Aeroporto de Campinas	2012	Valor (R$ bi)	3,8	159,8
Rodovia BR-101, trecho ES-BA	2012	Pedágio médio (R$/km)	0,03391	−45,6
Rodovia BR-116 (Régis Bittencourt)	2007	Pedágio médio (R$)	1,36400	−49,2
Rodovia BR-381 (Fernão Dias)	2007	Pedágio médio (R$)	0,99700	−65,4
Telecomunicações				
Frequência 3G – Banda H	2011	Valor (R$ bi)	2,7	30,6
Frequência 3G – Bandas F,G, I e J	2007	Valor (R$ bi)	5,1	89,2
Energia				
Geração: Leilão Reserva[1] (1218 MW)	2011	Preço médio (R$/MWh)	99,6	−31,8
Geração: Leilão A-3[2] (2744 MW)	2011	Preço médio (R$/MWh)	102,1	−26,6
Geração: Leilão UHE Jirau (3300 MW)	2008	Preço médio (R$/MWh)	71,4	−21,5
Geração: Leilão UHE S. Antônio (3150 MW)	2007	Preço médio (R$/MWh)	78,9	−35,4
Transmissão: Leilão 002/2012	2012	RAP[3] médio (R$ mi/ano)	224,3	−38,4
Transmissão: Leilão 006/2011	2011	RAP[3] médio (R$ mi/ano)	145,4	−24,9
Transmissão: Leilão 001/2009	2009	RAP[3] médio (R$ mi/ano)	182,8	−20,3
Transmissão: Leilão 007/2008 (Rio Madeira)	2008	RAP[3] médio (R$ mi/ano)	742,4	−7,1

Fontes: Anatel, ANTT, EPE, Instituto Acende Brasil, Valor Econômico.
Notas: (1) Eólica e biomassa. (2) Hídrica, gás natural, eólica e biomassa. (3) Receita anual permitida.

Assim, é provável que o setor privado seja capaz de aumentar sua contribuição ao investimento em infraestrutura em 2% a 3% do PIB, se o governo estabelecer planos voltados a expandir a participação privada em infraestrutura num horizonte de 5 a 10 anos, explicitando um conjunto de ações de reforma estrutural no setor e melhoria no ambiente regulatório. É igualmente fundamental que não se perca o *momentum* de ampliação do financiamento privado à infraestrutura, seja por bancos, fundos de pensão, seguradoras e fundos de *private equity*. Nesse caso há uma agenda deslanchada em 2010 que deve ser levada adiante.

Os passos necessários à ampliação dos investimentos públicos são mais demandantes, mas há igualmente espaço de uma ampliação da ordem de 1% do PIB. A experiência do PPI/PAC indica que há limitações – mais além das restrições fiscais – para uma mudança significativa de patamar. Mesmo o esforço do PAC realizado no governo passado e que foi da ordem de 0,6% do PIB (Tabela 6) encontrou barreiras de três ordens distintas:

(i) Falta de planejamento orgânico e de longo prazo, de forma crítica no setor de transportes – afetando tanto os investimentos públicos quanto os privados.
(ii) Dificuldade de se ter disponíveis projetos de boa qualidade, executáveis sob cronogramas e orçamentos factíveis, o que vem afetando, por exemplo, o setor de saneamento.
(iii) Fragilidade dos órgãos de contratação, execução direta ou indireta, fiscalização e monitoramento do governo, a exemplo do DNIT, Valec, Infraero e das Cias. Docas (se atendendo apenas ao setor de transportes).

Quanto às restrições fiscais, superá-las enseja *mudar a composição dos gastos públicos e melhorar sua gestão*, na medida em que a ampliação dos gastos não se sustenta em um contexto de déficit nominal ainda significativo e elevada pressão tributária. *No período 2002-2011, os gastos totais do governo federal se ampliaram em 1,8% do PIB:*[23] *enquanto os investimentos se elevaram em apenas 0,1% do PIB, o custeio em saúde e educação aumentou em 0,2% e os gastos voltados às transferências às famílias, em 1,16% (ver Tabela 3)*. O ponto de partida para realocar recursos é examinar a dinâmica de gastos e a possibilidade de executar mudanças na sua gestão e composição.

---

[23] Ver Mansueto de Almeida, "Esclarecendo o Debate Fiscal", *Valor*, 06/02/2012, p. A10.

O Gráfico 8 ilustra o conceito de substitutabilidade entre os gastos com transferências e com a produção de bens coletivos para atingir um mesmo nível de bem-estar, refletido numa única curva de indiferença: no ponto A o grau de bem-estar é atingido com gastos maiores em transferências (TR_1), enquanto no ponto B o nível equivalente de bem-estar ocorre com um gasto maior em bens coletivos (BC_2). A figura também ilustra o fato de que, para atingir o ponto B, a soma total dos gastos será possivelmente maior, mas os resultados serão superiores em termos de produtividade e competitividade da economia. A produção dos bens coletivos irá gradativamente suplantar as transferências. Em última instância, a sociedade necessita decidir se a expansão de certos gastos que vêm se dando de forma acelerada ainda faz sentido ante as novas demandas, particularmente no plano do investimento físico e em capital humano.

GRÁFICO 8
Transferências, bens coletivos e a fronteira de bem-estar

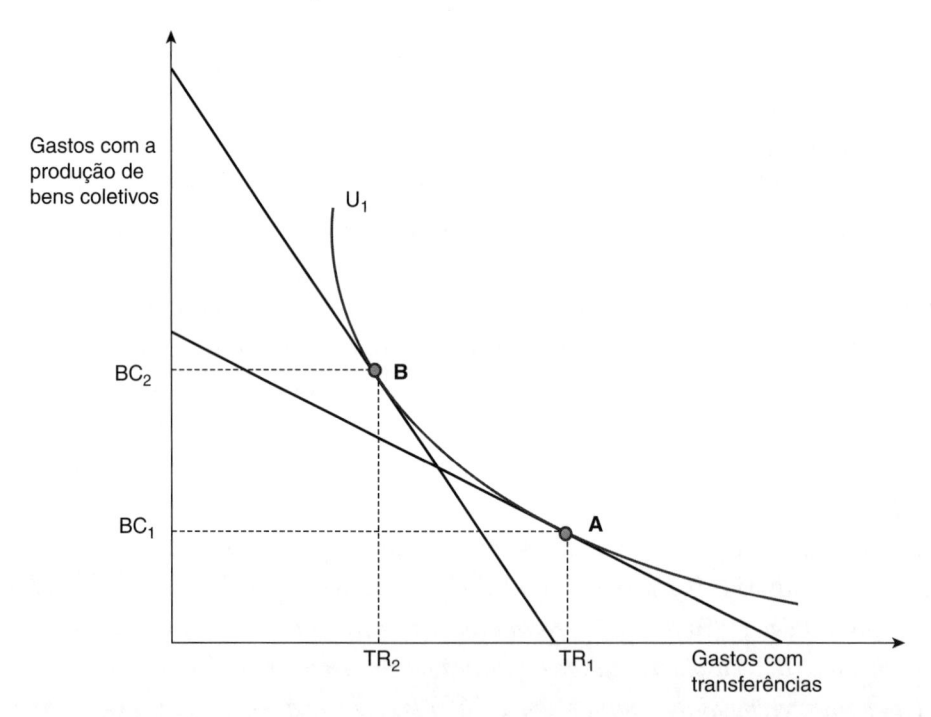

Na transição, *será fundamental um trabalho de esclarecimento à população que explicite os custos e os benefícios das políticas, e por que certas regras – combinadas com políticas falhas e fiscalização deficiente – estão levando a um crescimento explosivo dos gastos públicos, particularmente das transferências.* Estas não necessariamente são voltadas aos mais necessitados, e é possível que comprometam o futuro do país, visto que de modo geral favorecem desproporcionalmente indivíduos acima de certa idade (55 a 65 anos) e deixam desassistidas crianças e jovens mais pobres.

Um dos gastos que vêm impulsionando as despesas correntes do governo de forma praticamente descontrolada diz respeito ao seguro-desemprego e abono salarial, com financiamento do Fundo de Amparo ao Trabalhador (FAT), cuja receita advém da arrecadação do PIS/PASEP. A Tabela 8 mostra a evolução dos gastos principais do FAT no período de 2007 a 2011 (incluindo os empréstimos ao BNDES) e sua projeção para 2012 a 2015, revelando que nos últimos anos estes se expandiram em termos reais a uma média de 9,7% a.a., e que o seguro-desemprego cresceu a 10,4% a.a., e o abono salarial, a 13,2% a.a.

No caso do abono salarial – concedido aos trabalhadores que tenham vínculo com empregadores contribuintes do PIS/PASEP e que ganhem no máximo dois salários mínimos –, a explicação da elevação acentuada dos gastos é dada por uma combinação de fatores. Talvez o determinante tenha sido o aumento real do salário mínimo desde 1994 e em todos os anos a partir de 2003, o que implica um número crescente de trabalhadores cujos ganhos se situam abaixo de dois salários, e consequentemente são elegíveis para o benefício, combinado com a formalização crescente do mercado de trabalho.[24] Nesse caso, o problema é a regra que não previu que o abono iria absorver recursos crescentes voltados àqueles que não necessariamente se situam entre os mais pobres com aumentos reais do salário mínimo. Como o abono é previsto na Constituição e foi regulado pelo Congresso em lei (7.859/89), modificá-lo não será simples e irá depender de o governo gastar capital político considerável.

A questão do seguro-desemprego é possivelmente ainda mais grave.[25] Não apenas as regras estão distorcidas, mas, em contraposição ao abono salarial, os

---

[24] De acordo com a Nota Técnica 15/2011 da Subsecretaria de Planejamento, Orçamento e Administração do Ministério do Trabalho e Emprego (MTE), citada em *Valor*, 13/02/2012, p. A4, entre 2000 e 2009 a proporção de trabalhadores formais auferindo acima de dois salários se expandiu de 29,7% para 50,9% (enquanto o número de postos de trabalho formal no país aumentou em cerca de 15 milhões para 41,2 milhões).

[25] De acordo com a legislação atual, o seguro-desemprego é pago ao trabalhador demitido sem justa causa que comprove vínculo empregatício de, no mínimo, seis meses nos últimos três anos. Quem comprova esse vínculo entre 6 e 11 meses tem direito a três parcelas do benefício. De 12 a 23 meses, são 4 parcelas; acima de 24 meses, 5 parcelas. O benefício varia de R$622 a R$1.163,76 e é calculado com base nos três últimos salários. Quem ganhava salário mínimo recebe o mesmo valor. Acima do mínimo, até R$1.026,77, 80% do salário. Entre R$1.026,78 e R$1.711,45, 80% do limite da faixa anterior mais 50% do que superar essa faixa. Acima de R$1.711,45, recebe-se o teto do benefício: R$1.163,76. Ver *O Globo*, 22/01/2012.

TABELA 8
Evolução das despesas do FAT, 2007-2015 (R$ bilhões)

	2007	2008	2009	2010	2011	2012**	2013**	2014**	2015**	Variação média 2007-2011 (% a.a.)	Variação média 2012-2015 (% a.a.)
Total de obrigações*	34,2	37,1	42,8	45,1	49,4	56,0	62,2	69,6	78,5	9,7	12,0
Principais despesas*											
Seguro-desemprego	16,4	17,7	22,5	22,3	24,3	26,2	28,5	31,7	34,9	10,4	10,1
Abono salarial	6,4	7,1	8,6	9,5	10,6	13,3	15,5	18,1	21,5	13,2	17,4
Empréstimos ao BNDES	10,5	11,5	11,0	12,7	13,9	15,8	16,3	18,1	19,9	7,3	8,0
Recursos do Tesouro no FAT (R$ milhões)	5,7	26,9	24,6	1091,0	88,1	5.531	7.592	9.707	12.614	98,3	31,6

Fontes: Anexo IV da Lei de Diretrizes Orçamentárias (LDO) de 2013 e Ministério do Trabalho; *Valor* 24/04/12 p. A3; e cálculos próprios.
Notas: *Valores referentes a 2007-2011 corrigidos a preços de dezembro de 2011 pelo IPCA. De 2012-2015 são números estimados pelo governo. **Valores projetados.

efeitos sobre os incentivos econômicos parecem ser bastante adversos.[26] O que inicialmente chama atenção é o aparente paradoxo de taxas de desemprego declinantes e gastos que nos últimos anos se expandiram a uma média acima de 10%. Há medidas no sentido de coibir os abusos mais comuns, com a imposição de determinadas exigências e condicionalidades para tentar minimizar as fraudes, mas a fragilidade de fiscalização dificulta uma mudança mais profunda no sistema que deveria ser reorientado no seu conjunto para fazer face ao desafio da baixa produtividade na economia.[27]

De fato, *um elemento essencial para a atualização do modelo brasileiro diz respeito à necessidade de superar os ganhos limitados da produtividade do trabalho.* Conforme já discutido, vive-se uma escassez de trabalhadores, e é possível que o país tenha de conviver com essa situação nos próximos anos por uma conjugação de fatores demográficos e econômicos. Se for correta a observação de que o país ultrapassou o "Lewis Point", a escassez se tornará estrutural, a menos que se queira facilitar ou mesmo estimular a imigração em uma escala politicamente difícil de ser suportada. Dessa forma, os rendimentos do trabalho e seu custo unitário deverão continuar a aumentar, subtraindo competitividade da economia, que se consolidará como uma plataforma de alto custo.[28]

É imperativo se contrapor a falta de mão de obra, baixa produtividade (com a incorporação maciça de trabalhadores mais jovens e menos educados) e custos crescentes, com ações efetivas que combinem melhorias de gestão, esforço redobrado de educação e capacitação – voltado principalmente aos mais jovens, mas também aos adultos – articuladas a maior dotação de capital por trabalhador. *À flexibilidade e criatividade do trabalhador brasileiro, deve-se aliar sua qualificação para operar em ambientes crescentemente complexos e tecnificados.*

---

[26] Uma simulação realizada pelo Prof. José Pastore em entrevista a *O Globo*, em 22/01/2012, mostra que um trabalhador com seis meses no mesmo emprego e que consegue provocar sua demissão sem justa causa iria dispor no período de quatro meses – após somar FGTS, indenização de 40%, 13º salário, férias e abono, adicionados ao seguro-desemprego, cerca de 70% mais do que receberia quando estivesses trabalhando. Comumente, nesse período de quatro meses, o trabalhador acumula os rendimentos de um trabalho informal. Ao final do período volta ao mercado formal – o que não é difícil tendo em vista seu dinamismo. Ver também a discussão sobre o FAT em Giambiagi e Castelar Pinheiro, *op. cit.*, e o Gráfico 2.9, como expressão das distorções do sistema.
[27] O MTE vem exigindo que o trabalhador desempregado, para auferir as parcelas do seguro-desemprego, se inscreva no Sistema Nacional de Emprego (e aceite emprego oferecido pelo Sine) assim como esteja num curso de treinamento para receber o benefício nesse período.
[28] A renda real dos trabalhadores vem efetivamente crescendo de forma sustentada: 5,6% entre março de 2011 e 2012, sendo 9,2% na construção, 8,4% nos serviços domésticos e 9,7% em outros serviços.

O país necessita de um mapa *que oriente as ações visando à elevação da produtividade do trabalho (e a redução de seu custo unitário).* O ponto de partida é o compromisso da empresa e do trabalhador com o aprendizado. O fato é que ainda não se detém um sistema de aprendizado consistente com a nova dinâmica do mercado de trabalho, e com a entrada de grande número de trabalhadores menos experientes e qualificados. O sistema FAT e o seguro-desemprego em particular, apesar do custo extremamente elevado, parecem ser ineficazes para estimular a capacitação, podendo incentivar a própria rotatividade.

Na verdade, **o mapa da produtividade** deve contemplar um conjunto mais amplo e articulado de ações no plano do capital humano, possivelmente o elo mais frágil para dar suporte à transição para um novo modelo de social– democracia no país. Esse mapa – com ações tanto no plano da educação, qualificação do trabalhador e do gestor, público e privado – visa ampliar a produção de um bem coletivo fundamental para a sociedade: o conhecimento.

Atualmente – apesar de múltiplas iniciativas, principalmente voltadas para a área de educação, e tanto na esfera pública quanto privada – ainda não se considera o capital humano o suporte crítico para o desenvolvimento da sociedade. As iniciativas são de modo geral fragmentadas, não se articulam em rede e consequentemente têm capacidade limitada de serem adaptadas e replicadas. Ademais, há um grande desperdício de recursos públicos em todas as instâncias de poder devido a prioridades distorcidas, ineficiência e corrupção.

Os números são muito ruins, apesar dos avanços que vêm se dando de forma relativamente lenta:

- De acordo com o Censo de 2010, 55% da população completou o ensino fundamental, 35% o ensino médio (e 8% o ensino universitário). Em 2009, 63,4% dos jovens terminaram o ensino fundamental e 50,2% o ensino médio; projeta-se que em 10 anos a taxa de conclusão (com até um ano de atraso) do ensino fundamental chegará a 76,8%, e para o ensino médio 65,1% para jovens respectivamente de até 16 e 19 anos.[29]

---

[29] Relatórios "De Olho nas Metas" do movimento Todos pela Educação. Ver *O Globo*, 08/02/2012, p. 3, e em 02/12/2010, p. 14. Ver ainda da Unicef, "Situação da Infância e Adolescência Brasileira" vários anos. O movimento Todos pela Educação acompanha cinco metas que deveriam ser cumpridas até 2022: toda criança de 7 a 14 anos deve estar na escola; toda criança deve estar plenamente alfabetizada até os 8 anos de idade; todo aluno deve ter aprendizado adequado à serie; todo jovem deve concluir o ensino médio até os 19 anos; os investimentos em educação do setor público devem ser no mínimo 5% do PIB.

Ainda em 2010, 3,853 milhões de crianças e jovens (entre 4 e 17 anos) estavam fora da escola, com ênfase na pré-escola e no ensino médio.
- Os resultados da prova ABC aplicada em 2011 para crianças que concluíram o 3º ano do ensino fundamental, 53,3% as detinham em escrita, 56,1% em leitura e 53,3% em matemática. No ensino médio, a situação é possivelmente a mais grave, com 28,9% dos alunos aprendendo o que é adequado para a sua série em língua portuguesa e 11% em matemática, sendo o progresso na década praticamente inexistente.
- Os resultados do Programa Internacional de Avaliação de Alunos (Pisa) falam por si próprios. Principal exame de avaliação da qualidade do ensino, aplicado a cada três anos a estudantes de 15 anos em escolas públicas e privadas (o último em 2009), posicionou o Brasil em 53º lugar entre 65 países. Vale destacar que entre os 10 melhores colocados, cinco são asiáticos (China, Coreia do Sul, Cingapura, Japão e Hong Kong), sendo os demais Austrália, Nova Zelândia, Canadá, Finlândia e Holanda.[30]
- Os gastos com a educação vêm aumentando ao longo dos anos, chegando a 3,2% do PIB em 2000 e 4,3% em 2009. Ainda que seja próximo dos gastos da Coreia do Sul, por exemplo, sua estrutura é distorcida, dada a desproporcionalidade dos gastos por aluno entre os ensinos básico e superior (um para sete) – o inverso daquele país, que fez uma revolução educacional em poucas décadas.

Ainda que há quase duas décadas uma nova política pública para a educação se voltou para reduzir o passivo educacional, com ênfase crescente no ensino básico (com a criação de um fundo específico), programas de incentivo à frequência escolar e instrumentos de avaliação do desempenho e possibilidade de avanço do estudante com base nos resultados, o país caminha a passos lentos. A situação atual e a projetada são claramente incompatíveis com as demandas colocadas pela indústria e pelos serviços avançados, na medida em que o desempenho dos trabalhadores, a qualidade dos técnicos, a capacidade de aprendizado e as competências dos estudantes de graduação e pós-graduação se remetem – todos – à qualidade dos ensinos básico e médio.

A reprodução do bem coletivo "conhecimento" é predicado, *em primeiro lugar*, em um compromisso político de longo prazo com o aprendizado das crianças – iniciando-se na primeira infância – e dos jovens, tendo por suporte *uma*

---

[30] Ver "O que a Finlândia pode ensinar ao mundo", em *O Globo*, 27/02/2012.

escola pública de qualidade. A meta de gastos de 5% do PIB é legitima e deve ser perseguida, ainda que não seja suficiente aumentarem os gastos, mas ter uma gestão voltada para resultados. De qualquer forma, recursos adicionais devem ser direcionados para as escolas das crianças e jovens, de forma que os gastos por aluno reflitam crescentemente as prioridades do país. Nessa perspectiva, há necessidade de se dar redobrada ênfase aos ensinos básico e médio, cuidando para que os recursos sejam gastos de forma inteligente, flexível e parcimoniosa, com base na evidência científica do que efetivamente funciona em educação.[31]

Os estados devem planejar e cogerir com os municípios o sistema de educação, despolitizando e despartidarizando as secretarias de Educação e as escolas, sua direção e professores; e os recursos transferidos e próprios devem ser sujeitos a fiscalização rigorosa e dedicada à área, e não apenas dos órgãos oficiais, mas da sociedade. Chegou o momento de se criar uma estrutura de incentivos e punições centrada numa *Lei de Responsabilidade Educacional*, voltada não apenas para o valor alocado para a Educação e a integridade dos gastos, mas para os resultados obtidos. Deixou de ser admissível a política pequena na Educação (ou na capacitação do trabalhador); é uma questão de Estado.

Nesse sentido, os gastos, assim como o desempenho da escola, devem estar detalhados e disponíveis para que possam ser acompanhados – começando com os pais – e se saiba em que os governos, nos seus diferentes níveis, gastam quando alocam recursos para a educação. O Governo Federal – inclusive suas instituições de supervisão e controle – deve se preparar para assumir um papel mais proativo em municípios e estados incapazes de um desempenho minimamente satisfatório, sinalizando assim a seriedade do compromisso.

Segundo, e na outra ponta, é essencial dar continuidade aos esforços voltados à produção de ciência e engenharia de qualidade, não apenas apoiando centros de excelência estabelecidos, mas também grupos emergentes capazes de fazer ciência de fronteira. Os dispêndios em Ciência e Tecnologia (C&T) se expandiram de 1,30% a 1,62% do PIB entre 2000 e 2010, enquanto os gastos de P&D propriamente ditos aumentaram de 1,02% para 1,16% do PIB nesse período, chegando em 2010 a R$43.748,9 bilhões. O setor empresarial – incluindo as empresas controladas pelo governo – aumentou sua participação no período de

---

[31] Em "Educação: as lições do Professor Hanushek", João Batista de Oliveira, *Valor*, 20/12/2011, sintetiza as conclusões de um estudo detalhado sobre o que traz resultados em educação: "... uma infraestrutura minimamente adequada e bem cuidada [carteiras, quadro-negro, giz e bibliotecas impecáveis] e professores que saibam o conteúdo que vão ensinar... [com] presença diária e constante [e] o tempo de aula..."

0,47% a 0,55% do PIB, chegando a participação privada nesse último ano a 47,4%, um ganho relativamente pequeno frente ao início da década (46,1%). Dos 10 maiores produtores de inovações patenteadas na década, cinco são empresas (Petrobras, Semeato, Jacto, Vale e Usiminas) e cinco são entidades do governo, inclusive universidades (Unicamp, USO, Fapesp, UFMG, CNEN).

Existem atualmente duas visões convergentes no campo da produção do conhecimento no país.

Primeiro, que os dispêndios em C&T e os gastos em P&D do país, assim como sua participação na produção científica mundial e seu crescimento na última década (de 1,35% de artigos publicados em periódicos científicos indexados pela Thomson/ISI para 2,69% entre 2000 e 2009), apontam o Brasil como uma potência científica emergente e de média grandeza.

Segundo, que os resultados no plano da inovação – espelhado nas concessões de patentes – são ainda parcos,[32] e vêm se transmutando muito lentamente em produtos competitivos de base tecnológica.

A questão que se coloca é: Por que – apesar dos esforços e gastos crescentes – o ritmo de inovação ainda é lento? Em síntese, há duas visões contrastantes: Por um lado, a noção de que o problema reside no fato de que os recursos estão em universidades e instituições públicas de C&T, e as (potenciais) inovações, nas prateleiras.

Por outro, e em contraposição, a ideia de que faltam empresários inovadores, schumpeterianos, e que as instituições públicas (incluindo empresas) assumam esse papel.

Na realidade, a dissociação básica é entre a produção do conhecimento e sua disseminação na sociedade. Faltam canais que conectem de forma efetiva as instâncias que produzem e aquelas que usam o conhecimento. Estes canais não são estruturados mecanicamente, mas dependem da definição de grandes prioridades ou claros objetivos por parte de instituições de governo ou empresas âncora, com capacidade de mobilização, organização, financiamento e absorção

---

[32] O número de concessões de patentes de invenção no escritório norte-americano (USPTO) é um indicador significativo, e o Brasil, quando comparado com China, Índia e Coreia do Sul, tem um desempenho frágil. Entre 2000 e 2010, o número de patentes concedidas se expande respectivamente de 113 a 219, 469 a 8.162, 131 a 1.137, e 3.472 a 12.508, refletindo o fato de que os competidores do país estão rapidamente se tornando potências tecnológicas de primeira grandeza: mesmo no caso da Coreia do Sul, que parte de um número de patentes reconhecidas em 2000 bastante alta, a taxa de crescimento anual foi duas vezes maior do que a do Brasil (13,7% *versus* 6,8%), enquanto a China e a Índia apresentam taxas muito elevadas, 33,1% e 24,1%, respectivamente.

de conceitos e produtos inovadores, a exemplo do programa bem-sucedido de exploração de petróleo em águas profundas encabeçado pela Petrobras.

Há necessidade de dar maior foco ao sistema nacional de inovação, definir projetos e programas transformadores capazes de mobilizar recursos – instituições, empresas, indivíduos – capazes de gerar inovações em torno dos temas centrais da nova economia. O salto de qualidade no crescimento irá depender de novos produtos, processos, sistemas de gestão e regulação que respondam aos desafios do país:

No plano produtivo, que garantam a uma economia calcada nos recursos naturais – uma potência ambiental em potência – uma trajetória de sustentabilidade com aproveitamento inteligente dos recursos e geração e aplicação de conhecimento de ponta.

No âmbito da sociedade, inovações voltadas para a melhoria da gestão do Estado na ampliação da oferta dos bens coletivos mais críticos para o país.

IV. CONCLUSÃO

A economia brasileira nas duas últimas décadas sofreu uma grande transformação e, ao longo de um processo gradativo, atingiu uma combinação de estabilidade macroeconômica, redução da desigualdade e da pobreza, acompanhada de uma expansão do consumo nas camadas tradicionalmente mais afastadas do mercado. Pela primeira vez na história o Brasil se tornou um país de classe média com a incorporação de cerca de 60 milhões de pessoas nesse extrato desde 1993, que em 2011 perfazia cerca de 55% da população. Uma combinação de forte dinamismo do mercado de trabalho diferencialmente voltado para a base da pirâmide e transferências previdenciárias e de assistência social da ordem de 15% do PIB, além de um rápido crescimento do crédito, resultaram em uma expansão sustentada do consumo a um ritmo muito superior ao crescimento da própria economia. Essa, em essência, é a social-democracia brasileira.

Essa bonança não irá durar para sempre. Os limites do modelo já estão sendo testados.

- A economia gerou ganhos de renda significativos na base da pirâmide, com o mercado de trabalho incorporando trabalhadores menos experientes e menos qualificados. A pressão de custos transbordou para os preços

dos bens e serviços não transacionáveis, e vem minando inexoravelmente a competitividade da economia.
- Há uma dissonância crescente entre o consumo de bens individuais e a produção (e consumo) de bens coletivos, de elevada externalidade – infraestrutura física e social, inclusive a geração e disseminação do conhecimento. O investimento e a produção desses bens são essenciais para assegurar ganhos de produtividade no médio e no longo prazo, que irá sustentar o crescimento da economia brasileira.
- Ao mesmo tempo, o dinamismo do mercado doméstico não está assegurado para os próximos anos, porque a "nova classe média" depende da renda de trabalho (e transferências) para fazer face aos compromissos de um endividamento crescente, não tendo tipicamente ativos para se desfazer e saldar dívidas. Na desaceleração da economia os índices de inadimplência rapidamente se elevam, e a espiral virtuosa se transmuta em viciosa.
- Nesse sentido a produção de bens coletivos terá uma dupla função: pelo lado da oferta, impulsionar a produtividade e a competitividade da economia; pelo lado da demanda, progressivamente deslocar o consumo de bens individuais à medida que se esgota a capacidade das novas camadas de expandir o de forma acelerada o consumo, com base na expansão do crédito.
- Os recursos para a produção desses bens no *setor público* não estão assegurados. Irá depender de um novo padrão de gastos, voltados à racionalização e maior eficácia nos dispêndios correntes e principalmente uma visão de prioridades distinta, visando o bem-estar futuro, investindo nas novas gerações, criando o suporte para o consumo de serviços de infraestrutura física e social de qualidade e valor agregado.
- Igualmente no *setor privado* os recursos não estão assegurados. Tanto em termos domésticos quanto internacionalmente, há um volume significativo de recursos que podem ser mobilizados. A experiência brasileira é razoavelmente clara a esse respeito: o volume e a qualidade dos recursos dependem da estabilidade e transparência das regras, da percepção de razoabilidade e equidade de tratamento, e de um ambiente regulatório que dê visibilidade à trajetória de expansão dos setores (principalmente no caso da infraestrutura física).

Assim, o investimento na produção de bens coletivos irá necessitar de ações em duas frentes distintas, ambas relacionadas a uma ***Agenda de Reforma*** do Estado.

- *Primeiro*, uma realocação dos gastos do setor público, com a gradativa redução (em termos relativos) das transferências previdenciárias e sociais, e a proteção dos programas mais bem focalizados, a exemplo do Programa Bolsa Família. Não há como criar espaço fiscal aumentando os tributos. Neste contexto é imprescindível a mudança de políticas e regras – a exemplo do salário mínimo deixar de ser o indexador das despesas previdenciárias.[33]
- *Numa segunda frente,* é crítico reforçar a capacidade do Estado de planejamento, regulação, fiscalização, monitoramento e execução de serviços, de modo que os recursos poupados sejam direcionados com eficácia para expandir os investimentos em bens coletivos – infraestrutura física e social – e melhorar a capacidade organizacional da prestação pública de serviços de qualidade.
- A *Agenda de Reforma* é a base do Mapa da Produtividade, um conjunto articulado de ações tendo por foco o capital humano, como eixo a educação e como resultado a disseminação e absorção de conhecimento em todos os níveis. Não há como sustentar a melhoria do bem-estar da população com uma escola pública de má qualidade, incompatível com as demandas da uma economia competitiva. A menos que a Educação seja a maior prioridade do governo – com todas as consequências que daí advêm – o país continuará a progredir a passos lentos no que é mais essencial.

Finalmente, não há efetiva absorção de conhecimento sem sua concomitante produção. Neste sentido, o país realizou progressos no âmbito científico, porém mais modestos no plano da inovação. Há necessidade de se definir projetos transformadores, capazes de mobilizar recursos – instituições, empresas, indivíduos – e gerar inovações em torno de temas centrais para a nova economia. Seu crescimento virtuoso irá depender de inovações portadoras de futuro: no plano produtivo, que garantam a uma economia calcada nos recursos naturais uma trajetória de sustentabilidade; e no âmbito da sociedade, inovações sociais que possibilitarão a emergência de uma escola pública de qualidade.

---

[33] Como Fábio Giambiagi vem alertando, aumentar o valor das transferências previdenciárias com base nos aumentos do salário mínimo não apenas tem um custo fiscal excessivo, como causa um impacto marginal sobre a redução da pobreza na medida em que um percentual muito pequeno de aposentados e pensionistas que recebem salário mínimo está entre os mais pobres (cerca de 1% e 5% dos aposentados e pensionistas estão dentre os 10% e 20% mais pobres, respectivamente).

Em síntese, a atualização do modelo econômico vigente requer uma reorientação de prioridades (e consequentemente dos gastos do governo), reduzindo a ênfase nas transferências e voltando os recursos para a produção dos bens coletivos que darão permanência aos ganhos de bem-estar da população. Uma economia mais produtiva e uma sociedade mais igual, alicerçadas numa revolução educacional e em investimentos na infraestrutura física, serão a base de um novo modelo. Este é o momento de definição da social-democracia brasileira.

As grandes oportunidades prioritárias do BNDES, visando transformar crise em oportunidade

*Luciano Coutinho**

---
*Presidente do BNDES.

A consigna do Fórum Nacional neste ano diz respeito a como o Brasil pode e deve defletir ameaças decorrentes de um cenário adverso, capturar oportunidades e encontrar formas inovadoras de desenvolver sua economia e de aperfeiçoar sua sociedade de maneira a galgar padrões de renda e de qualidade de vida mais altos, permanentes e consistentes no futuro.

Defrontamo-nos com uma agenda macroeconômica relevante de curto prazo em face de um elevado risco de ruptura na zona do euro. A agenda de médio prazo inclui a grande tarefa de erradicação da pobreza extrema, uma prioridade fundamental do governo da Presidente Dilma Rousseff. Mas também, além dessas prioridades, se coloca o desafio de aumentar substancialmente o esforço de investimento e poupança do País, ampliando sua taxa agregada de investimento para perto de 25% do PIB. Isso inclui a necessidade do desenvolvimento de finanças privadas de longo prazo, diversificação de fonte de financiamento e estímulo à formação de poupança doméstica. Sublinho o desafio de promover a inovação e a criatividade no sistema empresarial junto com a sustentabilidade ambiental e ressalto o desafio de expandir e desenvolver as nossas infraestruturas, especialmente os nossos sistemas logísticos, tão essenciais para a eficiência da economia. Menciono ainda o desafio de aumentar, de subir o patamar de ganhos de produtividade da força de trabalho e do conjunto da economia, em um contexto em que a força de trabalho se torna mais escassa, o desemprego se reduz e, portanto, torna imperativo obter ganhos de produtividade consistentes com a manutenção da estabilidade. Finalmente temos o desafio correlato de ampliar a capacidade competitiva da economia brasileira, em especial da indústria manufatureira e dos serviços modernos.

Essa é a agenda-chave reconhecida por todos como relevante. Agenda em torno da qual o Fórum Nacional tem contribuído, todos os anos, com ideias e sugestões que têm sido acolhidas pelo governo. Em muitos casos essas propostas são adotadas como iniciativas ou políticas públicas e, por isso, como prioridades para o BNDES.

Devo afirmar, assim, a relevância dos debates do Fórum e a razão pela qual o BNDES se orgulha em apoiar os seus debates e contribuições. Agradeço o título de Instituição Benemérita outorgado ao Banco nessa ocasião em que completa 60 anos.

O Brasil nesse momento enfrenta ameaças e desafios, mas também se defronta com oportunidades muito relevantes. Sem dúvida, para capturar essas oportunidades impõe-se um firme esforço de inovação que implica a mobilização da capacidade criativa do nosso sistema empresarial e dos nossos sistemas públicos de pesquisa e ciência.

Tomemos o exemplo das reservas de petróleo e gás do Pré-sal, dos grandes investimentos na área de petróleo e gás, que representam uma oportunidade para desenvolver no país uma cadeia produtiva competitiva de bens de serviços sofisticados de alto valor agregado. Observemos os agronegócios, que são extremamente competitivos e que podem capturar oportunidades relevantes com o desenvolvimento de uma cadeia supridora de bens de capital, insumos e biotecnologia. Consideremos o potencial de muitas áreas da nossa indústria de bens de capital e da indústria automotiva. Os setores de caminhões e de ônibus, considerando os de transição tecnológica em direção a novos padrões de sustentabilidade ambiental, incluindo veículos elétricos, oportunidade que o Fórum Nacional tem apontado como meritória e interessante para nós.

Avaliemos a capacitação instalada da nossa indústria de equipamentos e material elétrico e da indústria de bens de capital mecânicos. Consideremos a capacidade da nossa indústria de engenharia e serviços e de todas as cadeias que dão suporte às indústrias de construção civil, desde cerâmicas, metais domésticos, plásticos, tintas até a indústria do cimento. A compreensão convencional tende a caracterizar esses setores ou segmentos como estáveis, em que o progresso tecnológico nada a tem a ver. Não é verdade! Vivemos um período de aceleração da mudança tecnológica em todos os segmentos, inclusive nos setores em que tradicionalmente o ritmo de avanço tecnológico sempre foi lento. Estes serão afetados, doravante, pelas novas nanotecnologias dos materiais, pelo avanço dos processos bioquímicos e biotecnológicos, ou ainda por novas possibilidades de automação que modificarão muitas cadeias produtivas. Se trabalharmos com afinco e acompanharmos esses avanços, qualificando a nossa indústria, poderemos dar passos à frente na concorrência global – ou nos deslocarão se nós não tivermos a competência de fazê-lo.

Não sublinho apenas os desafios de avançar nas cadeias e setores onde o Brasil já tem constituído vantagens competitivas reveladas. Mas advogo e tenho convicção de que temos, sim, oportunidades nas indústrias e cadeias intensivas em conhecimento científico e inovação. Não há razão para que não ambicionemos desenvolver oportunidades industriais nas tecnologias de informação e comunicação. Refiro-me aos setores de software, de telecomunicações, de semicondutores, de automação dos serviços e comércio. Incluo a farmacêutica de biossintéticos e de farmacoquímica. Refiro-me também ao nosso complexo de aeronáutica, defesa e aeroespacial. Repito, não há razão para que não devamos ambicionar ter um papel de destaque nesses setores.

No que tange ao setor de bem de capital, já mencionei a grande oportunidade que será a criação de uma cadeia produtiva supridora de bens de serviços, engenharia e equipamentos para óleo e gás, mas podemos estender essa oportunidade a muitos outros segmentos nos quais o Brasil irá avançar. Destaco as áreas de energia, hidrelétrica, de biomassas e do etanol, assim como as energias renováveis, eólica, solar e outras. Temos oportunidade de desenvolver cadeias produtivas mais fortes e inovadoras e podemos avançar no desenvolvimento de gerações avançadas de produtos e processos.

Não há por que amesquinhar a perspectiva brasileira e não pensar de forma ambiciosa em relação aos potenciais de desenvolvimento do país. Há um denominador comum – que o Fórum Nacional tem sempre apontado – que é o peso crescente da economia do conhecimento e da inovação, como vetor unificador de uma estratégia de desenvolvimento contemporânea. Esta requer a ampliação e o aprofundamento da qualidade dos recursos humanos, a densificação das atividades de inovação, pesquisa e desenvolvimento. Sem esse esforço estruturado, não será possível capturar as oportunidades e transformá-las em avanço do sistema empresarial brasileiro. Esse desafio diz respeito tanto as nossas empresas, as empresas de capital nacional, como inclui a atração e o estímulo ao desenvolvimento no país de atividades intensivas em conhecimento por parte das empresas de capital estrangeiro. Sublinhe-se que esse processo tem já mostrado, a curto prazo, frutos importantes através do Movimento Empresarial pela Inovação (MEI), liderado pela CNI. Registro também nesse âmbito a mobilização da nossa base de pequenas e médias empresas, tarefa para a qual o SEBRAE tem mostrado grande empenho.

São essas perspectivas que nos animam e que nos dão esperança. Ressalto ademais a convergência de propósitos e a construção de consensos através do Fórum Nacional. Suas propostas contribuirão e o BNDES, como elo do governo com o Fórum, mais uma vez se beneficiará com as suas contribuições inestimáveis, as quais agradeço antecipadamente. Reitero meu muito obrigado a todos que aqui estão participando ao longo dos próximos dias.

PARTE II

Mobilização nacional pela competitividade, principalmente na área industrial

Fatores limitativos da competitividade industrial brasileira e como superá-los

*Robson Braga de Andrade**

*Presidente da Confederação Nacional da Indústria (CNI).

Um dos assuntos centrais do Fórum neste ano é o da competitividade dos produtos brasileiros. Aumentá-la é um dos grandes desafios que o Brasil tem diante de si no momento.

A Confederação Nacional da Indústria vem ajudando a identificar e combater o conjunto de fatores que dificultam o aumento da competitividade da indústria e do desenvolvimento econômico e social do País.

Esses fatores podem ser sintetizados no conceito de *"Custo Brasil"*, que engloba diversas distorções associadas às relações entre Estado e setor privado.

A intensidade dos obstáculos a serem enfrentados emite um sinal sobre o potencial de crescimento da economia brasileira. Ela indica crescimento contido e limitado pelo ambiente institucional.

A superação dessas barreiras poderá criar uma nova fonte de dinamismo e estabelecer as condições para um ciclo de crescimento sustentado.

Os problemas de competitividade do Brasil são conhecidos – não lhes faltam indicadores e diagnósticos precisos. De forma gradual, alguns obstáculos vêm sendo removidos, mas a questão crítica, para as empresas, é a velocidade com que isso tem sido feito.

As limitações de competitividade reduzem o potencial e a qualidade do crescimento. Se esses entraves forem removidos, o Brasil tem amplas possibilidades de crescer mais e melhor.

Os avanços têm sido lentos por duas razões principais. Nossos ativos – país grande, mercado doméstico amplo e sucesso no campo das commodities – nos ajudam a caminhar, ainda que com dificuldades.

Os ônus dos adiamentos e das protelações não surgem de forma expressiva em curto prazo. O desempenho econômico asiático, que nos favorece, ajudou a mascarar nossas deficiências.

A segunda razão é que nossas políticas (tributária, trabalhista e previdenciária) estão inseridas na Constituição, e o processo de mudanças em uma democracia federativa é mais lento.

Isso gera uma deterioração às vezes lenta e gradual. Seus efeitos danosos são observados principalmente na indústria manufatureira, segmento da economia mais afetado pela perda de competitividade.

Em função disso, o Brasil tem hoje uma indústria menor do que poderia ter. Essa é uma constatação a partir de números, comparando-se o Brasil com outros países similares, em especial os asiáticos, de nível de desenvolvimento semelhante.

A participação da indústria de transformação no PIB é hoje de apenas 14,6%, segundo o último dado do IBGE. Isso é menos da metade do que já foi nos anos 1980. Enfrentamos um processo de desindustrialização tão acelerado quanto precoce.

A participação da indústria de transformação no PIB se assemelha à dos países avançados, em que o setor de serviços é predominante. Mas nosso nível de renda *per capita* e o produto médio da indústria por trabalhador é muito inferior.

O Brasil perdeu a oportunidade histórica de aumentar sua participação na indústria mundial. A produção manufatureira do Brasil era semelhante à da China em 1980 (cerca de US$80 bilhões da época). Hoje, corresponde a apenas 15,5% da chinesa (US$280 bilhões no Brasil contra US$1,8 trilhão na China).

O País precisa enfrentar a perda de dinamismo da indústria manufatureira e dar o indispensável sentido de urgência aos sérios problemas de competitividade que temos.

Esse sentimento deve estar presente em toda a sociedade, pois a perda de competitividade afeta a todos. A pressão competitiva no mercado mundial atinge os produtos manufaturados, mas tem impactos em toda a cadeia produtiva de fornecedores de insumos e serviços.

Se nossos produtos manufaturados perdem a competição tanto no mercado externo como no interno, toda a economia brasileira sofre. O país gera menos empregos e renda, e o comércio vende menos do que poderia. Até a arrecadação de tributos é afetada.

O tamanho da indústria e o seu perfil são assuntos extremamente importantes para o País. Quando visito uma empresa farmacêutica, automobilística ou de bens de capital, percebo que a complexidade das suas atividades é um sinal das nossas oportunidades no futuro.

Não pretendo fazer comparações com outros setores. Mas me pergunto quem tem mais perspectivas: Uma economia com esse perfil de complexidade industrial ou uma economia mais simples, com baixo grau de sofisticação e inovação?

O desafio do crescimento sustentado tem três dimensões que exigem atenção simultânea, embora possuam tempos diferentes no que diz respeito à implementação de políticas e seus efeitos. Conciliá-las é indispensável para consolidar a indústria e o Brasil em uma trajetória sustentada de expansão.

Essas três dimensões são:

1. Remoção dos obstáculos que travam o desempenho e a competitividade das empresas. É a agenda do século passado, de que são exemplos os problemas na área tributária e na infraestrutura.
2. Construção das competências de que o País precisa para enfrentar os desafios do crescimento futuro. Isso envolve educação, inovação, ciência e o desenvolvimento de setores em que o Brasil tenha clara vantagem competitiva.
3. Ações emergenciais necessárias para responder aos problemas que se apresentam em função da evolução da conjuntura nacional ou internacional.

Não existe uma solução única para resolver os problemas de competitividade. Temos de atuar em várias direções, sempre com tenacidade e foco.

A curto prazo, precisamos tratar com urgência de alguns assuntos como:

- Ampla desoneração da folha de salários, com redução efetiva de encargos que promovam maior competitividade.
- Ampla desoneração dos investimentos para eliminar os tributos que incidem sobre os bens de capital e aumentam o custo do investimento.
- Total recuperação de créditos tributários, com a implementação de mecanismos efetivos e céleres de utilização dos créditos das empresas exportadoras (hoje há um sistema lento e ineficaz, causando ônus desnecessários e elevando custos).
- Defesa comercial eficiente, com ações integradas de modo a impedir a concorrência desleal e predatória dos importados, acirrada com a crise mundial e a valorização do real.

A longo prazo, é preciso construir as bases da competitividade permanente por meio do aumento da produtividade pela educação de qualidade e inovação.

Esse é o binômio que irá assegurar a redução contínua do nosso déficit de competitividade.

Esse movimento envolve também a captura de novas oportunidades de desenvolvimento. Cito, apenas como exemplo, a bioeconomia.

Sem marcos regulatórios adequados e um programa bem articulado de ciência e apoio à inovação, desperdiçaremos uma extraordinária fronteira de expansão nos segmentos de fármacos, cosméticos, química, agronegócio e em variadas aplicações industriais.

É fundamental que o compromisso com a competitividade esteja articulado com uma agenda de transformação industrial, de captura de novos setores e de maior sofisticação que os hoje existentes.

Em parceria com o BNDES, o sistema industrial está trabalhando fortemente nessa direção. Estamos comprometidos com uma revolução na competitividade das indústrias brasileiras.

O Programa SENAI de Apoio à Competitividade da Indústria Brasileira irá dobrar a oferta de matrículas de educação profissional até 2014, saindo de 2,7 milhões de matrículas para mais de 4 milhões.

Estamos construindo 53 centros de formação profissional e tecnológica, além de uma rede nacional de centros tecnológicos e de inovação. Serão 23 Institutos SENAI de Inovação e 38 institutos SENAI de Tecnologia em todo o país.

Essas unidades, idealizadas a partir de consultoria da organização Fraunhofer, da Alemanha, serão um elo importante do sistema brasileiro de inovação.

Com o apoio da Mobilização Empresarial pela Inovação (Mei), essas são ações que irão alavancar a capacidade competitiva por meio da elevação da produtividade e da introdução de produtos novos e de maior qualidade.

Mas não podemos esquecer que o ambiente macroeconômico precisa ser adequado ao aumento da competitividade, com reformas que promovam:

- Modernização das relações de trabalho, com mudanças e aperfeiçoamentos na legislação de modo a adequá-las a uma economia moderna e globalizada.
- Harmonização da tributação, visando à racionalidade e à eficiência produtivas e derrubando a torre de Babel do nosso sistema tributário, cheio de regimes especiais que terminam por causar mais distorções.
- Racionalização e eficácia no gasto público, com vistas ao aumento da eficiência e à redução na demanda por recursos, o que permitirá diminuição da carga tributária e foco em investimentos na infraestrutura.

- Regulação eficiente dos mercados, fundamental para estimular e atrair o investimento privado. Na área de infraestrutura, cabe mencionar a necessidade de se avançar nas concessões. Os portos merecem uma atenção especial, aumentando sua gestão privada.

Essa é a política pró-indústria que o Brasil precisa perseguir para assegurar as condições de competitividade dos produtos e para a economia brasileira crescer de forma sustentada.

Algumas dessas medidas são de natureza regulatória e outras têm impacto fiscal. As regulatórias demandam mudanças na legislação, com o necessário uso do capital político para fazer a agenda andar. As de efeito fiscal exigem foco e uma discussão sobre a macroeconomia da competitividade.

Precisamos todos – setor público, empresas, trabalhadores e intelectuais – nos unir para fazer essa agenda pró-competitividade avançar a passos largos. Pelo bem do Brasil.

O papel da indústria nas políticas de desenvolvimento do país

*José Ricardo Roriz Coelho**

---

*Diretor titular do Departamento de Competitividade e Tecnologia da Federação das Indústrias de São Paulo (Fiesp).

Se o Brasil pretende deixar de ser um país de renda mediana, com baixo nível de escolaridade e com um sistema de saúde público distante do ideal, para tornar-se uma nação desenvolvida econômica e socialmente, é necessário executar um projeto ambicioso e articulado de políticas envolvendo os setores público e privado, tendo a indústria como um dos principais vetores de expansão.

Para tanto, é preciso lembrar que a entrada de milhões de pessoas no mercado de trabalho nos próximos anos exigirá vigorosa criação de novos empregos.

Por sua vez, o sucesso de tal estratégia requer, antes de tudo, saber onde queremos chegar, assim como reconhecermos as oportunidades e as barreiras ao crescimento dos setores mais modernos e produtivos. Somente assim será possível articular as políticas que o país precisa para se tornar uma nação desenvolvida.

QUAIS SÃO OS OBJETIVOS PARA O DESENVOLVIMENTO DO BRASIL NOS PRÓXIMOS 15 ANOS?

Apesar de termos evoluído bastante na última década em termos sociais e econômicos, como é apresentado pela evolução do Índice de Desenvolvimento Humano (IDH), que saltou de 0,665, em 2000, para 0,718, em 2010, ainda há muito a ser feito para nos tornarmos uma economia desenvolvida.

Atualmente, o nível de entrada das economias desenvolvidas é de 0,778, o que significa que, para atingir o patamar em que se encontram esses países, temos de ao menos dobrar nossa renda *per capita* nos próximos anos, de US$10 mil para US$20 mil (em PPC), e, paralelamente, ampliar os investimentos e a eficiência dos gastos em saúde e educação, elevando o IDH ao nível do encontrado nesses países.

O Gráfico 1 mostra o Brasil na posição atual e lista os países com renda *per capita* e IDH na faixa almejada, isto é, próximo do nível de entrada das

GRÁFICO 1
IDH e PIB *per capita* dos países (2010)

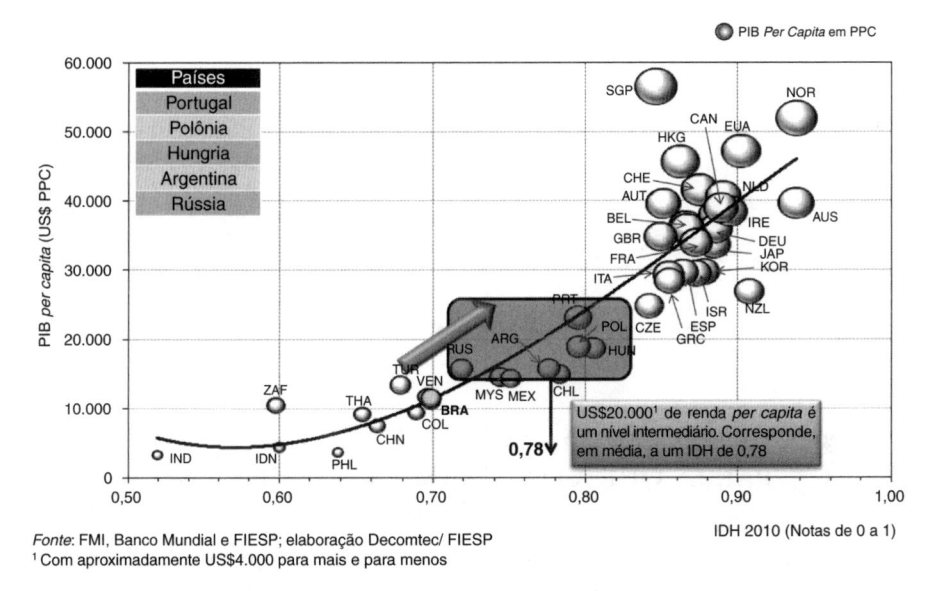

economias desenvolvidas. É bastante razoável afirmar que o Brasil tem potencial suficiente para atingir o nível desses países até 2025.

ESSA META É FACTÍVEL? QUE PAÍSES CONSEGUIRAM ISTO?

A de duplicação do PIB *per capita* a US$20 mil até 2015 é factível, embora poucos países tenham conseguido duplicar sua renda *per capita* partindo do nível brasileiro atual no mesmo prazo, isto é, até 15 anos. Em todos os países em que isso ocorreu, o avanço econômico se traduziu em melhora no padrão de vida e indicadores sociais das populações, por exemplo, aumento do IDH. A trajetória dos três países que tiveram sucesso nessa estratégia se encontra no Gráfico 2.

Porém, para o Brasil atingir esses objetivos até 2025 alcançando o nível de entrada no rol das economias desenvolvidas, será preciso crescer o PIB a 5,4% a.a. em média. Como o crescimento do PIB mundial é projetado em 3,1% a.a.[1] no período, em média, o Brasil precisaria crescer 2,3 p.p. acima do crescimento mundial.

---

[1] *Fontes*: Global Insight (até 2028), EIU (até 2025), HSBC e USDA (até 2030).

GRÁFICO 2
PIB *per capita* dos países selecionados (US$, 2005, PPC)

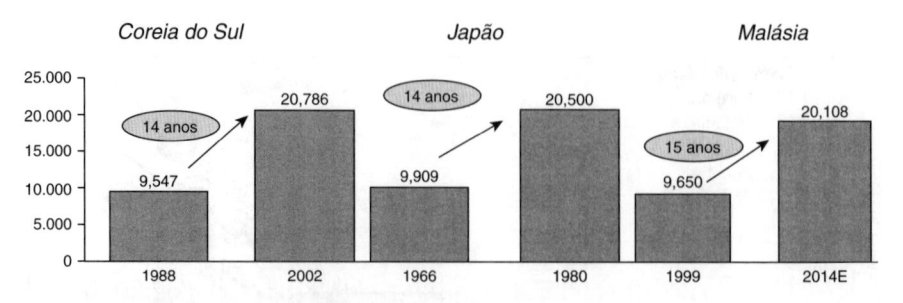

Coreia do Sul	Japão	Malásia
1988: 9.547 → (14 anos) → 2002: 20.786	1966: 9.909 → (14 anos) → 1980: 20.500	1999: 9.650 → (15 anos) → 2014E: 20.108

Fonte: Banco Mundial, FMI (projeção de crescimento Malásia), Pen World Table, Gapminder.

QUAIS FORAM AS ESTRATÉGIAS USADAS PELOS PAÍSES QUE ATINGIRAM ESSE OBJETIVO?

O crescimento econômico acelerado que permitiu duplicar o PIB *per capita* dos países indicados foi viabilizado por elevadas taxas de investimento fixo, como denotado pelo Gráfico 3.

Pensando na estratégia a ser adotada pelo Brasil, o investimento fixo deve contemplar a infraestrutura. Outros aspectos fundamentais são os investimentos em educação e inovação/P&D. O Brasil tem desempenho muito deficiente nesses fatores, conforme discutido a seguir.

GRÁFICO 3
Formação bruta de capital fixo (% do PIB, 2010)

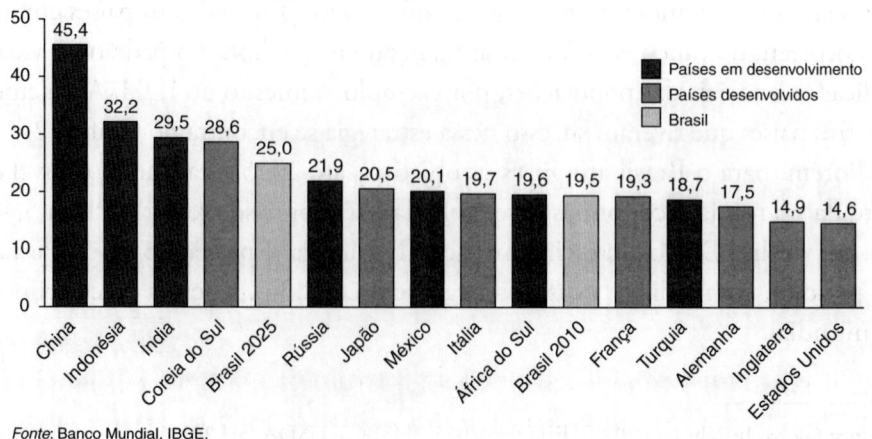

País	%
China	45,4
Indonésia	32,2
Índia	29,5
Coreia do Sul	28,6
Brasil 2025	25,0
Rússia	21,9
Japão	20,5
México	20,1
Itália	19,7
África do Sul	19,6
Brasil 2010	19,5
França	19,3
Turquia	18,7
Alemanha	17,5
Inglaterra	14,9
Estados Unidos	14,6

Legenda: Países em desenvolvimento / Países desenvolvidos / Brasil

Fonte: Banco Mundial, IBGE.

- Infraestrutura: os investimentos em infraestrutura no Brasil ainda não são suficientes para gerar as condições necessárias tanto ao crescimento econômico como para ganhos sustentados de competitividade. O país tem baixa classificação quando comparado a demais países.
- Educação: o nível de escolaridade no Brasil é inferior aos alcançados por países com praticamente o mesmo gasto como Colômbia, Chile e Argentina. A China, por exemplo, gasta o correspondente a 48,5% do gasto do Brasil, mas tem anos de escolaridade 19% superior, além de menor taxa de analfabetismo. Ou seja, é preciso dar maior eficiência aos investimentos em Educação.
- Inovação/P&D: o Brasil tem contribuído muito pouco com o gasto mundial de P&D: em 2007, contribuiu com 1,8%, enquanto a China contribuiu com 8,9%, a Alemanha com 6,3%, a Coreia do Sul com 3,6%, o Japão com 12,9% e os EUA com 32,6%. O investimento bem direcionado é a grande alavanca da inovação.

Por sua vez, taxas elevadas de investimento fixo somente se viabilizam se houver contribuição expressiva do investimento industrial, ou seja, com uma base industrial robusta e dinâmica. Percebe-se que países com maior participação da indústria de transformação no PIB levaram menos tempo para dobrar sua renda *per capita*, conforme o Gráfico 4.

GRÁFICO 4
Tempo necessário para duplicar a renda *per capita* e participação da indústria de transformação no PIB

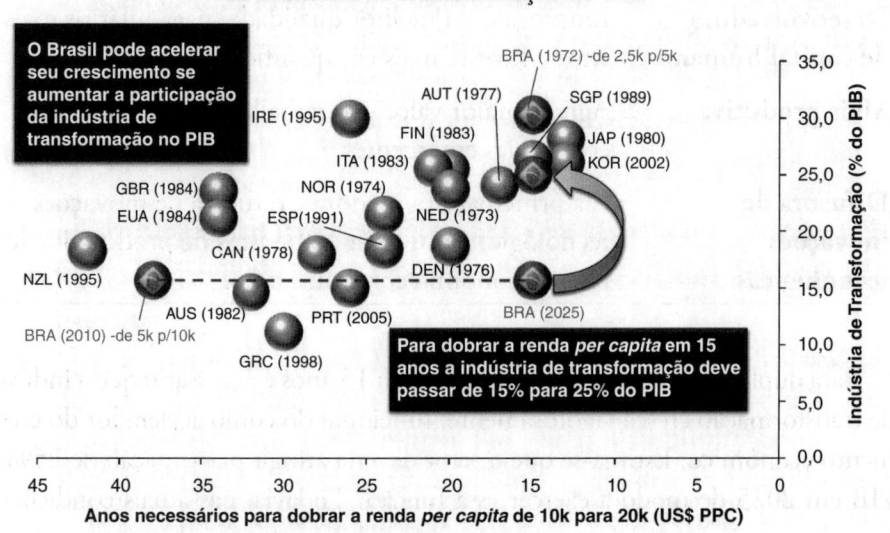

Fontes: Penn World Table e Banco Mundial; Elaboração: FIESP

Estudando a trajetória de todos os países relevantes na economia mundial, especialmente os 31 países com renda *per capita* acima de US$20mil, observou-se que os países que levaram menos tempo para dobrar PIB *per capita* tinham, em média, uma participação da indústria de transformação no PIB da ordem de 27%. Alguns países com menor participação da indústria na economia também dobraram seu PIB *per capita*, mas demoraram mais tempo.

O Brasil é exemplo disso: dobrou o PIB *per capita* de US$2,5mil (em Paridade do Poder de Compra) para US$5 mil em 15 anos, entre 1957 e 1972, quando a participação da indústria de transformação no PIB era de mais de 30%. Com menor crescimento industrial, levou quase 40 anos para dobrar seu PIB *per capita* para US$10 mil (PPC), atingida em 2010, com participação da indústria de transformação no PIB de somente 16,2%.

De fato, a indústria de transformação possui características que tornam seu crescimento importante para o desenvolvimento econômico, conforme a seguir:

Multiplicadora da demanda doméstica	É capaz de atender à crescente demanda doméstica por bens manufaturados com produção local, potencializando o efeito do emprego e renda dentro do país.
Exportadora	Seus produtos são *"tradables"*, o que possibilita aos países emergentes alavancar a demanda externa para promover crescimento econômico acelerado.
Desenvolvedora de capital humano	Emprega com melhor qualidade, paga salários mais altos e investe mais em qualificação.
Mais produtiva	Agrega maior valor por trabalhador, sobretudo em economias emergentes.
Difusora de inovações tecnológicas	É a principal originadora e difusora de inovações tecnológicas, que garantem saltos de produtividade para a economia como um todo.

Para duplicar o PIB *per capita* do Brasil em 15 anos é necessário que a indústria de transformação cresça vigorosamente, funcionando como acelerador do crescimento econômico. Estima-se que o setor deveria atingir participação de 25% no PIB em 2025 de modo a exercer essa função. Todavia, nas atuais condições, o investimento industrial é pouco atrativo, inviabilizando esse objetivo.

QUAIS OPORTUNIDADES E AMEAÇAS O BRASIL TEM PARA ATINGIR O NÍVEL DE INVESTIMENTO FIXO E PARTICIPAÇÃO DA INDÚSTRIA NO PIB NECESSÁRIOS?

Estima-se que os mercados emergentes responderão por 57% do crescimento do consumo final mundial entre 2010 e 2020 (US$8 trilhões de um total de US$14 trilhões), e o Brasil participará com parte importante desse incremento – terceiro maior dentre os emergentes, após China e Índia, conforme indicado no Gráfico 5:

GRÁFICO 5
Projeção de participação das economias no crescimento total do consumo final mundial entre 2010 e 2020

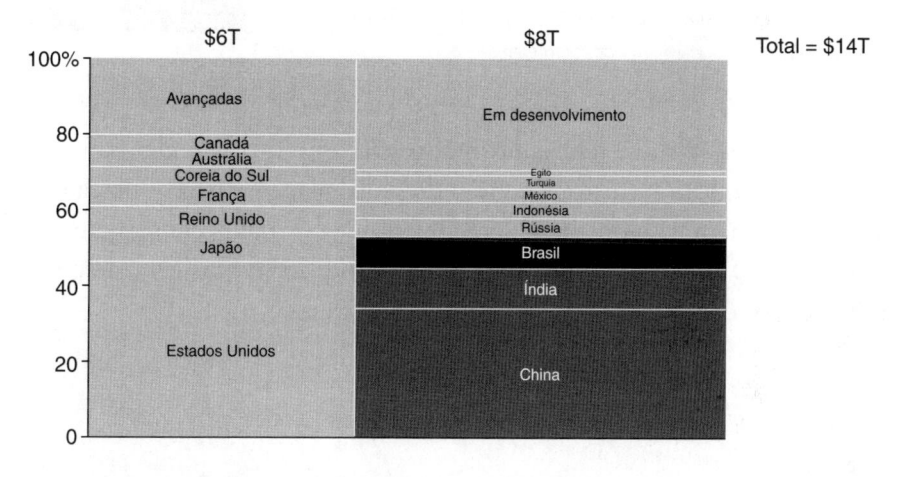

Nota: Preços em dólares a taxas de câmbio fixas.
Fonte: Euromonitor; Bain MTG Analysis, 2011

Sabe-se que a expansão do mercado interno está relacionada com a mudança na estrutura social, com a redução das desigualdades sociais e com o aumento da renda média da população. Esse fator deve continuar sendo relevante, de acordo com as expectativas quanto ao aumento da população das classes A/B (aumento de 138% de 2003 a 2014) e C (aumento de 71% de 2003 a 2014).

Todavia, existem fatores que ameaçam a realização dos investimentos necessários. Por exemplo, a expansão recente do consumo doméstico tem sido absorvida sobretudo pelas importações. Entre 2003 e 2011 o coeficiente de importação da indústria de transformação aumentou de 10,5% para 21,9%, como indicado no Gráfico 6.

GRÁFICO 6
Coeficiente de importação da indústria de transformação, 2006-2011

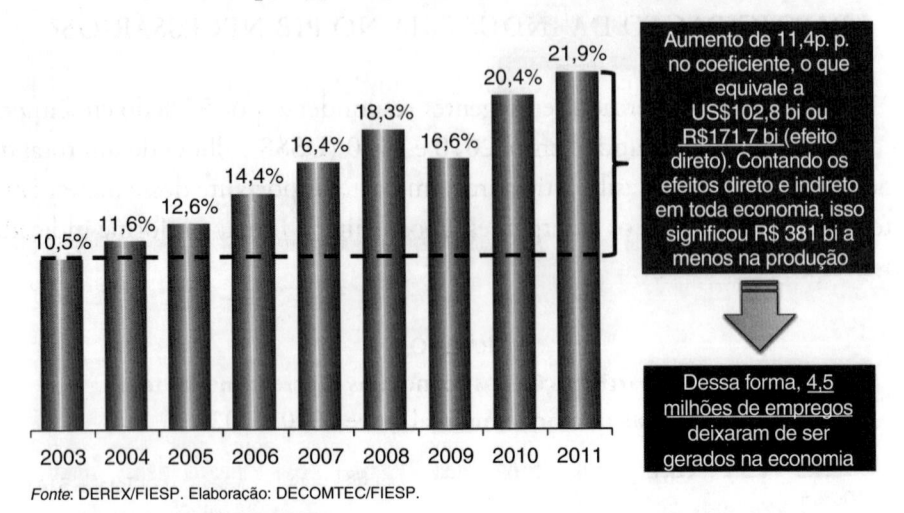

2003: 10,5%
2004: 11,6%
2005: 12,6%
2006: 14,4%
2007: 16,4%
2008: 18,3%
2009: 16,6%
2010: 20,4%
2011: 21,9%

Aumento de 11,4p. p. no coeficiente, o que equivale a US$102,8 bi ou R$171,7 bi (efeito direto). Contando os efeitos direto e indireto em toda economia, isso significou R$ 381 bi a menos na produção

Dessa forma, 4,5 milhões de empregos deixaram de ser gerados na economia

Fonte: DEREX/FIESP. Elaboração: DECOMTEC/FIESP.

Ou seja, esse quadro tem contribuído para que o país tenha baixo crescimento da produção industrial, sobretudo com relação à Ásia, e perca oportunidade de aumentar seu ritmo de crescimento industrial e, consequentemente, econômico. O Gráfico 7 ilustra a expansão industrial brasileira desde 2000, muito aquém da asiática e, até mesmo, da europeia.

GRÁFICO 7
Produção industrial (base 2000 = 100, US$ constante)

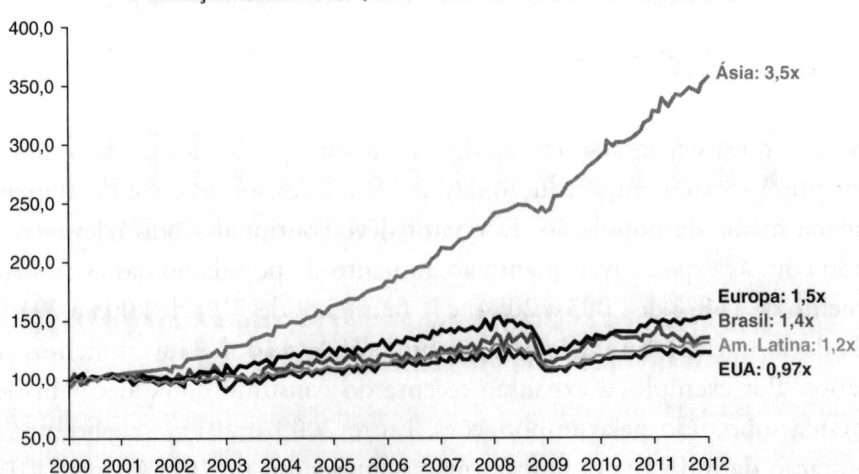

Ásia: 3,5x
Europa: 1,5x
Brasil: 1,4x
Am. Latina: 1,2x
EUA: 0,97x

Fonte: Banco Mundial. Elaboração: DECOMTEC/FIESP.

QUE ENTRAVES DEVERIAM SER REMOVIDOS PARA QUE O BRASIL ATINJA A META DE CRESCIMENTO ECONÔMICO ESTABELECIDA?

Os principais entraves ao desenvolvimento da indústria de transformação no país estão relacionados com o chamado "Custo Brasil", sobretudo os fatores a seguir:

- O **câmbio** se tornou um dos principais instrumentos de competitividade entre os países. Já o Brasil perdeu competitividade nos últimos anos, sobretudo devido à fortíssima valorização do real; por exemplo, entre junho de 2004 e abril de 2012 o real foi a moeda mais valorizada ante o dólar (68,7%) dentre as de várias economias relevantes: a da China se valorizou 31,4%, a do Chile, 32,4%, a da Coreia do Sul, 2,0%, a da Rússia se desvalorizou 1,5%, a da Índia, 12,0%, e a do México, 12,8%.
- A indústria de transformação é o setor que mais contribui com a **arrecadação** entre todos os setores (33,9% do total da carga em 2010), mas sua participação no PIB foi de 16,2%.
- A **carga tributária** da indústria de transformação é de 59,5% do PIB, representando 40,3% dos preços dos produtos industriais.
- Os custos da **burocracia** para pagar os tributos existentes no País representam R$19,7 bilhões do faturamento da indústria de transformação. Considerando o carregamento na cadeia a montante, totaliza um custo anual de 2,6% do preço dos produtos industriais.
- Os **juros básicos e spread** bancário implicam um custo de R$156 bilhões com financiamento para capital de giro da indústria de transformação. Considerando a cumulatividade na cadeia, em 2011, 7,5% do preço dos produtos industriais na porta da fábrica se deverão ao custo de capital de giro; mesmo com Selic em queda, o Brasil tem a segunda maior taxa mundial (atrás da Rússia). O spread brasileiro é 11,5 vezes maior do que o dos países que calculam com critério idêntico ao nosso (Malásia, Japão, Chile e Itália).
- Os **encargos trabalhistas** são muito elevados: representam 32,4% do total dos custos de mão de obra na indústria, valor mais alto dentre 34 países analisados pelo Departamento de Estatísticas do Trabalho dos EUA (Bureau of Labor Statistics – BLS).
- O Brasil tem uma das mais elevadas tarifas de **energia elétrica** do mundo. Por isso, o gasto com energia corresponde a 2,6% do custo total da

indústria de transformação, sem considerar a cumulatividade do custo da energia na cadeia de valor, ou seja, o custo da energia nos insumos consumidos pela indústria.
- Os produtos industriais são encarecidos em R$17,1 bilhões pelos custos de um **sistema logístico** deficiente, que não faz jus aos tributos arrecadados pelo Estado. Considerando o carregamento de custo na cadeia a montante, as deficiências da infraestrutura logística representam 1,8% do preço desses produtos.

QUAIS AS AÇÕES RECENTES DO GOVERNO? ISTO TEM DADO RESULTADOS DESEJADOS?

O governo tem se mostrado sensível ao baixo crescimento econômico recente, por isso tem adotado algumas medidas macroeconômicas e de política industrial, com destaque para:

- Ações Macroeconômicas:
  - Ações para coibir a valorização da taxa de câmbio.
  - Redução na taxa básica de juros.
  - Alteração nas regras das novas aplicações na poupança para permitir maiores reduções na Selic.
  - Redução dos spreads de financiamentos de bancos públicos.
- Ações de Política Industrial, principalmente com o Plano Brasil Maior:
  - Desonerações tributárias.
  - Melhoria nas condições de financiamento ao investimento e do capital de giro pelo BNDES.
  - Esforço do governo para aprovação da Resolução 72/2010 do Senado.
  - Desoneração da folha de pagamentos de alguns setores.
  - Incentivos à inovação.
  - Compras governamentais: margens de preferência em licitações para produtos manufaturados nacionais de alguns setores.
  - Medidas de comércio exterior.

De fato, as medidas adotadas pelo governo são necessárias, mas ainda são insuficientes para reverter a redução nas expectativas de crescimento do PIB para os próximos anos, as quais têm sido afetadas pelo quadro econômico internacional. Essa deterioração das expectativas é indicada no Gráfico 8.

GRÁFICO 8
Expectativas de mercado para crescimento do PIB (% a.a.)

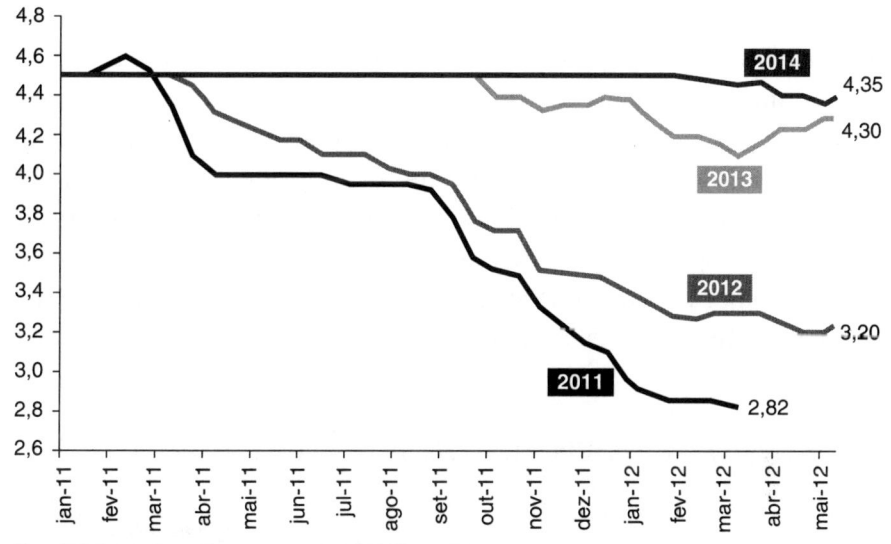

Fonte: FMI, Boletim Focus (Brasil). Elaboração: DECOMTEC/FIESP.

Diante disso, as projeções indicam que nos próximos anos o PIB brasileiro continuará crescendo abaixo dos demais países em desenvolvimento e, o que é ainda mais grave, abaixo da média mundial (exceto em 2013), como representado no Gráfico 9.

GRÁFICO 9
Projeções para crescimento do PIB no mundo (% a.a.)

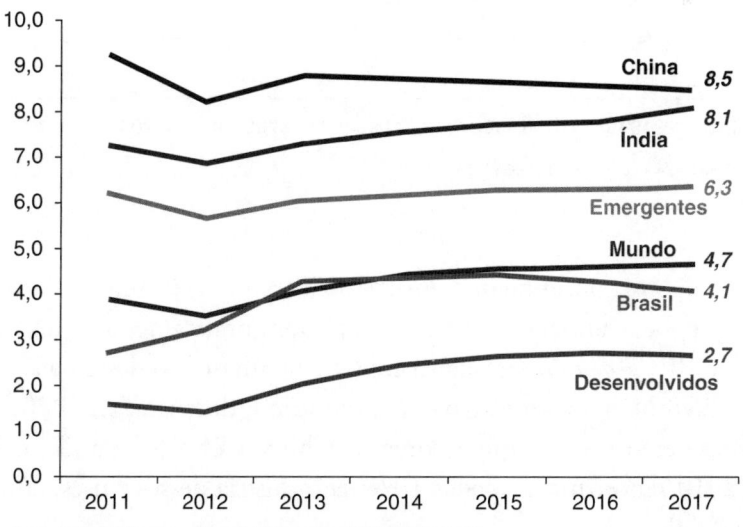

Fonte: FMI, Boletim Focus (Brasil). Elaboração: DECOMTEC/FIESP.

NOS ÚLTIMOS 30 ANOS, QUAL TEM SIDO A ESTRATÉGIA DE DESENVOLVIMENTO BRASILEIRA?

Diferentemente do ocorrido entre a década de 1930 e final da década de 1970, exatamente o período em que o país realizou seu processo de industrialização com sucesso, a partir da década de 1980 o país não teve estratégia de desenvolvimento de longo prazo. O efeito disso foi uma significativa perda de dinamismo econômico, traduzida em piora dos indicadores do país perante os principais competidores no mercado mundial.

Por exemplo, enquanto de 1980 a 2010 nosso PIB *per capita* cresceu 32,9%, o da Coreia elevou-se 387,5%, como indica o Gráfico 10.

GRÁFICO 10
PIB *per capita* PPC (US$, 2005): Brasil e Coreia do Sul

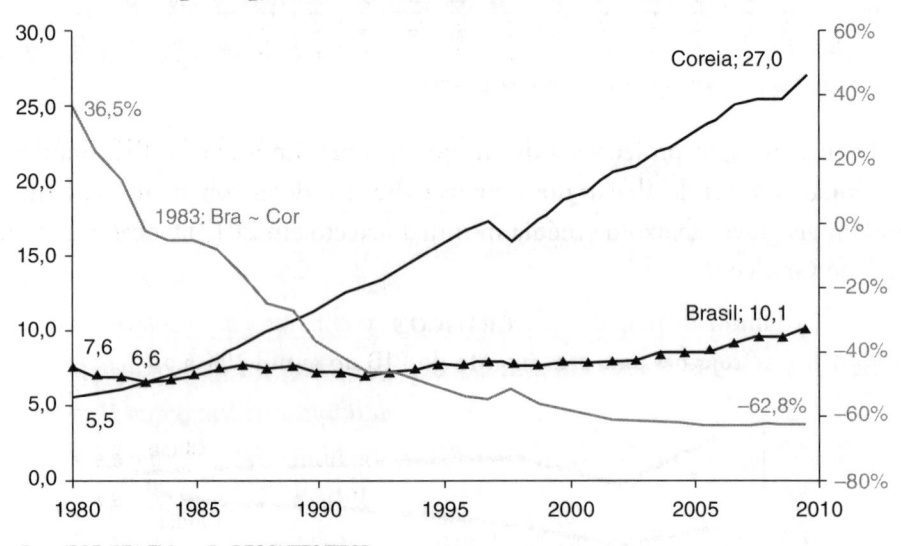

Fonte: IBGE, WDI. Elaboração: DECOMTEC/FIESP.

O efeito disso é que, enquanto em 1980 o PIB *per capita* brasileiro era 36,5% superior ao sul-coreano, em 1983 ambos já eram praticamente equivalentes, e, em 2010, o PIB *per capita* brasileiro era 62,8% inferior ao desse país.

Outro exemplo representativo é na produção industrial. Em 1980, a indústria no Brasil era maior do que a soma de China, Coreia, Tailândia e Malásia, mas em 2010 representava apenas 10% da indústria desses países, como mostrado no Gráfico 11.

GRÁFICO 11
Valor adicionado – indústria geral (US$, 2005)

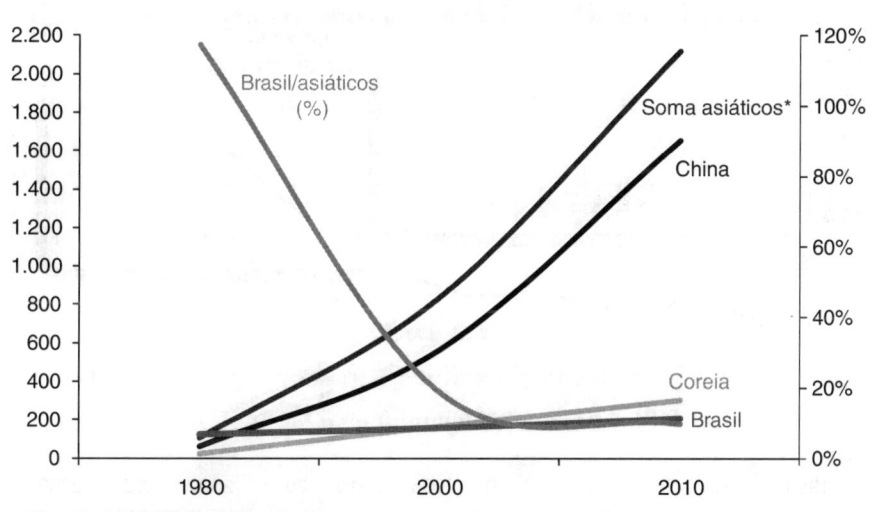

*China, Coreia, Tailândia e Malásia
Fonte: United Nations Statistical Division. Elaboração: DECOMTEC/FIESP.

QUAIS OS CENÁRIOS POSSÍVEIS PARA O BRASIL NOS PRÓXIMOS ANOS?

Se forem removidos os diversos entraves ao desenvolvimento econômico, especialmente os apontados anteriormente, o PIB brasileiro poderá crescer a taxas próximas de 5,4% a.a., suficiente para uma expansão anual de 4,8% *per capita*. Dessa forma, em 2025 o país atingiria o patamar de renda de entrada na categoria de país desenvolvido (PIB *per capita* de US$20 mil).

O Gráfico 12 apresenta esse cenário na linha vermelha, e um cenário alternativo, indicando que, na falta de estratégia eficaz, mesmo com crescimento do PIB em 4,0% a.a. (em torno do projetado pelo mercado), somente em 2031 seu PIB *per capita* atingiria o dobro do atual.

Todavia, para atingir a meta de crescimento da renda *per capita* de 4,8% anuais, o Brasil precisa recuperar sua competitividade industrial. Estima-se que seria necessário o setor atingir 25% de participação no PIB em 2025, conforme representado no Gráfico 13.

GRÁFICO 12
Cenários de PIB *per capita* PPC (US$, 2005) do Brasil

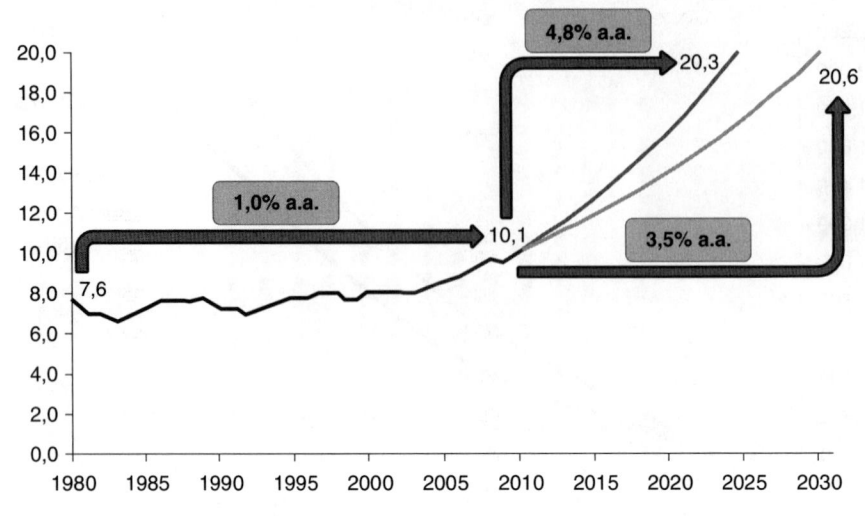

Fonte: IBGE. Elaboração: DECOMTEC/FIESP.

GRÁFICO 13
Participação da indústria de transformação no PIB (em %)

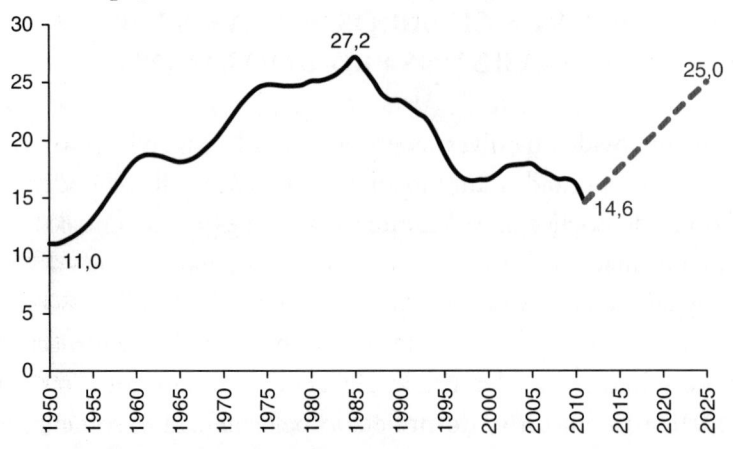

Fonte: IBGE. Elaboração: DECOMTEC/FIESP.

QUAIS SÃO AS PROPOSTAS DE MEDIDAS PRIORITÁRIAS PARA ATINGIR A VISÃO DE FUTURO?

As propostas para medidas necessárias à concretização da visão de futuro para a economia brasileira são explicitadas a seguir. Trata-se, basicamente, de medidas voltadas para a retomada do desenvolvimento industrial do país.

I – Medidas macroeconômicas

- Criar mecanismos permanentes e efetivos para reconduzir a taxa de câmbio a um nível que favoreça a produção.
- Redução da taxa básica de juros.
- Redução do spread bancário.

II – Medidas para alçar o investimento produtivo a promotor do crescimento econômico

- Desoneração integral do investimento produtivo de todos os tributos federais e estaduais.
- Disponibilização de linhas de financiamento com volume adequado e custos isonômicos aos concorrentes internacionais.
- Perenização do PSI/BNDES.
- Incentivos a linhas de financiamento de longo prazo pelos setores bancários público e privado, utilizando o compulsório não remunerado e outras medidas regulatórias.

III – Medidas para readensamento de cadeias produtivas

- Utilização das compras governamentais, inclusive da Petrobras, como indutoras da produção nacional, da agregação de valor e da geração de emprego e renda, com aplicação de margens de preferência para todos os setores industriais em percentuais que efetivamente incentivem a produção nacional.
- Conteúdo local mínimo efetivo em todas as compras governamentais e privadas quando beneficiadas por financiamento público e/ou incentivos fiscais, e em setores estratégicos.

IV – Medidas tributárias

- Desoneração da folha de pagamento do PBM: reduzir alíquota da contribuição sobre faturamento, obtendo-se desoneração e não apenas troca de base de tributação. Excluir da base de incidência os impostos e contribuições sobre vendas, eliminando tributação em cascata.
- Regimes tributários especiais: fim dos incentivos concedidos às importações.
- Postergação do prazo de recolhimento do PIS e da COFINS.
- Prolongar definitivamente por 60 dias, além do prazo vigente, o prazo para recolhimento dos tributos (toda indústria de transformação).

- Pode ser realizado com concessão de 5 dias adicionais de prazo de pagamento a cada mês, até atingir, em 12 meses, o aumento proposto de 60 dias.

V – Inovação tecnológica
- Extensão dos incentivos fiscais a todas as empresas, independentemente do regime de tributação (simples, lucro presumido e lucro real) da indústria de transformação, e oferta de financiamento com volume adequado e custos competitivos internacionalmente.

VI – Metas de crescimento industrial
- Metas anuais de crescimento da produção física, da taxa de investimento e do nível de emprego na indústria de transformação devem ser objetivo prioritário da política econômica.

VII – Defesa comercial
- Fortalecer estruturas do MDIC relacionadas com a defesa comercial, assegurando os recursos humanos e materiais necessários.
- Incrementar uso de instrumentos de defesa comercial (medidas compensatórias, licenças não automáticas, valoração aduaneira, salvaguardas e antidumping).
- China: manter o tratamento como economia que não opera em condições predominantes de mercado e definir medidas de defesa comercial específicas.
- Abertura e aplicação de medidas de defesa comercial fundamentadas em ameaça de dano.
- Aprofundar regulamentação técnica, sanitária e fitossanitária e assegurar a fiscalização de seu cumprimento por parte das importações.

VIII – Coordenação entre os agentes Produtivos, Governo e Instituições visando:
formação de clusters, empresas com massa crítica para relevantes investimentos em P&D, internacionalização, consolidações, atração de empresas com tecnologias de fronteira, para induzir investimentos privados utilizando instrumentos adequados e por tempo limitado e vinculados a metas de performance, dentre outros:
- Tarifas aduaneiras.
- Incentivos para desenvolvimento de P&D.

- Incentivos para desenvolvimento e qualificação de mão de obra.
- Crédito e financiamento com taxas diferenciadas.

IX – Disseminar confiança e previsibilidade, com instituições fortes e respeitadas, com regras claras e segurança jurídica.

X – Melhorar a capacidade de formulação, planejamento e execução dos agentes responsáveis pelas políticas públicas, com estruturas adequadas e pessoal qualificado submetidos a avaliação de performance no atingimento de metas.

Fatores estruturais de competitividade: oportunidade real de crescimento para o Brasil

Carlos Mariani Bittencourt[*]

[*]Presidente em exercício da Federação das Indústrias do Rio de Janeiro (Firjan).

Começo minha apresentação com uma reflexão: O que afeta a competitividade brasileira? Que fatores hoje são essenciais para fazer a nossa economia produzir mais e a um custo menor?

O quadro de dificuldades que tem marcado a economia brasileira há anos é bem conhecido, aliás exaustivamente discutido aqui neste Fórum. Um sistema fiscal que requer aumento sem fim da carga tributária, obviamente para cobrir o ininterrupto crescimento dos gastos, mas não para investimentos públicos; poupança interna baixa, tanto pública como privada; taxa básica de juros ainda elevada; taxa de câmbio com persistente tendência à apreciação; e, recentemente, uma inflação acima da meta.

Se fosse preciso selecionar as principais consequências desse quadro que afetam a competitividade do ponto de vista de quem produz, acredito que a má qualidade da infraestrutura, afetada pela baixa capacidade de investimento do setor público, e a carga tributária elevada são os mais importantes. Esta última é agravada pelo fato de o país apresentar um dos mais complexos sistemas tributários do mundo. São inúmeras e infindáveis as obrigações acessórias tributárias, que implicam declarações para todos os fiscos, demonstrativos e agora as escriturações digitais. Este aparato requer muito conhecimento técnico de todos os envolvidos, até porque um simples erro nessas informações, um atraso na entrega dos documentos fiscais ou qualquer omissão resultam em multas muitas vezes impagáveis.

Estas questões estão sendo abordadas de alguma forma pelo setor público. O PAC 1 e 2 – cujo principal mérito, eu diria, foi o de priorizar os investimentos – e o Brasil Maior, que busca desonerar setores, são iniciativas importantes, mas ainda muito tímidas. O fato é que a indústria brasileira está fraca há quatro trimestres, e assim o desempenho do PIB deve seguir baixo. A despeito da queda dos juros não houve recuperação porque não estamos com problema de demanda, mas sim com um problema de competitividade.

Hoje, competitividade é palavra de ordem em todo o globo. Como resposta ao quadro de estagnação da economia mundial, além do tsunami monetário, os países desenvolvidos estão promovendo inúmeras reformas estruturais, focando em medidas para reduzir os custos de produção e aumentar a produtividade do trabalho. Este é o ponto central da questão; ou seguimos nessa direção ou não conseguiremos competir, simplesmente pelo fato de termos elevados custos de produção em relação aos nossos principais concorrentes. Os asiáticos já entenderam isso há muito tempo.

Importante elemento de custo para a indústria no Brasil é o da energia elétrica. Estudo recente do Sistema FIRJAN intitulado "Quanto custa a energia elétrica para a indústria no Brasil" mostrou que em um universo de 27 países, dos quais constam os nossos principais concorrentes, nós temos a 24ª tarifa mais cara, mais que o dobro da média dos BRICs, por exemplo. Enquanto o mundo paga em média R$215,5/MWh e os demais membros dos BRICs R$140,7/MWh, a indústria brasileira paga R$329/MWh.

O senso comum aponta que os vilões são os impostos e encargos, e de fato eles têm um peso importante na tarifa – cerca de 50%. Mas atentem para o custo de geração, transmissão e distribuição, chamado de GTD. Esse é o nosso custo real, o custo da nossa estrutura, e é de R$165,5/MWh. Por que ressalto isso? Porque mesmo se conseguíssemos convencer o governo da importância e do impacto positivo de eliminar os impostos e encargos da tarifa, somente o nosso custo de geração, transmissão e distribuição ainda superaria o custo final da energia da China, dos Estados Unidos e mais cinco países. Ou seja, nosso custo de energia é, a despeito da nossa matriz fortemente hidroelétrica, caro já na partida. Aqui temos claramente um problema de competitividade estrutural.

As empresas que mantêm relações com o exterior também enfrentam questões estruturais de competitividade. O Ranking de Qualidade de Infraestrutura Portuária do World Economic Forum, que mede a facilidade de acessar – em termos físicos – os portos para exportar ou importar e a qualidade dos serviços oferecidos, mostra novamente como nossos concorrentes estão em situação melhor do que a nossa. O Brasil, com 2,7 pontos em uma escala que vai até 7, fica novamente abaixo da média mundial, e novamente atrás de nossos principais concorrentes. Além disso, entre 112 países analisados no Ranking do Banco Mundial "Logistics Performance Index 2011" de tempo de desembaraço aduaneiro, o Brasil ocupa a vergonhosa 102ª posição. Vejam que uma questão muito simples contribui fortemente para essa realidade: nossos principais portos, embora tenham operação ditas 24 horas, só permitem movimentação de carga em horário comercial, pois os principais órgãos anuentes não funcionam 24 horas. Isso significa dizer que, salvo raríssimas exceções, a carga ou o navio que chegar fora desse horário ficará parada aguardando a abertura do "guichê" para obter liberação, o que obriga por diversas vezes o pagamento de taxas de sobre-estadia do navio no porto – a famosa *demurrage*. Enquanto isso, os nossos concorrentes estão movimentando carga 24 horas por dia.

Vejam que todas as questões que coloquei são estruturais, e precisam de uma agenda própria para serem combatidas.

Assim, defendo aqui a elaboração de uma Pauta Mínima de Competitividade Estrutural com objetivos de curto, médio e longo prazos. Exemplo de ação de curto prazo, na linha do que apresentei e a título de ilustração, seria obrigar os portos e as entidades intervenientes a funcionarem de fato 24 horas. Outra medida com impacto considerável é promover a relicitação das concessões de energia elétrica, garantindo uma queda dos custos de geração, transmissão e distribuição. Ações de médio prazo incluiriam redução de encargos e tributos nos principais insumos industriais – e me refiro não apenas a gás e energia elétrica, mas também à banda larga para o acesso empresarial, dada a sua importância para a produtividade no mundo atual. A redução da taxa de crescimento dos gastos públicos é outra ação de extrema relevância, sobretudo para abrir espaço para o fundamental investimento público. No que tange à questão tributária, está clara a dificuldade no que diz respeito ao principal tributo em termos de arrecadação, o ICMS. A negociação com 27 estados, cada um possuindo uma legislação diferente, é extremamente complexa, mas haverá de ser enfrentada sob pena de permanecermos na inaceitável situação de hoje.

Por fim, como exemplo de ação de longo prazo, uma ideia é a criação de um plano de Estado – me permito sugerir "Brasil 2050" – que defina de maneira clara uma visão de futuro para o país e quais medidas estruturais queremos e precisamos tomar até lá, de modo a que nossas lideranças políticas se convençam de sua absoluta necessidade.

Dessa forma, tenho a convicção de que o Brasil conseguirá dar o salto de competitividade que todos desejamos. Alias, está mais que na hora de encararmos a agenda de competitividade.

Barreiras ao fortalecimento da competitividade industrial do Brasil

Heitor José Müller*

---

*Presidente da Federação das Indústrias do Estado Rio Grande do Sul (FIERGS).

O Brasil precisa de uma política de competitividade industrial sustentada. Falar em competitividade parece um discurso repetitivo do empresariado. Mas esse discurso se repete porque os antigos problemas continuam antigos e sem solução.

É o caso do câmbio e do sistema tributário brasileiro. Temos um câmbio "flutuante" enquanto outros países fazem do câmbio suas políticas de proteção. A OMC não admite o "dumping cambial" como protecionismo. Já o Sistema Tributário é danoso ao setor industrial. Os governos federal e estadual utilizam a facilidade de imputar tributos às indústrias e aplicar a substituição tributária nos estados.

Assim, o produto nacional chega ao consumidor 30% a 40% mais caro do que os importados. O Sistema Tributário é nefasto para a indústria do Brasil. De nada adianta fabricarmos o melhor produto com os menores custos, com o preço final mais adequado, e quando se abrem os portões das indústrias encontramos impostos em vez de estradas para levar esse produto ao consumidor.

A competitividade que falta está além dos portões das fábricas, incluindo transporte, logística, portos e energia a custos compatíveis. Infraestrutura é fator de competitividade em qualquer nação, especialmente nos concorrentes do Brasil.

Há também o "custo de fazer no Brasil", ou seja, há um custo brasileiro para empreender. Além da burocracia para abrir uma nova empresa, o Brasil é um dos poucos países, talvez o único, que onera o investimento produtivo. Essa situação precisa de uma resposta concreta, assim como outras questões que precisamos responder.

Será mesmo que o Brasil tem o menor custo de pessoal em relação a iguais setores em outros países?

E o custo tributário, que se multiplica pela burocracia nacional? Alguém mede esse custo?

E a posição internacional do Brasil frente a protecionismos externos, como é o caso atual da Argentina?

Precisamos de uma ampla e profunda revisão de todas essas áreas para construirmos uma política de competitividade industrial sustentada.

Já temos um caminho a trilhar através de medidas recentes. São medidas positivas que vêm sendo tomadas:

- Queda dos juros, com impacto no câmbio
- Investimentos do PAC
- Solução da guerra dos portos (e talvez aí esteja o início de uma simplificação tributária mais ampla)
- Abertura para a desoneração da folha de pagamentos das empresas de alguns setores, em ampliação

Enfim, esse elenco de decisões sinaliza que será possível avançar na competitividade industrial, para que o Brasil não perca o passo e o compasso das transformações mundiais.

Estratégia de desenvolvimento para transformar crise em oportunidade e promover competitividade no comércio exterior brasileiro

*José Augusto de Castro**

---
*Presidente em exercício da Associação de Comércio Exterior do Brasil (AEB).

O período decorrido entre 2001 e 2011 pode ser considerado, sem qualquer margem para dúvida, a década de ouro do comércio exterior mundial, que por sua vez é corresponsável pela geração dos mais elevados índices de crescimento econômico global.

A data de seu início causou surpresa, pois naquela época alguns países emergentes tinham passado ou estavam passando por crises, casos da Tailândia, Indonésia, Coreia do Sul e de Hong Kong em 1997, devido à desvalorização cambial de suas moedas, da Rússia em 1998, que redundou em pedido de moratória, do Brasil em 1999, obrigado a recorrer ao FMI e a desvalorizar o real, e da Argentina em 2001, ao acabar com a paridade cambial, decretar moratória e oficializar calote da dívida externa, panoramas que provocavam incertezas econômicas.

Este ciclo de expansão mundial começou com aumento nas cotações das commodities no ano 2000, queda de preços em alguns produtos nos dois anos seguintes e retomando o processo generalizado de alta a partir de 2003, até alcançar seus preços mais elevados em 2011, com a Tabela 1 mostrando a evolução das cotações médias de exportação das principais commodities brasileiras.

Por outro lado, quase simultaneamente, em 2001 teve início um vigoroso e contínuo crescimento da demanda mundial, que resultou em expressivo aumento das quantidades comercializadas de commodities e também atingiu seu ápice no ano 2011.

E o Brasil, país de dimensão continental, com destacada atuação na agricultura e detentor de grandes reservas de produtos metálicos e minerais, foi beneficiado pelo cenário internacional favorável, conforme demonstram os dados detalhados do *quantum* exportado na Tabela 2.

O fato de esses dois fatores positivos, aumento das cotações das commodities e elevação das quantidades comercializadas, terem ocorrido no mesmo período proporcionou um fortíssimo incremento nas receitas de exportação das commodities, apresentadas na Tabela 3 e discriminadas por tipo de commodity.

TABELA 1
Preços médios de exportação por commodity (US$/ton)

Produtos	2000	2001	2002	2003	2004	2005	2006	2007	2008	2009	2010	2011
Café cru	1.613	964	770	951	1.240	1.861	1.984	2.270	2.637	2.294	2.893	4.466
Soja grão	190	174	190	216	280	238	227	283	447	400	380	495
Farelo soja	176	183	176	191	226	199	196	237	355	375	345	397
Fumo folha	2.380	2.116	2.103	2.258	2.383	2.693	2.993	3.160	3.958	4.521	5.490	5.395
Açúcar bruto	175	198	146	162	158	206	307	251	268	333	444	573
Açúcar refin.	203	215	172	173	182	234	368	285	313	376	489	652
Suco laranja	832	666	867	750	668	625	829	1.090	972	783	897	1.184
Carne frango	889	1.034	834	889	1.029	1.203	1.130	1.402	1.781	1.475	1.673	1.979
Carne bovina	2.668	2.006	1.804	1.862	2.122	2.228	2.558	2.711	3.917	3.264	4.059	5.083
Carne suína	1.403	1.400	1.045	1.150	1.580	1.938	2.045	2.104	2.918	2.102	2.645	2.949
Celulose	532	374	337	382	345	367	397	458	542	385	540	561
Couros	3.891	4.180	4.162	4.157	4.080	4.266	4.600	5.647	6.474	3.766	5.074	5.851
Minério	19	19	18	20	22	33	37	39	59	50	93	126
Alumínio	1.536	1.446	1.322	1.376	1.633	1.816	2.435	2.608	2.590	1.561	2.113	2.395
Petróleo	164	126	139	168	210	291	359	405	606	342	495	691

Fonte: MDIC/SECEX. Elaboração: AEB

TABELA 2
Quantidades exportadas por tipo de commodity (em 1.000 tons)

Produtos	2000	2001	2002	2003	2004	2005	2006	2007	2008	2009	2010	2011
Café cru	967	1.252	1.551	1.369	1.411	1.352	1.475	1.488	1.567	1.639	1.791	1.791
Soja grão	11.517	15.675	15.970	19.890	19.248	22.435	24.958	23.734	24.499	28.563	29.073	32.985
Farelo soja	9.375	11.271	12.517	13.602	14.486	14.422	12.332	12.474	12.288	12.253	13.668	14.355
Fumo folha	341	435	465	466	579	616	566	694	678	662	493	533
Açúcar bruto	4.344	7.090	7.630	8.354	9.566	11.579	12.807	12.443	13.624	17.925	20.939	20.153
Açúcar refin.	2.158	4.083	5.724	4.561	6.198	6.568	6.063	6.916	5.848	6.368	7.061	5.204
Suco laranja	1.224	1.219	1.003	1.590	1.584	1.777	1.772	2.066	2.054	2.069	1.978	2.007
Carne frango	907	1.249	1.600	1.922	2.424	2.762	2.586	3.007	3.268	3.266	3.461	3.570
Carne bovina	189	368	430	620	925	1.085	1.225	1.286	1.023	926	951	820
Carne suína	116	247	449	458	471	579	484	552	467	529	464	436
Celulose	3.010	3.333	3.440	4.566	4.987	5.545	6.238	6.570	7.202	8.586	8.793	8.880
Couros	194	209	230	254	316	327	407	387	288	306	341	349
Minério*	157	156	166	175	218	224	243	269	282	266	311	331
Alumínio	616	467	615	656	583	561	614	581	547	649	525	487
Petróleo	964	5.721	12.135	12.607	12.036	14.313	19.191	21.974	22.371	26.749	32.602	31.258

Fonte: MDIC/SECEX. Elaboração: AEB. *Milhões de tons

TABELA 3
Receitas de exportação por tipo de commodity – US$ bilhões

Produtos	2000	2001	2002	2003	2004	2005	2006	2007	2008	2009	2010	2011
Café cru	1,559	1,207	1,195	1,302	1,750	2,516	2,928	3,378	4,131	7,761	5,182	8,000
Soja grão	2,188	2,725	3,032	4,290	5,395	5,345	5,663	6,709	10,952	11,424	11,043	16,327
Farelo soja	1,650	2,065	2,199	2,602	3,271	2,865	2,419	2,957	4,363	4,593	4,719	5,698
Fumo folha	0,813	0,921	0,978	1,052	1,380	1,660	1,694	2,194	2,683	2,992	2,707	2,878
Açúcar bruto	0,761	1,401	1,111	1,350	1,511	2,382	3,936	3,129	3,649	5,979	9,307	11,549
Açúcar refin.	0,438	0,878	0,982	0,790	1,129	1,537	2,231	1,971	1,833	2,399	3,455	3,391
Suco laranja	1,019	0,812	0,869	1,193	1,057	1,110	1,469	1,613	1,996	1,619	1,775	2,376
Carne frango	0,806	1,292	1,335	1,710	2,494	3,324	2,923	4,217	5,822	4,818	5,789	7,063
Carne bovina	0,503	0,739	0,776	1,154	1,963	2,419	3,134	3,486	4,006	3,022	3,861	4,169
Carne suína	0,163	0,346	0,469	0,526	0,744	1,123	0,990	1,162	1,364	1,112	1,226	1,286
Celulose	1,601	1,246	1,160	1,743	1,722	2,034	2,478	3,012	3,901	3,309	4,750	4,985
Couros	0,756	0,872	0,956	1,056	1,290	1,394	1,872	2,185	1,867	1,152	1,732	2,043
Minério	3,048	2,931	3,049	3,456	4,759	7,297	8,949	10,558	16,538	13,247	28,912	41,817
Alumínio	0,946	0,675	0,813	0,903	0,952	1,020	1,495	1,517	1,417	1,013	1,109	1,166
Petróleo	0,158	0,721	1,691	2,122	2,528	4,164	6,894	8,905	13,556	9,152	16,151	21,603

Fonte: MDIC/SECEX. Elaboração: AEB

A consequência dessa explosão de cotações e do *quantum* das commodities foi que as receitas de exportação do Brasil quase quadruplicaram nesse período de 11 anos, provocando uma verdadeira reviravolta nas programações e previsões brasileiras elaboradas para os diferentes segmentos econômicos e sociais, e também políticos.

Outro reflexo positivo decorrente desse cenário favorável foi que, depois de seis anos apresentando déficits comerciais, a partir de 2001 o Brasil voltou a apresentar superávits comerciais alcançando valores antes inimagináveis, conforme ilustra a Tabela 4 com o montante anual das exportações, importações, saldos comerciais e correntes de comércio.

Apenas como informação adicional e comparativa, no ano 2000 as exportações mundiais foram de US$6,456 trilhões, enquanto em 2011 atingiram U$18,000 trilhões.

Por outro lado, a Tabela 5 mostra que a súbita e contínua elevação das receitas de exportação brasileiras foi amparada nas commodities, cuja presença marcante a partir de 2001 interrompeu e reverteu a tendência de expansão da participação dos produtos manufaturados nas exportações.

TABELA 4
Montante anual das exportações, importações, saldos comerciais e correntes de comércio

Ano	Exportação		Importação		Saldo	Corrente com.
	US$ BI	Var. %	US$ BI	Var. %	US$ BI	US$ BI
1991	31,620	–	21,040	–	10,580	52,660
1992	35,793	13,20	20,554	–2,31	15,239	56,347
1993	38,555	7,72	25,256	22,88	13,299	63,811
1994	43,545	12,94	33,079	30,97	10,466	76,624
1995	46,506	6,80	49,971	51,07	–3,465	96,477
1996	47,746	2,67	53,345	6,75	–5,599	101,091
1997	52,983	10,97	59,747	12,00	–6,764	112,730
1998	51,140	–3,48	57,763	–3,32	–6,623	108,903
1999	48,012	–6,11	49,301	–14,65	–1,289	97,313
2000	55,119	14,80	55,851	13,28	–0,732	110,970
2001	58,286	5,75	55,601	–0,45	2,685	113,887
2002	60,438	3,69	47,242	–15,03	13,196	107,680
2003	73,203	21,12	48,325	2,29	24,878	121,528
2004	96,677	32,07	62,835	30,03	33,842	159,512
2005	118,529	22,60	73,600	17,13	44,929	192,129
2006	137,807	16,26	91,351	24,12	46,456	229,158
2007	160,649	16,58	120,617	32,04	40,032	281,266
2008	197,942	23,21	172,985	43,42	24,957	370,927
2009	152,994	–22,71	127,722	–26,17	25,272	280,716
2010	201,915	31,98	181,649	42,22	20,266	383,564
2011	256,041	26,81	226,251	24,55	29,790	482,292

Fonte: MDIC/SECEX. Elaboração: AEB.

Concomitantemente, também estancou a queda e fez voltar a crescer o índice de participação dos produtos básicos (commodities) na pauta de exportação brasileira, processo chamado por especialistas de *reprimarização*, pois representa uma volta ao passado de 1978, ano em que as exportações eram concentradas em produtos primários e o índice de participação dos produtos manufaturados foi maior que em 2011.

Outrossim, análises indicam que a pauta de exportação brasileira possui elevada participação de commodities, devido ao fato de os produtos básicos serem compostos por commodities brutas, os produtos semimanufaturados serem integrados por commodities beneficiadas e os produtos manufaturados serem parcialmente representados por commodities industrializadas, conforme discriminado na Tabela 6, relativo aos anos 2011 e 2010, quando as commodities foram, efetiva e respectivamente, responsáveis por 71,01% e 68,16% das exportações brasileiras.

TABELA 5
Exportações por fator agregado (% do valor)

Anos	Básicos	Semimanufaturados	Manufaturados	Operações especiais
1970	74,83	9,10	15,19	0,88
1975	57,98	9,79	29,81	2,42
1978	47,22	11,22	40,15	1,41
1980	42,16	11,67	44,84	1,33
1985	33,30	10,76	54,85	1,09
1990	26,84	15,96	55,99	1,21
1995	22,61	20,57	55,49	1,33
2000	22,79	15,42	59,07	2,72
2001	26,33	14,14	56,54	2,98
2002	28,06	14,83	54,71	2,39
2003	28,94	14,95	54,32	1,79
2004	29,51	13,89	54,96	1,63
2005	29,30	13,47	55,14	2,09
2006	29,23	14,17	54,44	2,16
2007	32,12	13,57	52,25	2,06
2008	36,89	13,68	46,82	2,61
2009	40,50	13,40	44,02	2,08
2010	44,58	13,97	39,40	2,05
2011	47,83	14,07	36,05	2,05

Fonte: MDIC/SECEX. Elaboração: AEB

TABELA 6
Exportações por itens

Itens de exportação	2011 Valor US$ Bi	2011 Part. %	2010 Valor US$ Bi	2010 Part. %
1. BÁSICOS				
Commodities brutas	122,457	47,83	90,005	44,58
2. SEMIMANUFATURADOS				
Commodities beneficiadas	36,026	14,07	28,207	13,97
3. MANUFATURADOS				
3.1. Commodities industrializadas	20,196	7,88	16,926	8,38
Açúcar refinado	3,391	1,32	3,454	1,71
Óleos combustíveis	3,773	1,47	2,577	1,28
Laminados planos ferro e aço	2,009	0,79	1,812	0,90
Suco de laranja	2,376	0,93	1,775	0,88
Óxidos e hidróxidos alumínio	2,224	0,87	1,742	0,86
Papel e cartão	1,255	0,49	1,199	0,59
Etanol	1,491	0,58	1,014	0,50
Fio-máquina e barras ferro/aço	0,942	0,37	0,743	0,37
Café solúvel	0,674	0,26	0,535	0,26

Itens de exportação	2011		2010	
	Valor US$ Bi	Part. %	Valor US$ Bi	Part. %
Madeira perfilada/aplainada	0,522	0,20	0,505	0,25
Silício	0,636	0,25	0,459	0,23
Madeira compensada	0,370	0,15	0,418	0,21
Gasolina	0,217	0,08	0,373	0,18
Alumínio em barras, fios, perfis	0,316	0,12	0,320	0,16
3.2. Produtos manufaturados	72,094	28,17	62,636	31,02
3.3. Subtotal 3.1 + 3.2	92,291	36,05	79,563	39,40
4. OPERAÇÕES ESPECIAIS*	5,266 / 3,160	2,05 / 1,23	4,140 / 2,484	2,05 / 1,23
5. TOTAL GERAL	256,040	100,0	201,915	100,00
TOTAL DE COMMODITIES = 1+2+3.1+4	181,839	71,01	137,622	68,16

Fonte: MDIC/SECEX. Elaboração: AEB. *60% Commodities

Apresentada também por fator agregado, mas agora sob o aspecto quantitativo, a Tabela 7 comprova a importância que os produtos básicos, commodities brutas, representam na pauta de exportação brasileira, em que são responsáveis por mais de 80% do *quantum* das exportações brasileiras.

TABELA 7
Exportação por fator agregado (milhões de tons)

Anos	Básicos	Semimanufaturados	Manufaturados	Operações especiais	Total
1995	159	17	20	5	201
1996	156	19	21	3	199
1997	164	19	21	5	209
1998	181	21	24	4	230
1999	172	25	27	5	229
2000	192	22	25	5	244
2001	209	27	32	5	273
2002	225	29	36	5	295
2003	242	32	42	5	321
2004	293	35	50	5	383
2005	301	38	52	6	397
2006	325	38	55	6	424
2007	362	37	56	6	461
2008	373	39	51	6	469
2009	363	39	47	6	455
2010	424	43	47	6	520
2011	447	45	46	6	544

Fonte: MDIC/SECEX. Elaboração: AEB

Coerente com os dados mostrados na Tabela 7, a via de transporte que predomina nas exportações brasileiras é a marítima, concentrando 84% em valor e 96% em peso, conforme demonstram as estatísticas das vias de transporte na exportação, relativas a 2011, apresentadas na Tabela 8.

TABELA 8
Vias de transporte na exportação em 2011

Vias de transporte	Valor		Peso	
	US$ Bi	Participação (%)	1.000 Tons	Participação (%)
Marítima	215,913	84,33	521.673	95,85
Aérea	11,171	4,36	1.157	0,21
Terrestre	17,883	6,98	5.952	1,09
– Rodoviária	17,440	6,81	5.516	1,01
– Ferroviária	0,443	0,17	436	0,08
Fluvial	1,582	0,62	13.870	2,55
Meios próprios	6,778	2,65	1.492	0,27
Linha transmissão	2,327	0,91	99	0,02
Postal/tubo cond.	0,386	0,15	1	0,01
Total	256,040	100,00	544.244	100,00

Fonte: MDIC/SECEX. Elaboração: AEB

Por fim, a quantidade de empresas exportadoras e importadoras que atuam no comércio exterior brasileiro representa o último dado estatístico a ser apresentado. Embora os números totais sejam tímidos, nos últimos anos tem diminuído a quantidade de empresas exportadoras, ao contrário do aumento das importadoras, conforme mostra a Tabela 9 com a evolução anual desse segmento.

TABELA 9
Empresas exportadoras e importadoras que atuam no comércio exterior brasileiro

Anos	Empresas exportadoras		Empresas importadoras	
	Quantidade	Variação	Quantidade	Variação
2000	16.246	+876	28.351	+816
2001	17.267	+1.021	28.807	+456
2002	17.407	+140	25.542	–3.265
2003	17.743	+336	22.330	–3.212
2004	18.608	+865	22.406	+76
2005	17.657	–951	22.633	+227
2006	16.815/20.591	–842	24.567	+1.934
2007	20.889	+298	28.911	+4.344
2008	20.408	–481	33.132	+4.221
2009	19.823	–585	34.044	+912
2010	19.278	–545	38.684	+4.640
2011	19.194	–81	42.327	+3.627

Fonte: MDIC/SECEX. Elaboração: AEB

Registre-se que o aumento na quantidade das empresas exportadoras em 2007 e que gerou variação positiva naquele ano deveu-se à inclusão de cerca de 4.000 pessoas físicas e jurídicas nas estatísticas das exportações cursadas via correios.

Analisados sob os aspectos numérico e econômico, não resta dúvida de que o período 2000 a 2011 proporcionou resultados altamente positivos, cujos fatos e dados descritos adiante comprovam os impactos positivos provocados pelo crescimento do comércio exterior mundial, cujos reflexos foram sentidos de forma mais intensa no Brasil:

- Enquanto as exportações mundiais tiveram expansão de 179%, as exportações brasileiras apresentaram crescimento ainda maior, de fantásticos 365%.
- Ao final do ano 2000, a dívida externa total do Brasil atingia US$236.157 bilhões, enquanto as reservas internacionais eram de apenas US$33.011 bilhões.
- Sete anos após o início do milagre comercial mundial, o Banco Central do Brasil informou que, em 21 de fevereiro de 2008, o montante das reservas cambiais havia superado o valor da dívida externa total.
- Em 31 de dezembro de 2011, enquanto as reservas cambiais alcançavam US$352.073 bilhões, a dívida externa total era de US$297.300 bilhões, situação oposta à verificada no final do ano 2000.
- O superávit comercial de US$306 bilhões acumulado pelo Brasil entre 2001 e 2011 foi responsável pela eliminação da vulnerabilidade externa, ao viabilizar a inversão de posições e fazer o valor das reservas cambiais ser superior ao montante da dívida externa.
- No ano 2000, o PIB do Brasil foi de US$554 bilhões e ocupava a 11ª posição no ranking mundial, enquanto em 2011 foi de US$2.294 bilhões e alcançou a 6ª posição.

Embora todos os dados mencionados digam respeito ao Brasil, também merece ser destacado que, graças à explosão das cotações e quantidades das commodities, os resultados proporcionados pela prosperidade da década passada permitiram a quase todos os países em desenvolvimento, e até mesmo aos subdesenvolvidos, resgatar suas dívidas externas, algumas delas antes consideradas impagáveis.

Mas o que tudo isso tem a ver com crise e competitividade no comércio exterior?

Realmente, pode parecer estranho o tema central desta apresentação ter como foco principal "transformar crise em oportunidade e promover competitividade no comércio exterior", quando todos os dados e resultados no comércio exterior brasileiro são altamente positivos.

Todavia, infelizmente, o título desta apresentação guarda coerência com a realidade oculta do comércio exterior brasileiro.

Embora os resultados econômicos e financeiros do comércio exterior brasileiro sejam excelentes, deficiências operacionais relativas a custos domésticos continuam a dificultar e prejudicar a competitividade das atividades na área internacional, deficiências estas que nos últimos anos têm sido encobertas, absorvidas e compensadas pelas elevadas cotações alcançadas pelas commodities, porém sem solucioná-las, mas apenas empurrando-as para um futuro incerto e não programado.

No cenário atual descrito no parágrafo anterior, as commodities continuarão a ser exportadas enquanto perdurarem os elevados patamares de suas cotações, independentemente de quaisquer deficiências internas, inclusive taxa de câmbio. Entretanto, os produtos manufaturados cujos preços internacionais não subiram na mesma proporção das commodities não dispõem de margem para absorção de custos e são afetados em suas tentativas de exportação.

Nos últimos cinco anos, em que as commodities atingiram suas mais altas cotações e a taxa cambial seus mais baixos níveis, costumo justificar o seguinte:

- Nas exportações de commodities, a taxa de câmbio é fator de rentabilidade, pois o preço de exportação é igual para todos e a competitividade da operação é representada pelas suas elevadas cotações.
- Nas exportações de manufaturados, a taxa de câmbio é fator de competitividade, pois seus preços de exportação são diferentes e dependem do nível da taxa de câmbio para cobrir os custos internos.

A título ilustrativo, algumas das deficiências que afetam as atividades do comércio exterior brasileiro são mostradas a seguir, que por si sós são esclarecedoras:

- O volume de produtos exportados no ano 2000 foi de 244 milhões de toneladas, enquanto em 2011 foi de 544 milhões de toneladas, apresentando crescimento nominal de 123%, sendo aproximadamente 96% deste volume transportado via marítima. Apesar desse expressivo crescimento, os portos

brasileiros não foram ampliados nos últimos anos, mas apenas passaram por "remendos" para dar um "jeitinho" e atender ao crescimento da demanda externa, continuando a apresentar os mesmos problemas que existiam no passado, pois suas deficiências efetivamente não foram solucionadas.
- É sabido que produtos de baixo valor devem ser transportados via ferroviária e/ou via fluvial para terem economicidade. Entretanto, a maior parte da soja brasileira é transportada por via rodoviária, com impactos negativos na qualidade das estradas, na manutenção dos caminhões e, naturalmente, nos custos do frete, fatores que refletem e provocam a elevação dos custos de exportação. Exemplificando, o custo para transportar soja de Mato Grosso, local de produção, até os Portos de Santos ou Paranaguá é de US$110/ton. Como a tonelada de soja em 2012 está sendo comercializada a US$500/ton, em média, o custo do frete interno representa 22% de seu preço de exportação. Porém, se este mesmo custo de transporte interno de US$110 fosse pago quando a cotação da soja era de US$190, no ano 2000, representaria 58%, certamente inviabilizando a exportação. Como pilhéria, pode-se dizer que o Brasil, antes de ser um grande exportador de soja, é um grande exportador de frete interno.
- As deficiências brasileiras no segmento de infraestrutura são comprovadas por um estudo neutro realizado pelo Fórum Econômico Mundial, denominado "The Global Competitiveness Report 2011-2012", mostrando que, entre 142 países analisados, o Brasil obteve as seguintes posições no ranking mundial: 104ª em qualidade global de infraestrutura; 118ª em infraestrutura rodoviária; 91ª em infraestrutura ferroviária; 130ª em infraestrutura portuária e 122ª em infraestrutura aeroportuária. Os dados por si sós explicam e justificam as permanentes e meritórias reclamações das empresas atuantes no comércio exterior sobre as deficientes infraestruturas brasileiras, que provocam perda de competitividade.
- No mesmo período em que o mundo experimentou forte e contínuo crescimento econômico, inclusive e principalmente no comércio exterior, era de se esperar que o Brasil obtivesse êxito na criação de antiga e almejada cultura exportadora, mediante a ampliação da inserção internacional de empresas exportadoras, especialmente pequenas e médias. Entretanto, o que se constatou foi o oposto ao programado, pois desde o ano 2005 a quantidade de empresas exportadoras vem diminuindo, em contrapartida à elevação das empresas importadoras. Paralelamente, a participação de pequenas e médias empresas na exportação tem sido reduzida,

enquanto cresce a concentração das exportações nas grandes empresas. Considerando-se que pequenas e médias empresas são, tradicionalmente, exportadoras de produtos manufaturados, e que a defasagem da taxa cambial afeta, principalmente, a exportação de produtos manufaturados, a queda do número de empresas exportadoras observada desde 2005 está mais do que justificada, devido à perda de competitividade.

- O Brasil possui um sistema tributário arcaico e complexo, que desestimula a exportação de produtos com maior grau de industrialização, pois, indiretamente, obriga a exportação de tributos agregados aos produtos. Além disso, o emaranhado de normas legais baixado por diferentes ministérios e órgãos federais, e também estaduais, dificulta seu acompanhamento pelas empresas atuantes no comércio exterior, especialmente pelas pequenas e médias, gerando elevado risco de fraudes involuntárias, exclusivamente devido à incapacidade de acompanhar o frenético ritmo de "produção" de novas normas legais. Como resultado dos vigentes sistemas tributários, federal e estadual, são crescentes os volumes de créditos fiscais acumulados pelas empresas exportadoras e sem perspectiva de recebimento, que se constituem em imobilização de capital de giro em tributos e representam custos de exportação, caracterizando perda de competitividade no mercado internacional.

- Uma vez mais recorrendo ao estudo "The Global Competitiveness Report 2011-2012", elaborado pelo Fórum Econômico Mundial, ao analisar o item peso da regulação governamental, o Brasil ocupou a 142ª e última posição no ranking mundial, com a edição de 31 novas medidas de regulação, por dia, que se projetadas para todo o ano atingem inimagináveis, e inviáveis para qualquer empresa, 7.750 atos legais.

- A famosa e antiga burocracia brasileira também gera reflexos negativos sobre o comércio exterior, em especial sobre as exportações, pois na atualidade, oficialmente, é reconhecida a existência de 17 ministérios e órgãos com atuação nas atividades do segmento internacional, alguns com superposição de tarefas, a maioria com atuação individualizada e sem que haja integração entre as diferentes entidades. Esta burocracia tem seu custo, que representa perda de competitividade para as grandes empresas e até mesmo a inviabilização da participação no mercado externo para pequenas e médias empresas. Esse conjunto de entraves burocráticos se traduz na ausência de uma política governamental integrada de comércio exterior e na presença de uma política isolada de ministérios.

Os exemplos apresentados são apenas uma amostra dos fatores que dificultam, e até mesmo impedem, a maior inserção e participação do Brasil no comércio exterior mundial, em que o fator competitividade sempre está presente.

Outrossim, com vistas a avaliar a participação do Brasil no cenário econômico mundial, os dados e indicadores descritos adiante mostram disparidade entre diferentes realidades brasileiras:

- 6ª maior economia do mundo em termos de PIB.
- 21º maior importador mundial.
- 22º maior exportador mundial.
- 53ª posição no índice de competitividade global.
- 104º país em qualidade global de infraestrutura.

Analisando-se esses indicadores, constata-se total incoerência entre os dados apresentados, sinalizando que o atual estágio de desenvolvimento do Brasil está alicerçado, e dependente, mais na capacidade de o mundo desfrutar de sólida saúde econômico-financeira e menos nas atuais condições vigentes no mercado interno, denotando carência de políticas de desenvolvimento, em especial das que tratam de competitividade.

Avaliados sob outro prisma, os dados mostram que o conhecido ditado popular "Há males que vêm para o bem" não se aplica ao Brasil, pois o forte crescimento do comércio exterior mundial nos últimos anos, e também da economia mundial, inverteu o dito popular para "Há bens que vêm para o mal", pois os fortíssimos crescimentos das exportações e dos superávits comerciais criaram condições para que o Brasil acobertasse seus problemas internos, passando a impressão de que tivessem sido resolvidos embora sem a adoção de medidas para solucioná-los.

Com vistas a ampliar e maximizar a competitividade do Brasil, e também das empresas aqui estabelecidas, adiante segue uma resumida lista de propostas que serão de importância fundamental para a redução de custos ociosos, os quais oneram as atividades industriais e comerciais brasileiras.

1. Promover a reforma tributária

O sistema tributário brasileiro, reconhecidamente, é obsoleto, complexo e oneroso, além de desestimular a exportação de produtos com maior valor agregado, sendo sua reforma indispensável para modernizar as estruturas tributárias e promover a competitividade nas atividades empresariais.

2. Investir fortemente em infraestrutura

Constitui quase uma unanimidade a constatação de que a infraestrutura brasileira, em todos seus segmentos, é insuficiente, deficiente e onerosa, gerando elevado custo de logística, que dificulta e até mesmo inviabiliza políticas de competitividade em operações de comércio exterior, exigindo a definição de prioridades, elaboração de projetos integrados e a alocação de elevados investimentos para recuperar o longo tempo perdido e a defasagem ante outros países com atuação no comércio exterior.

3. Definir política governamental integrada de comércio exterior

A atual estrutura operacional e de controle do comércio exterior brasileiro, dividida entre 17 ministérios e órgãos governamentais, gera excessiva burocracia, que se traduz em custo nas transações internacionais, principalmente em operações de exportação, e, mais ainda, de produtos manufaturados, em que a concorrência é maior e mais acirrada, O fato de já existir um Ministério de Comércio Exterior constitui fator facilitador, desde que a definição da estrutura operacional leve em conta exclusivamente aspectos técnicos e sejam descartados fatores políticos.

4. Promover reforma trabalhista

Os encargos trabalhistas e sociais incidentes sobre os salários pagos no Brasil fazem com que o salário nominal do trabalhador possa ser considerado baixo, mas, ao computar seus diversos e elevados encargos, torna-o mais alto que similares de outros países, não espelhando a realidade.

5. Reduzir a carga tributária interna

Nos recentes últimos anos a carga tributária brasileira tem crescido continuamente, fazendo com que, ano após ano, a capacidade de investimento do setor privado seja reduzida devido à transferência de recursos sob a forma de tributos para os governos federal, estadual e municipal, com esses recursos sendo aplicados mais em custeio e menos em investimentos, seja em infraestrutura, educação ou saúde. Na realidade, o que se assiste é a uma esterilização de recursos privados sem retorno em benefícios públicos.

6. Definir e desenvolver política de desburocratização

A burocracia está presente em todas as atividades da sociedade brasileira, sendo responsável por enorme perda de tempo, que se traduz em custos ociosos, pois o tempo "investido" na burocracia não produz qualquer retorno, seja no âmbito econômico ou social, eventualmente apenas no político. A adoção de políticas de modernização proporcionará a criação de padrões de competitividade, que retornarão sob a forma de benefícios para toda a sociedade.

7. Fixar níveis de produtividade para o setor público

Sempre que se discute a definição de níveis de produtividade, invariavelmente são fixados índices exclusivamente para o setor privado, sem envolver o setor público. Embora as principais ações sejam desenvolvidas pelo setor privado, ainda que em menor escala, também é exigida a participação do setor público. Todavia, a inexistência de quaisquer metas para o setor público faz com que avanços obtidos pelo setor privado sejam reduzidos, e até mesmo anulados, pelo fato de o setor público estar em desacordo e mostrar ausência de sintonia com o ritmo das atividades desempenhadas pelo setor privado. Assim, com vistas a uniformizar procedimentos, ações e velocidade de execução de tarefas, a fixação de níveis de produtividade deve ser aplicada tanto ao setor privado quanto ao público, condição para maximizar seus resultados e gerar maior competitividade.

Destarte, considerando-se todos os dados, indicadores e informações mostradas nesta apresentação, não resta qualquer dúvida de que, mais do que nunca, o Brasil precisa ter uma estratégia de desenvolvimento para transformar crise em oportunidade e promover competitividade no comércio exterior brasileiro.

Limites e possibilidades para o fortalecimento da competitividade industrial

*Paulo Godoy**

---

*Presidente da Associação Brasileira da Infraestrutura e Indústrias de Base (ABDIB).

A economia mundial está em um momento bastante desafiador, e a competição, em tempos de crise e de desaceleração da atividade produtiva, torna-se ainda mais acirrada. As oportunidades ainda existem, mas elas não são tão abundantes e há mais empresas e países disputando-as.

Nesse cenário, as chances serão maiores para aqueles países que fizerem a lição de casa, que melhorarem suas contas e construírem um bom ambiente de negócios. Mais que isso: tão importante quanto oferecer um bom ambiente para negócios, é preciso avançar mais rápido que os outros competidores. É literalmente uma corrida com obstáculos, e se sairá melhor quem superar as barreiras mais rapidamente.

Quando comparamos a situação do Brasil com outros países, percebemos que o Brasil evoluiu nos últimos anos em alguns desafios, como o de aumentar investimentos em infraestrutura e o de transformar o ambiente interno para investimentos e negócios em uma plataforma mais amigável. Mas isso não é o bastante, pois diversas nações também evoluíram, inclusive numa velocidade maior que a nossa.

É importante fazermos comparações internacionais para verificarmos o que estamos fazendo em relação a outros países. Não ficamos parados, já que evoluímos bastante nos investimentos realizados em infraestrutura, que cresceram de R$60 bilhões por ano em 2003, aproximadamente, em preços atualizados, para algo em tono de R$160 bilhões por ano em 2010.

Mas sabemos que outras nações, principalmente as emergentes, também não ficaram estacionadas e algumas delas conseguiram eliminar barreiras aos negócios e investimentos com uma eficiência maior que a do Brasil. Em um cenário global no qual as decisões de investimentos migram ininterruptamente de um canto ao outro, muitos governantes já perceberam que segurança jurídica, cumprimento de contratos e instituições fortes são pressupostos para avançar mais rapidamente – e de forma perene. Temos de ser eficientes, e também temos de ser rápidos nos aperfeiçoamentos que precisam ser feitos.

Essa é a jornada do Brasil. Há uma longa agenda microeconômica para o Brasil atacar e, assim, melhorar as condições de competitividade para o setor produtivo nacional. Se já sabemos o que tem de ser feito, a questão que sempre surge é: Por que não conseguimos promover as mudanças e as reformas microeconômicas necessárias na velocidade correta?

Mesmo que tenhamos triplicado os investimentos em infraestrutura, em números atualizados, ainda assim se acumulam deficiências, seja porque os gargalos são gigantescos, fruto de investimentos insuficientes no passado, seja porque as perspectivas de crescimento econômico e desenvolvimento social exigem oferta mais ampla de serviços básicos de infraestrutura. Então, precisamos imprimir maior velocidade ao processo de decisão e de avanço brasileiro.

A velocidade do avanço brasileiro é sempre freada pelos problemas bastante conhecidos. Um exemplo é a burocracia excessiva e persistente, que já tentamos reduzir por meio de diversas alternativas administrativas. Essa não é uma tarefa fácil e não depende só dos governos.

Outro exemplo, bastante relacionado com a burocracia, são as leis que se sobrepõem sobre outras leis, muitas vezes conflitantes entre si. Há atos e mais atos, administrativos e jurídicos, que exige das empresas uma estrutura de funcionários cada vez maior. A lei de licitações, outro exemplo, que surgiu para organizar e garantir segurança e transparência ao gasto do dinheiro público, ainda não consegue garantir tais objetivos, e cada vez que tentamos reformá-las é sempre um risco, pois é possível que a reforma traga mais danos do que acertos.

Poderia citar inúmeros outros exemplos administrativos e microeconômicos que funcionam como freio ao processo de modernização e avanço da infraestrutura – e do próprio país. A mensagem que fica é que o Brasil avançou – e seria incorreto deixar de reconhecer isso. Avançou, mas os outros países também avançaram, e por isso temos de ser mais rápidos ainda. A agenda de tarefas já foi bastante discutida e é de conhecimento de todos. Temos de resolvê-la com muito diálogo, mas também com muita determinação, objetividade e decisão política. É esse esforço que vai ditar o ritmo do avanço brasileiro nos próximos 10 anos.

Competitividade industrial no Brasil: negócio da China ou para segurar a China?

*Humberto Barbato**

---

*Presidente da Associação Brasileira da Indústria Elétrica e Eletrônica (ABINEE).

O setor industrial brasileiro está perdendo participação no PIB e nas exportações de modo alarmante. Estudo recente do Depecon/FIESP mostrou que a participação da indústria de transformação no PIB regrediu aos níveis do período da chamada "industrialização pesada" durante o Governo JK.

GRÁFICO 1
Crise na indústria: Participação do setor na economia brasileira cai e volta ao nível dos anos JK

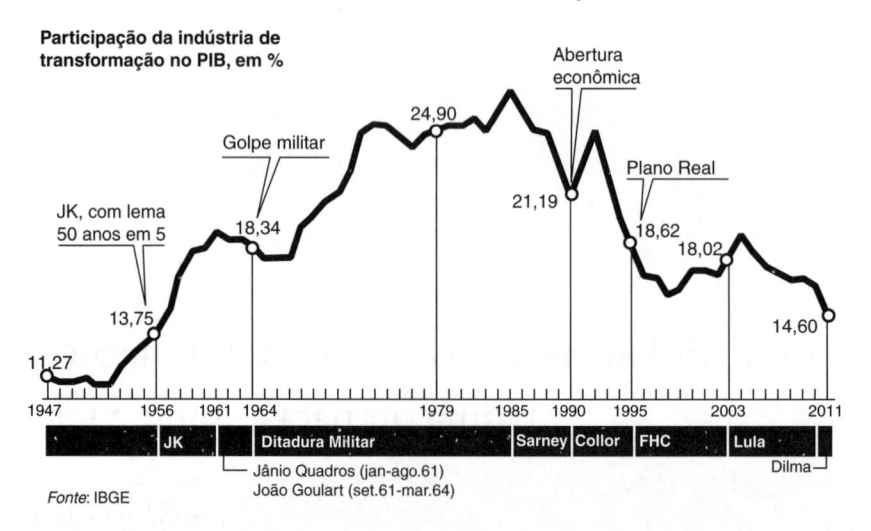

Participação da indústria de transformação no PIB, em %

- JK, com lema 50 anos em 5
- 11,27 (1947)
- 13,75 (1956)
- 18,34 (1961) — Golpe militar (1964)
- 24,90 (1979)
- 21,19 (1990) — Abertura econômica
- 18,62 (1995) — Plano Real
- 18,02
- 14,60 (2011)

Períodos: JK | Ditadura Militar | Sarney | Collor | FHC | Lula | Dilma
— Jânio Quadros (jan-ago.61)
— João Goulart (set.61-mar.64)

Fonte: IBGE

Após a divulgação desses dados e da mobilização conjunta que empresários e trabalhadores promoveram em várias capitais do País, parece-nos que o sinal vermelho finalmente acendeu para o governo federal. Vimos espocar ações de caráter conjuntural, como a redução progressiva da taxa básica de juros e a elevação da taxa de câmbio para patamar próximo a US$/R$ 2,00, bem como de cunho estrutural, presentes no Plano Brasil Maior.

Serão essas iniciativas suficientes para resgatarmos a indústria de transformação no Brasil? Sugiro que o caminho a ser percorrido é longo. Todavia, nesse momento o sentimento da indústria é de amparo, após longa "interlocução surda" em que a indústria gritava e o governo federal escutava, mas não ouvia.

Embora o sentimento seja de alento, as ameaças permanecem vivas, especialmente com respeito ao Oriente. O processo histórico de desenvolvimento da China tem sido bem distinto do nosso. Nos anos 1950, o Brasil já era uma economia urbana, enquanto o país asiático deverá alcançar essa condição no final desta década. A intervenção do Estado é absoluta, por isso reconhecer a China como uma economia de mercado mostrou-se um grave equívoco.

Ao contrário das economias de base capitalista, o Estado chinês:

- Fornece a base (precária ou não) das condições sociais para a população: saúde, educação, habitação.
- Planeja e executa os investimentos em infraestrutura, garantindo a base econômica para o investimento privado.
- Regula o câmbio a mão de ferro, o que permite falar em "dumping cambial".
- Regula as condições no mercado de trabalho que implicam uma espécie de "dumping social".
- Controla a atividade financeira a partir dos bancos estatais e proibições contratuais.

As condições anteriores nos parecem suficientes para a compreensão da força de nossos concorrentes, no presente, e da falta de oportunidades que podemos enfrentar no futuro. Para corrigir os desequilíbrios existentes, o governo brasileiro precisa insistir na estratégia atual, incrementando o apoio à indústria local e promovendo a superação dos gargalos da infraestrutura.

É mister notar que a China vem construindo uma base científica e tecnológica que vai permitir que ela passe da condição do *"how to do in China"* (como fazer) para a condição do *"how to created in China"* (como criar). Além disso, para garantir o suprimento de matérias-primas, estabelece parcerias estratégicas e/ou realiza pesados investimentos em países ainda em desenvolvimento, com o intuito de obter reservas minerais e de terra para plantação e ao mesmo tempo conquistar mercados para a produção manufatureira chinesa. Destaquem-se os expressivos investimentos chineses na África e a transferência da produção de menor valor agregado para países da periferia do Leste Asiático (Vietnã, Camboja, Laos etc.).

Para tratar das relações comerciais do setor elétrico e eletrônico brasileiro com a China, somos obrigados a iniciar pelo aspecto crítico. As transações comerciais com a China evoluíram de um déficit da ordem de US$6,6 bilhões em 2007 para US$13,8 bilhões em 2011. Portanto, o déficit comercial de produtos elétricos e eletrônicos com aquele país saltou 107,8% em apenas cinco anos (ver Gráfico 2).

GRÁFICO 2
Balança comercial de produtos do setor eletrônico
(Brasil × China: 2007-2011)

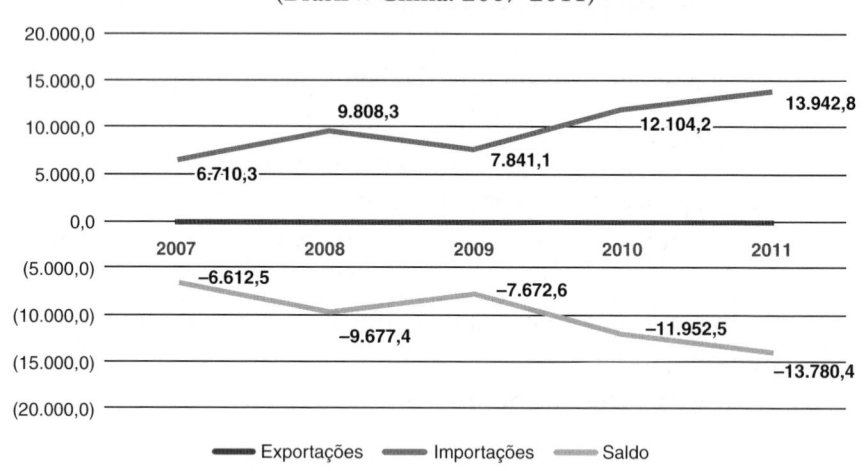

Ano	Exportações	Importações	Saldo
2007	6.710,3		-6.612,5
2008	9.808,3		-9.677,4
2009	7.841,1		-7.672,6
2010	12.104,2		-11.952,5
2011	13.942,8		-13.780,4

Ao olharmos em detalhe a natureza do resultado negativo, percebemos que ele é gerado principalmente pela elevada importação de semicondutores, componentes para telecomunicações e para informática.

TABELA 1
Importação de componentes eletrônicos em 2011 (Em US$)

Componentes para telecomunicações	2.628.260
Componentes para informática	1.503.012
Semicondutores	1.022.587

Fonte: ABINEE

E aqui reside o motivo da nossa insônia. Afinal, na eletrônica moderna são os componentes que carregam o cerne da pesquisa e desenvolvimento (P&D),

comportam as principais inovações e permitem a customização dos produtos eletrônicos.

Para complicar um pouco mais, tornou-se falaciosa, no caso do setor eletroeletrônico, a hipótese de que a China produz somente bens de baixo conteúdo tecnológico e de qualidade duvidosa. Faz anos que ela desenvolve, a partir de filiais de companhias de outras nacionalidades, componentes, partes e peças que carregam a "inteligência" do produto.

Por isso, o paradoxo à vista é que para aumentar a competitividade da indústria brasileira haverá ainda necessidade, por um determinado período, da importação de máquinas e equipamentos, componentes, partes e peças e outros produtos da China. Ou seja, "negócio da China" e exclusivamente para ela.

De outro lado, acreditamos que se o governo estiver determinado a tornar perene o Plano Brasil Maior, sem interrupções ou descontinuidades, estabelecendo uma política industrial duradoura, todo provável sacrifício feito agora reverter-se-á em benefício no futuro, dando à indústria brasileira musculatura e competitividade para segurar o "dragão" chinês.

Para ir adiante, precisamos construir também uma base científica e tecnológica nos moldes do que vem fazendo a China. A ABINEE trabalha nessa direção. Em nossas discussões, encontra-se a preocupação de que a entidade sirva como ponte entre as necessidades da indústria e a produção acadêmica, a fim de que a pesquisa aplicada seja prioridade neste instante de tamanho déficit da balança comercial.

Para concluir, cabe destacar que só teremos inovação se o planejamento em nosso país assumir uma natureza de longo prazo. A indústria não trabalha dentro de uma perspectiva de curto prazo. Não há empresário que faça um investimento, de pequeno ou grande porte, pensando em concluir as suas operações em dois, três ou cinco anos. Isto é coisa de investidor financeiro que compra e vende títulos olhando apenas o retorno que terá no curtíssimo prazo.

Para transformarmos um "negócio da (e para a) China" em algo que efetivamente implique "segurar a China", teremos que incrementar os esforços para expandir a competitividade da indústria brasileira. Aí, governo, entidades setoriais, empresas e trabalhadores terão que caminhar juntos e de modo coordenado.

A crise e a mobilização pela competitividade

*Marcelo Odebrecht**

---
*Diretor-presidente da Odebrecht S.A.

É fato que uma crise traz oportunidades, mas o que mais uma crise traz? Em primeiro lugar a conscientização de que existe um problema e, em seguida, a capacidade de se mobilizar para resolvê-lo. Cabe dizer, aliás, que é muito difícil colocar em prática a capacidade de mobilização quando o problema ainda não é evidente para todos. Nós vamos ter de lidar com isso e agir. Aqueles que conseguem rapidamente se conscientizar e se mobilizar criam então as condições para se diferenciar. Ou seja, temos um cenário em que a capacidade de se diferenciar é uma grande demonstração do potencial competitivo de uma organização.

Hoje existe uma crise no mundo que posso chamar de crise relativa, já que o Brasil, de um modo geral, não está vivendo esse momento de forma tão profunda. Esse momento está nos dando oportunidade de atacar travas importantes ao desenvolvimento, como juros, tributos e a questão do câmbio. Na indústria, a crise localizada está motivando medidas concretas de defesa comercial e de incentivo à inovação. O país está entendendo a necessidade de defender a indústria. E esse não é um papel somente do governo, muito pelo contrário, os empresários precisam realizar, precisam inovar.

Todo esse cenário e sensação de que a crise não chegou para o Brasil acaba diminuindo a capacidade de conscientização e de mobilização nacional para resolver os problemas. Mas quando digo que temos que agir é porque realmente acredito que o momento chegou. Precisamos enfrentar questões fundamentais para que o país se desenvolva de forma acelerada e consistente. E, em vez de cair na armadilha da inação, já que o país não está vivendo de fato uma crise, vamos colocar em pauta a discussão sobre o que, em minha opinião, é a mãe de todas as crises, aquela que ainda está por vir: a crise da produtividade. Essa crise, que já preocupa os empresários, deve começar a preocupar também a sociedade brasileira como um todo.

Para lidar com essa crise iminente, precisamos investir em capital físico. A infraestrutura brasileira ainda é extremamente deficiente, inclusive quando comparada à de outros países da América Latina. Essa é uma herança de anos.

Temos melhorado e a consciência da importância deste tipo de investimento já existe, mas ainda há muito caminho a percorrer, que passa, por exemplo, pela realização de parcerias público-privadas e investimentos continuados em P&D, assim como em setores estratégicos e essenciais da economia, como biotecnologia, defesa, energias renováveis, etanol, óleo e gás, entre outros.

Além do capital físico, é necessário falarmos de capital humano. A questão não é só mais educação, mas, principalmente, melhor educação, tanto a básica quanto a técnica e a universitária. De que adianta investir mais se a gestão da educação não evoluir? Estamos falando não só de quantidade, mas também de qualidade, de recursos bem investidos e acompanhados.

Outro ponto, ligado ao capital humano, é a necessidade de uma repactuação das relações de trabalho e parceria. O Brasil ainda precisa aumentar muito a renda do seu trabalhador. Entretanto, é imprescindível propor uma relação mais eficiente entre renda e rendimento. A renda precisa aumentar, mas deve crescer também o rendimento do trabalhador. Estamos vivendo um momento que conjuga baixa qualificação profissional com alta demanda, o que só acaba inflando o custo unitário do trabalho, e não devemos ir por este caminho.

Nós temos uma regulação hoje, a CLT, que está defasada. Como é possível que uma lei trabalhista elaborada 50 anos atrás não seja alvo de uma revisão, uma atualização? No Brasil foram criadas, ao longo do tempo, diversas normas que dificultam extremamente a gestão trabalhista.

Vale ressaltar que o empresário, em geral, não se importa em pagar mais ao trabalhador, desde que o rendimento seja maior. Há situações em que você paga para o trabalhador não trabalhar. É impressionante observar, por exemplo, o aumento do índice de absenteísmo remunerado.

Outra questão é a participação nos lucros e resultados. Deveríamos remunerar a produtividade e a meritocracia por meio da participação nos lucros e resultados, mas o modelo atual praticado no mercado não favorece essa situação. Vamos pensar na questão do nivelamento por função. Um soldador que tem um dia de trabalho recebe o mesmo que um soldador com 20 anos de experiência. Esse nivelamento não tem como ser eficiente.

Estamos vivendo a bonança da crise relativa do Brasil e precisamos ampliar nosso olhar para assuntos cruciais ao nosso desenvolvimento, tanto econômico quanto da nação de uma forma geral. Melhor educação, relações de trabalho baseadas na produtividade e meritocracia, eficácia aos encargos tributários e investimentos em áreas-chave são temas que devem fazer parte das reflexões do governo, dos empresários e da sociedade. E o momento é agora.

Uma agenda para a competitividade

*Paulo Stark**

---
*Presidente e CEO da Siemens Brasil.

A competitividade é um fator fundamental para transformar a crise em oportunidade e para proporcionar ao Brasil o desenvolvimento econômico sustentável de longo prazo, em um mundo em profunda transformação.

A partir de uma reflexão a respeito dos principais fatores que afetam a competitividade, iremos apresentar um diagnóstico da situação brasileira, para finalmente apresentar algumas proposições para a melhora do posicionamento do Brasil no cenário internacional.

A constatação principal é que o Brasil, apesar da sua potencialidade, somente terá condições de solidificar sua posição se tiver uma visão estratégica, alinhavada entre o governo e lideranças políticas, empresariais e da sociedade, com objetivos claros no que se refere ao desenvolvimento econômico, social e ambiental de longo prazo.

1. UM DIAGNÓSTICO DA ECONOMIA BRASILEIRA

O Brasil se tornou a sexta maior economia do mundo em 2011, superando o Reino Unido, pelo critério de PIB (Produto Interno Bruto) a preços correntes. O crescimento da economia brasileira foi ampliado, da média anual de 1,4% (1999-2002) para 4,0% (2003-2010), impulsionado pelo crescimento dos preços das commodities no mercado internacional, o que nos propiciou acumular reservas cambiais, que já passam dos US$370 bilhões e nos deu maior autonomia para as políticas econômicas domésticas.

O crescimento da renda e emprego, inclusão social das classes D e E, os Programas Sociais (Bolsa Família etc.), assim como a expansão do crédito e do financiamento, com a queda dos juros reais têm sido importantes fatores para a expansão do mercado interno.

Esse crescimento tem tido a contribuição significativa tanto da relativa estabilidade política como de fundamentos macroeconômicos razoavelmente consolidados, em especial com superávit primário próximo de 3,0% do PIB a.a., reservas internacionais expressivas e inflação controlada.

As perspectivas futuras são positivas, envolvendo a ampliação dos investimentos públicos e privados, principalmente, acelerados pelos grandes eventos como a Copa de 2014 e as Olimpíadas de 2016, as obras do PAC e o projeto de exploração do petróleo da camada pré-sal.

Os fatores de competitividade sistêmica adversos têm definido as condições do País, em contraposição às decisões empresariais. Isso tem ocasionado a perda de oportunidades.

O comércio vem crescendo 6,2% (acum. 12 meses até março de 2012), com destaque para o setor de eletrodomésticos (+12,90%) e informática (+25,70%). Já a indústria registrou queda de 1,0% (acum. 12 meses até março de 2012), especialmente em bens duráveis (–6,1%), BK (–1,5%) e bens de consumo (–1,7%).

No entanto, o longo período de valorização da taxa de câmbio, assim como os demais fatores de competitividade desfavoráveis, têm representado uma desvantagem da produção local relativamente aos produtos importados. Há uma perda de valor agregado local provocada pelo aumento das importações, em detrimento da produção, abarcando parcela crescente da demanda interna.

2. O AMBIENTE DE NEGÓCIOS NO BRASIL

O custo de capital é dos mais elevados, em comparação internacional, o que encarece o custo de financiamento de empresas e os consumidores. O Custo Brasil, que inclui infraestrutura, logística, tributação etc., e o custo do trabalho têm gerado uma perda de competitividade. O custo hora médio da mão de obra na manufatura (em US$, que inclui salários e todos os encargos trabalhistas e previdenciários), que no Brasil é de US$8,3, é mais elevado do que no México (US$5,4), na China (US$1,4) e na Índia (US$1,2), para citar alguns dos nossos competidores.

No Brasil, o custo de produção tem sido crescente. O preço da energia no país é de 138 por US$/MWh, o segundo maior do mundo, de acordo com a Energy Information Adm. (EIA). Isso é uma evidente contradição com o fato de que aproximadamente 82% da nossa energia elétrica advém de fontes renováveis, de acordo com a ANEEL. Um potencial diferencial competitivo, matriz energética verde, torna-se um ônus que afeta negativamente a competitividade da produção brasileira, em especial daqueles setores intensivos no uso de energia!

A carga tributária incidente sobre preços dos produtos industriais, de 40,3% no Brasil, é aproximadamente o dobro em países como Rússia (~23,0%), China (~20,0%) e México (~18,0%), de acordo com a FIESP, no estudo "Carga tributária no Brasil".

Os custos logísticos representam cerca de 20% do PIB brasileiro, bastante superior aos de países como Alemanha (13,0%), Japão (11,3%) e EUA (10,5%), de acordo com o Plano Nacional de Logística e Transportes (PNLT) do Ministério da Defesa. Isso decorre das nossas carências de infraestrutura, especialmente portos, e excessiva dependência do transporte rodoviário. Além disso, os custos decorrentes da excessiva burocracia prejudicam o empreendedorismo e os investimentos produtivos no Brasil.

A consequência é que tem havido um descolamento do desempenho da produção industrial brasileira em comparação com a média mundial. Em 2011, a produção industrial no país cresceu apenas 0,3%, longe da média mundial de 5,8%. Desde os anos 1980, há um recuo da participação percentual da indústria de transformação no PIB – com queda do nível de 27% em 1985 para 14% em 2011 – o que denota um processo de desindustrialização.

Nos últimos 12 meses, até março de 2012, a situação se agravou, especialmente para segmentos que tiveram queda expressiva da produção industrial, como têxtil (–14,4%), calçados (–10,0%), máquinas, aparelhos e materiais elétricos (–7,1%) e informática (–7,0%).

Isso também tem impactado o desempenho da balança comercial. Apesar de a balança comercial brasileira apresentar um superávit de US$29,8 bilhões em 2011, esse resultado é baseado fortemente no complexo agromineral e petróleo bruto. Há, em contraposição, um crescente déficit comercial da indústria de alta e média tecnologias, que atingiu US$80,0 bilhões no ano.

A participação das exportações de produtos básicos no total subiu de 18% em 2000 para 49% em 2011, enquanto houve queda da participação dos produtos manufaturados, que recuou de 65% em 2000 para 35% em 2011. Estamos mais dependentes de commodities, cuja demanda e preços são instáveis e tendem a gerar menor valor agregado para a economia.

Esses resultados são preocupantes, pois a sustentabilidade da balança comercial é imprescindível, considerando o elevado déficit em conta-corrente do Balanço de Pagamentos esperado de US$60,0 bilhões em 2012.

É muito importante que as empresas gerem inovação e aumentem a sua produtividade para ganhar competitividade em um mercado em crescimento. No entanto, a atuação empresarial isoladamente, no máximo, poderá aproximar a produtividade da produção nacional aos padrões internacionais de grandes nações industriais. Mas jamais poderá compensar os efeitos adversos imputados pelos fatores anteriormente descritos, que são alheios à gestão industrial. É, portanto, crucial a coordenação e articulação entre a atuação governamental e a iniciativa privada para viabilizar o desenvolvimento econômico.

3. PROPOSIÇÕES PARA UMA AGENDA PARA A COMPETITIVIDADE E A ATUAÇÃO DA SIEMENS NO BRASIL

Considerando os aspectos apontados anteriormente, é fundamental no país a adoção de medidas que propiciem um ambiente mais competitivo para a produção, a inovação e as exportações. Nesse sentido, é imprescindível a redução dos juros reais para níveis internacionais, tornar a taxa de câmbio mais competitiva e combater os efeitos das "guerras" cambial e comercial, combater a concorrência desleal e atuar nos fóruns internacionais como, por exemplo, na OMC.

É fundamental melhorar o ambiente sistêmico, que inclui infraestrutura, logística, tributação e burocracia, ampliar os investimentos e elevar o valor agregado local, ampliar as exportações de industrializados, estimular inovações e aperfeiçoar a política industrial, considerando a viabilidade das cadeias produtivas globais.

Para tanto é necessário identificar as referências mundiais em cada uma das questões e estabelecer as metas como parte de um programa estratégico nacional.

Os esforços deverão estar orientados de forma a permitir que o adensamento da cadeia de produção e inovação esteja vinculado à existência de um mercado local estável, assim como da competitividade necessária para ampliar a participação das exportações no mercado internacional.

Há desafios a serem enfrentados pelo governo, como as reformas estruturais da economia brasileira (fiscal-tributária, previdenciária, trabalhista etc.), melhorias no ambiente regulatório para o aumento de investimentos públicos ou o uso de instrumentos como concessões e Parcerias Público-Privadas (PPP) para a ampliação dos investimentos em infraestrutura, como também um maior incentivo à produção e ao desenvolvimento de maior valor agregado local.

Para isso é muito importante incrementar as políticas de competitividade, com foco nas políticas industrial, comercial e tecnológica, para fortalecer e criar novas competências no país.

Trata-se de aproveitar a expressiva base instalada de empresas nacionais e filiais de empresas transnacionais de longa tradição no mercado brasileiro. Nesse sentido, a Siemens vem contribuindo significativamente para o desenvolvimento do País. Presente há mais de um século no Brasil, no mundo a companhia conta com 180 centros de P&D e mais de 30 mil colaboradores envolvidos em P&D. Ao todo, detém 57.900 patentes em vigor e investimentos em P&D que ultrapassaram US$5 bilhões no último ano.

No Brasil, a Siemens conta com sete centros de P&D, com atuação em áreas de alto valor agregado. Os destaques são, por exemplo, disjuntores em Manaus, transformadores de alta tensão, painéis de média tensão, turbinas industriais, capacitores e automação em Jundiaí. Em São Paulo, automação e controle, sistemas de informação e eletromedicina. No Rio de Janeiro, modelagem e desenvolvimento de processos em geral. Em Canoas, interruptores e tomadas. Há ainda um centro de pesquisas na área de petróleo e gás, no Rio de Janeiro, com operações com início previsto para 2013.

Os investimentos nos últimos cinco anos chegaram a US$700 milhões e deverão ser ampliados para US$1 bilhão nos próximos anos. Um ambiente macroeconômico e sistêmico mais favorável para negócios, uma clara agenda para a competitividade são pré-requisitos para estes investimentos, que serão importantes para ampliar o adensamento do valor agregado da cadeia produtiva local, incrementar exportações e fomentar P&D e inovação no país. Algo imprescindível para o desenvolvimento econômico sustentado de longo prazo do Brasil.

PARTE III

Prioridade à estratégia de competitividade internacional do Brasil, principalmente na área industrial, com maior uso do mercado de capitais e bons fundamentos macroeconômicos

Estratégia de recuperação da poupança pública

Raul Velloso,* Marcelo Caetano,**
Marcos Mendes*** e Paulo Springer****

---

*Consultor econômico.
**Técnico em Planejamento e Pesquisa do IPEA.
***Consultor legislativo do Senado Federal.
****Consultor legislativo do Senado Federal.

1. INTRODUÇÃO

O objetivo deste trabalho é examinar as perspectivas de expansão até 2040 de três dos principais grupos de despesa dentro do gasto não financeiro da União. Em primeiro lugar, mantêm-se inalteradas as atuais tendências, inclusive quanto ao rápido envelhecimento da população que se prevê para esse período. Os grupos são os que tiveram maior crescimento na pauta de gastos desde a promulgação da Constituição de 1988, ou seja, benefícios previdenciários, pessoal e assistência social, e a última compreende: seguro-desemprego, benefícios assistenciais sob a Lei Orgânica de Assistência Social (LOAS) e o Programa Bolsa Família. Como se verá em mais detalhes ao longo do texto, se somados, os benefícios previdenciários, pessoal e assistência social representam atualmente na prática 3/4 do gasto federal total. Estimativas preliminares mostram que, em 1987, um ano antes da edição da atual Carta Constitucional, seu peso no total era de um pouco mais de 1/3.

Dado o óbvio peso da União no gasto das chamadas Administrações Públicas (AP), em que se incluem União, Estados e Municípios, o que se deseja, em última instância, é projetar as principais pressões sobre a poupança em conta-corrente das AP nas próximas décadas. Ao final de cada seção, sugerem-se reformas para conter o crescimento desses gastos, e quantifica-se o impacto dessas reformas.

O miolo do trabalho estará em três seções setoriais, que tratarão, na sequência, do gasto de pessoal, do gasto previdenciário e da despesa assistencial. Ao final, fecha-se o círculo com uma seção de conclusões.

2. PESSOAL ATIVO

2.1. Pessoal ativo – causas básicas e evolução recente

Segundo levantamentos oficiais,[1] o gasto de pessoal da União, que inclui a parcela de inativos e pensionistas (I&P), representou nada menos do que 25% do gasto primário ou não financeiro total em 2011, perdendo apenas, no ranking dos itens de maior peso do gasto federal, para a rubrica "Benefícios do INSS", cuja participação no total se situou em 39% no mesmo ano. Ressalte-se que, em 2011, a conta relativa a I&P, que é um dos itens mais rígidos da pauta de gastos, representava 10,5% do gasto total da União, quase metade do gasto de pessoal. Esses resultados contrastam fortemente com a situação anterior à da implementação da nova Carta Constitucional, quando estimativas preliminares sugerem que o peso dos servidores no gasto – especialmente no tocante a I&P – era bem menor. No caso dessa parcela, ela respondia por 6% do gasto total ou por 26% da despesa de pessoal, em 1987. Assim, o item I&P é bastante elevado e parece ter crescido significativamente nas últimas décadas.

Quando se consideram os valores nominais das variáveis entre 1995 e 2011, período em que dados mais amplos e confiáveis estão disponíveis, o gasto de pessoal aparece, contudo, crescendo 9% abaixo do PIB. Essa leve tendência descendente da razão gasto/PIB é às vezes apresentada como sinal de que algum ajuste vem ocorrendo desde o início da fase pós-Real. Já quando se considera o gasto total de pessoal deflacionado pelo IPCA, ele cresce 13% acima do PIB real no mesmo período, conforme os índices respectivos no Gráfico 1. Essa diferença se explica pelo fato de o deflator implícito do PIB, de cobertura mais ampla que o IPCA, ter se situado sistematicamente acima do índice relativo aos preços ao consumidor nos últimos anos, acumulando-se, no período 1995-2011, uma diferença de 25% entre os dois índices.

Voltando um pouco atrás no tempo, são duas as mudanças estruturais mais importantes que têm pressionado para cima o gasto de pessoal desde o final dos anos 1980 e que, em grande medida, explicam os elevados patamares atingidos por esse item nos últimos anos. Uma foi a incorporação de cerca de 400 mil

---

[1] As principais fontes dos dados utilizados nesta resenha correspondem às seguintes páginas na Internet (último acesso em 12/04/2012): http://www.fazenda.gov.br/spe/novo_site/home/politica_fiscal.html; http://www.servidor.gov.br/publicacao/boletim_estatistico/bol_estatistico.htm; www.ipeadata.gov.br; Além dessas, foram consultadas várias publicações oficiais, especialmente o Balanço Anual da União, vários anos.

GRÁFICO 1
Índices da razão entre o gasto de pessoal e o PIB, em valores nominais
e reais (1995=100), 1995-2011

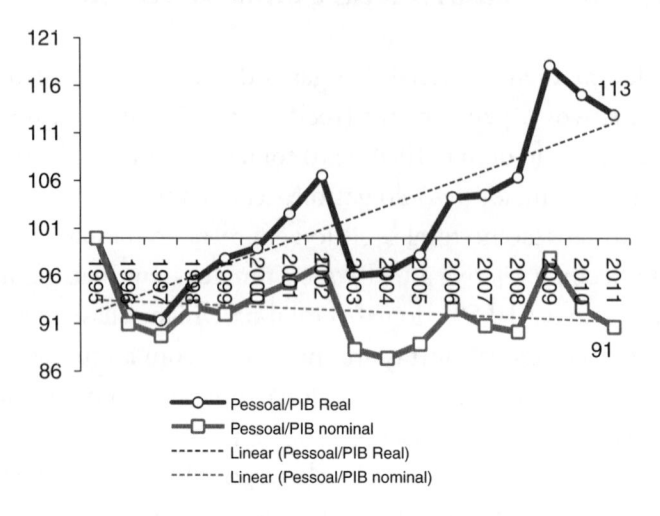

funcionários regidos pela CLT no regime estatutário, após a aprovação da Lei nº 8.112, de 11/12/90, mais conhecida como Lei do Regime Jurídico Único (RJU). À espera da aprovação da Lei do RJU, um grande número de ativos, antes regidos pela CLT, deixou de requerer aposentadoria ao INSS, a fim de se beneficiar das condições mais favoráveis do regime estatutário, basicamente a aposentadoria com salário integral. Em face disso, houve um forte aumento do contingente de I&P entre 1992 e 1997, relativamente ao de ativos, como se vê no Gráfico 2.

GRÁFICO 2
Ativos e I&P do Executivo Federal (exclusive MPU, Banco Central e Sociedades de Economia Mista), 1992-2011 (em mil pessoas)

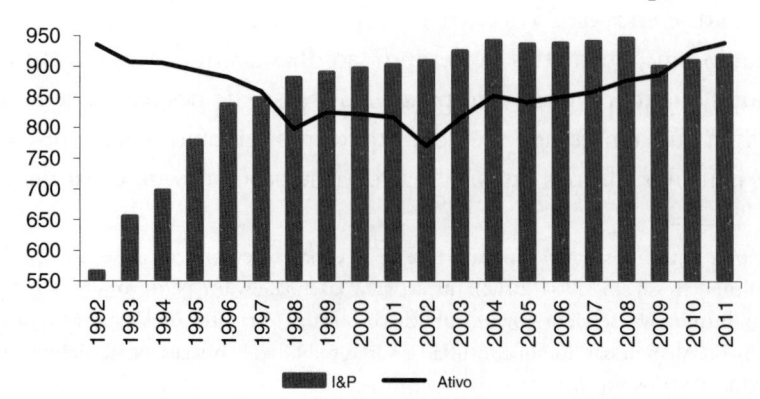

Dessa forma, o peso da despesa com aposentados e pensionistas da União deu um salto entre 1987 e 1995, passando de um pouco acima de 20% para algo ao redor de 40% do total, no qual, em termos aproximados, se situa até os dias de hoje, conforme o Gráfico 3.

GRÁFICO 3
Participação % dos I&P no gasto de pessoal, 1987-2011 (em %)

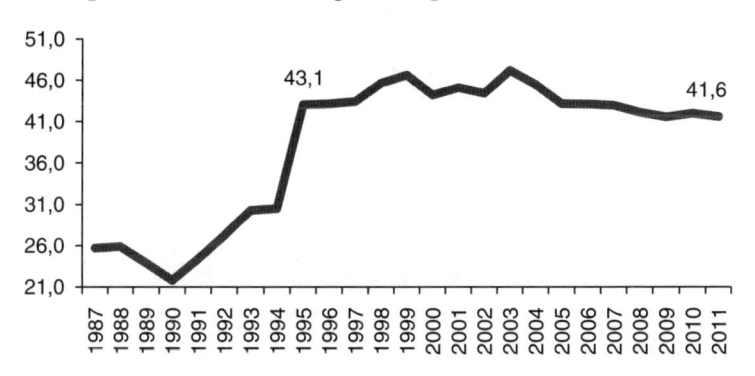

A outra mudança estrutural digna de destaque resulta do forte crescimento do gasto de pessoal dos Poderes Autônomos (Judiciário, Legislativo e Ministério Público da União – MPU), que vem tendo lugar desde o final dos anos 1980.

Além de instituir o RJU, a Constituição de 1988 estabeleceu novos encargos na esfera de ação desses Poderes e lhes conferiu autonomia administrativa e financeira. O resultado disso foi que, em comparação com o gasto total de pessoal, o peso dos Poderes Autônomos aumentou quase quatro vezes entre 1987 e 2011, conforme se vê no Gráfico 4.

Quando se consideram apenas os servidores ativos desses Poderes, no período em que a abertura por ativos e I&P está disponível, tanto o peso no total como o crescimento dessa mesma variável são ainda mais expressivos (veja o mesmo gráfico), revelando a intensificação desse processo nos últimos anos. O auge do crescimento da importância dos Poderes Autônomos no gasto de pessoal se deu em 2006, quando os pesos atingiram as marcas de 22,4% (gasto total) e 28,7% (ativos). De 2006 a 2011, tem havido uma leve queda nessas participações, em face do esforço de recomposição não apenas do valor real das remunerações, como do contingente dos servidores do Poder Executivo, que vem ocorrendo desde meados do primeiro mandato do Governo Lula. O processo sob o qual reajustes de salários e aumentos de contratações vêm tendo lugar nos últimos

GRÁFICO 4
Participação % dos Poderes Autônomos (inclusive MPU) no gasto de pessoal, 1987-2011 (em %)

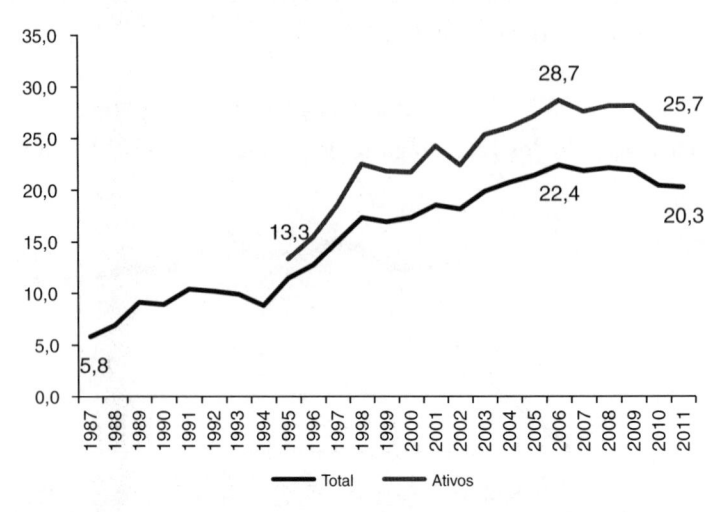

Valores destacados: 5,8; 13,3; 28,7; 25,7; 22,4; 20,3

— Total   — Ativos

anos está descrito em detalhes em textos anteriores sobre o assunto dos autores deste trabalho nos anais do Fórum Nacional, em vários anos.

Cabe, agora, examinar como evoluiu o gasto com o pessoal ativo e seus dois componentes básicos, ou seja, as remunerações médias reais e os contingentes dos servidores, a fim de projetar os gastos respectivos até 2040. Isso se fará sob dois cenários. Num, supõe-se a manutenção das tendências atuais. No outro, sugerem-se medidas de ajuste, com vistas a um eventual esforço de recuperação da poupança em conta-corrente do setor público – ou de atenuação de sua queda – no período analisado.[2]

Em que pese o "avanço" dos Poderes Autônomos sobre a composição do gasto de pessoal, o peso do Poder Executivo ainda é alto o suficiente, para que esse segmento permaneça liderando o processo de evolução da folha de pagamento. Tanto assim que, entre 2005 e 2011, por exemplo, o gasto com o

---

[2] Na seção seguinte deste trabalho apresentar-se-ão projeções dos gastos com o segmento dos inativos e pensionistas, admitindo-se também um cenário "sem reforma" e outro "com reforma", já levando em conta, como parte do primeiro, o novo regime de previdência complementar que acaba de ser aprovado no Congresso Nacional. Quanto ao cenário "com reforma", esse conterá novas medidas visando a enfrentar, de forma mais incisiva, o difícil problema previdenciário das administrações públicas brasileiras. Nos dois casos, serão levadas em conta as hipóteses que, nos cenários análogos, tiverem sido desenhadas para os servidores ativos, nesta seção, já que existe uma forte interligação dos dois processos de expansão dos gastos.

pessoal ativo cresceu 83% acima da inflação, seguindo de perto o que ocorria com o Executivo Civil, onde o crescimento era de 70%. Enquanto isso, os gastos do Judiciário subiam 321%, e os do MPU, 301%, no mesmo período (veja o Gráfico 5).

Nesses termos, até 2002, a contenção dos gastos do Executivo Civil e dos Militares serviu para manter o gasto total sob relativo controle, a despeito do maior crescimento que ocorria no âmbito dos demais poderes. Desde então, contudo, essa "âncora" tem sido relaxada, diante das pressões dos sindicatos por recomposição das "perdas de crescimento", que teriam ocorrido na fase precedente, tanto dos quadros de pessoal como das remunerações reais. Além disso, passou a haver menor disposição política para reprimir esses desejos expansionistas, até porque o movimento sindical passou a ser parte ativa da base de sustentação política dos governos pós-2002.

GRÁFICO 5
Índice real do gasto com o pessoal ativo, com base no
IPCA (1995=100), 1995-2011

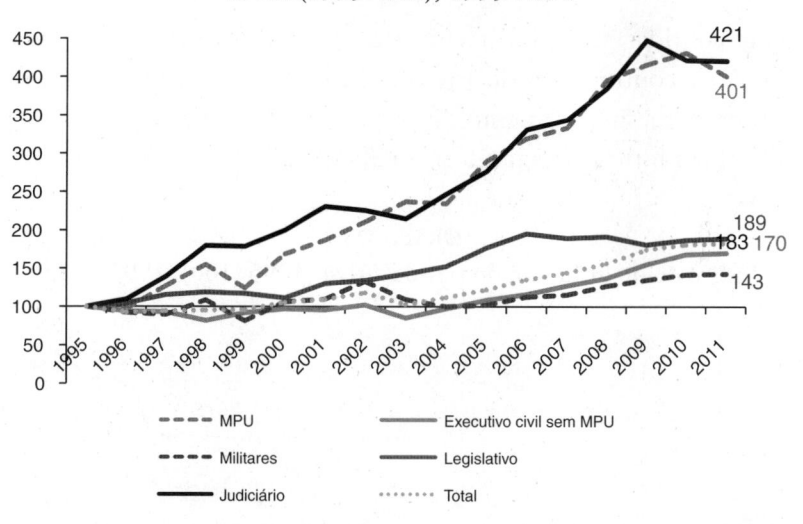

Segue-se o exame da evolução da remuneração real média e do quantitativo do pessoal ativo, considerando a mesma decomposição da despesa por Poderes. Como se vê nos Gráficos 6 e 7: (a) com efeito, o Poder Judiciário e o MPU lideram, lado a lado, tanto o aumento da remuneração como do quantitativo; (b) no caso do Poder Legislativo, as remunerações crescem abaixo da média total, mas as contratações de pessoal crescem quase tão fortemente quanto nos casos do Judiciário e do MPU; (c) no Poder Executivo, as contratações foram

GRÁFICO 6
Índice do valor médio real do gasto com o pessoal ativo, com base no IPCA (1995=100), 1995-2011

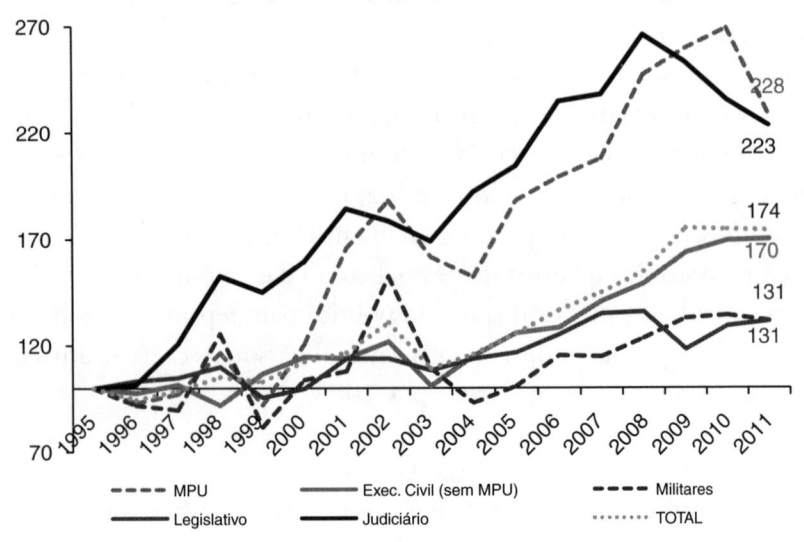

fortemente contidas até 2002, recuperou-se parte das perdas na fase seguinte, mas hoje os contingentes de ativos estão praticamente no mesmo nível de 1995; (d) nesse mesmo segmento, houve contenção das remunerações médias até 2002, e uma forte recuperação entre 2002 e 2011.

GRÁFICO 7
Índice do quantitativo do pessoal ativo (1995=100), 1995-2011

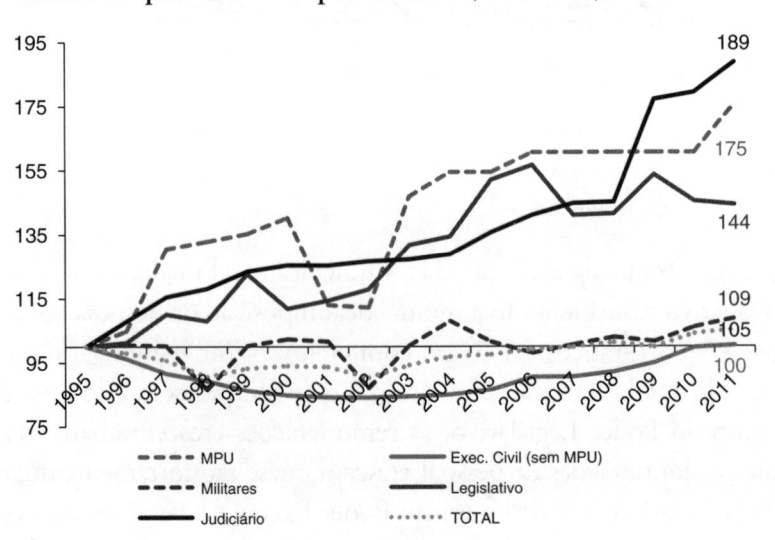

2.2. Pessoal ativo – projeções

Além de apresentar as taxas médias de crescimento dos itens referidos anteriormente em 1995-2011 e 2002-2011, a Tabela 1 contém as hipóteses "sem reforma" e "com reforma", a seguir justificadas, que serviram de base às projeções dos gastos com o pessoal ativo até 2040.

TABELA 1
Taxas de crescimento % do pessoal ativo da União: quantitativo e remuneração real média, com base no IPCA, 1995-2011 e 2002-2011

	Média 1995-2011	Média 2002-2011	Projeção sem reforma	Projeção com reforma
Quantitativo				
MPU	4,1	5,5	3,3	1,6
Executivo civil sem MPU	0,1	2	2,0	1,6
Militares	0,8	2,7	2,7	0,8
Legislativo	2,6	2,5	2,1	1,6
Judiciário	4,2	4,7	3,4	1,6
TOTAL	0,4	1,7		
Valor real médio				
MPU	6,5	2,9	5,2	1,6
Executivo civil sem MPU	3,7	4,2	3,5	3,3
Militares	3,8	–0,7	3,5	3,3
Legislativo	2,0	1,8	1,6	1,6
Judiciário	5,6	2,9	4,5	1,6
TOTAL	3,8	3,6		
PIB	3,1	3,9	3,5	4,9

Observações:
1) O item "total" inclui sociedades de economia mista, empresas estatais e transferências intergovernamentais.
2) O subtotal de sociedade mista e empresas estatais está incluído no item.
 "Executitvo civil sem MPU". Não foi possível separar a parcela de inativos e pensionistas.
3) As explicações para hipóteses "sem" e "com" reforma estão detalhadas no texto.

Essa tabela contém, ainda, hipóteses para o crescimento do PIB nesses dois cenários, conforme explicado mais adiante em detalhes.

Sem reforma

1. Quantitativos. No tocante aos quantitativos de pessoal, admitiu-se que, sem reforma, os Poderes Autônomos mantêm seu ritmo intenso de contratações, mas não a taxas tão elevadas como nos últimos 16 anos. Imagina-se que o impulso inicial decorrente da autonomia concedida pela nova Constituição e dos novos encargos que foram por ela criados tenda a diminuir com o tempo. Tomou-se, então, como parâmetro, 80% do crescimento real médio em 1995-2011.

No caso do Executivo Civil e dos Militares, mantém-se inalterada a taxa de crescimento médio do quantitativo observada desde o início do Governo Lula, considerando não apenas a decisão política de ampliar os quadros, como a interrupção das terceirizações e a idade média elevada dos servidores, tema que voltará à baila na discussão relativa a inativos e pensionistas.

2. Remunerações. Quanto às remunerações, admitiu-se, analogamente, que a força política dos Poderes Autônomos para aumentá-las continua presente, embora, como dito anteriormente, não se espere que seja capaz de produzir aumentos de remunerações tão acentuados como os que ocorreram em 1995-2011. Nesses termos, tomou-se como parâmetro, uma vez mais, 80% dos aumentos obtidos em 1995-2011.

No tocante ao Executivo Civil e aos Militares, supõe-se que mantenham inalterada a tendência de recuperação salarial dos últimos anos, traduzindo-se concretamente na obtenção de reajustes salariais idênticos à projeção de crescimento do PIB.

Com reforma

Dados os novos encargos e a autonomia financeira, a Constituição estabeleceu, implicitamente, uma espécie de piso para a despesa dos Poderes Autônomos. Assim, nada mais justo que haja, em contrapartida, um teto, para impedir que tal despesa aumente, ano após ano, no forte ritmo que se vem verificando. Propõe-se, assim, instituir um limite máximo para a despesa com o pessoal ativo dos Poderes Autônomos na Constituição, que não poderá crescer, por exemplo, em termos reais, acima de 1/3 do crescimento do PIB, tanto em relação ao quantitativo quanto à remuneração real média. Esse aumento real criaria uma margem para expansão, sem, contudo, provocar explosão do gasto.

Quanto aos servidores do Executivo (exclusive MPU), não se propõe a repetição da política de contenção da fase FHC, dada sua óbvia dificuldade de sustentação a longo prazo, além de aumentar as atuais distorções salariais entre os Poderes. Nesses termos, propõe-se a fixação do valor máximo da taxa de crescimento do pessoal ativo do Executivo conforme a seguinte discriminação: (a) quantitativo – equivalente a 80% do crescimento médio em 2002-2011, no caso do Executivo Civil, e igual ao crescimento médio em 1995-2011, no tocante aos Militares. (b) Remuneração real média – equivalente a 2/3 do crescimento do PIB, em todo o Poder Executivo.

Resultados das simulações

Com base nessas hipóteses obtiveram-se os resultados sintetizados na Tabela 2 para os anos 2018 (final do próximo mandato) e 2040:

TABELA 2
Projeções do gasto com o pessoal ativo, em % do PIB, 2018 e 2040

	Ano-base 2011	Sem reforma 2018	Sem reforma 2040	Com reforma 2018	Com reforma 2040
Executivo Civil exceto MP	1,6	1,8	2,8	1,6	1,6
Ministério Público	0,1	0,1	0,2	0,1	0,0
Militares	0,4	0,5	0,8	0,4	0,3
Legislativo	0,1	0,1	0,1	0,1	0,1
Judiciário	0,6	0,8	2,0	0,5	0,4
Total	2,8	3,3	5,9	2,7	2,4
Parti.% dos P.A. no total	28,6	30,3	39,0	25,9	22,1

Como se vê, a manutenção das tendências atuais implicará forte aumento do gasto com o pessoal ativo, passando de 2,8% do PIB, em 2011, para 3,3% do PIB em 2018 e 5,9% do PIB em 2040. Nessa hipótese, o peso dos Poderes Autônomos passaria para cerca de 40% do total em 2040.

A implementação de reformas como as indicadas neste texto levará a uma redução expressiva do gasto, em relação à hipótese de mera manutenção de tendências, montando a 0,6 ponto percentual do PIB em 2018, e 3,5 pontos de percentuais do PIB em 2040. Nesse caso, o gasto do Executivo Civil ficaria estabilizado no nível verificado em 2011 desde o início do período de projeção, e o peso dos Poderes Autônomos cairia para 22,1% do total, retornando aos níveis que vigoravam entre 1999 e 2002.

3. SUSTENTABILIDADE DA PREVIDÊNCIA

A evolução recente do gasto previdenciário brasileiro mostra trajetória ascendente para o Regime Geral de Previdência Social (RGPS) e estável para o Regime Próprio de Previdência Social (RPPS) da União (servidores), quando se consideram os valores em proporção do PIB. A despesa com benefícios previdenciários do RGPS, que ao final dos anos 1990 se situava em torno de 5%, hoje se avizinha dos 7% do PIB. Por seu turno, o gasto com o regime previdenciário da União, depois do salto ocorrido entre 1987 e 1995, passou a oscilar em torno de 2% do PIB. Em seu conjunto, em um espaço de pouco menos de uma década e meia, a despesa previdenciária sob responsabilidade da União cresceu quase dois pontos de porcentagem do PIB. O objetivo desta seção é explicar os principais fatores de causação do aumento do gasto e discutir as suas tendências.

Cabe destacar inicialmente que, na virada do século XX para o XXI, foram implementadas três reformas previdenciárias. Assim, a despesa com aposentadorias e pensões cresceu numa época de reformas e também numa fase em que a população era (e ainda é) relativamente jovem. O Quadro 1 resume as principais reformas previdenciárias realizadas na fase pós-Plano Real.

QUADRO 1
Síntese das modificações introduzidas pelas recentes reformas da previdência

Alteração jurídica	Principais medidas
Emenda Constitucional 20, de 15 de dezembro de 1998	**RGPS** 1. Elevação do teto de contribuição acima da inflação. 2. Retirada, da Constituição, da fórmula de cálculo do benefício. 3. Extinção gradual das aposentadorias proporcionais. **RPPS** 1. Instituição de limites etários para aposentadoria, em 60 anos para homens e 55 para mulheres, sujeito a regras de transição. 2. Introdução de carências de tempo no serviço público e na carreira.

Alteração jurídica	Principais medidas
Lei nº 9.876, de 26 de novembro de 1999	**Altera somente o RGPS** 1. O cálculo do benefício passa a considerar todos os salários de contribuição de julho de 1994 até a data da aposentadoria, e não mais as últimas 36 contribuições. 2. Criou-se o "Fator Previdenciário", fórmula aritmética que combina a idade da aposentadoria (IA), o tempo de contribuição (TC), e a expectativa de sobrevida (ES). O "Fator" é um termo multiplicativo sobre a média acima indicada, podendo aumentá-la ou reduzi-la, conforme o valor dos parâmetros que entram no seu cálculo. Quanto maiores IA e TC, maior o valor do fator. Quanto maior ES, menor o valor do fator.
Emendas Constitucionais 41, de 19 de dezembro de 2003, e 47, de 5 de julho de 2005	**RGPS** 1. Elevação do teto de contribuição acima da inflação. **RPPS** 1. Instituiu-se uma contribuição previdenciária para inativos e pensionistas, incidindo sobre a parcela da remuneração que se situar acima do teto do INSS (para quem ganha acima dele). 2. Redução da taxa de reposição das pensões por morte para 70% do valor da aposentadoria que exceder o teto do INSS. (Até o teto, a reposição continua integral.) 3. Mudança do valor da aposentadoria, do último salário para a média dos salários de contribuição, calculada para o período de julho de 1994 até a data da aposentadoria, com transição gradual. 4. Mudança gradual da indexação de salários para a de preços. 5. Maior rigidez nas regras de transição da Emenda Constitucional 20, no tocante às regras de acesso aos benefícios.
Projeto de Lei 1.992/2007. Já aprovado pelo Congresso, mas ainda em processo de sanção presidencial.	**Altera somente o RPPS** 1. Criação de fundo de previdência complementar em contribuição definida para os servidores civis da União que ingressarem após a instituição desse fundo.

Fonte: legislação brasileira. Elaboração: Os autores.

Duas razões explicam a estabilidade da despesa previdenciária do RPPS da União em comparação com o crescimento dos gastos do INSS. Primeiramente, como sugerido pelo que contém no Quadro 1, as reformas realizadas nos últimos anos recaíram com maior força sobre o regime dos servidores públicos. Com efeito, a reforma de 1998 impôs uma idade mínima para a aposentadoria dos servidores públicos, mas não o fez em relação ao RGPS. Ademais, a reforma de

2003 estimulou o adiamento da entrada na aposentadoria, ao tornar o valor dos vencimentos em atividade superiores aos proventos de aposentadoria. Para isso, isentou o servidor da contribuição previdenciária, desde que se mantivesse ativo após completar as condições de elegibilidade à aposentadoria. Isso permitiu que o estoque de aposentados no Executivo Civil caísse do pico de 400 mil servidores em 1998, ano de aprovação da primeira reforma, para 378 mil em 2010. Deve-se, contudo, notar que esse efeito, apesar de já ter durado mais de uma década, é temporário. Em algum momento, no futuro, os servidores que represaram suas aposentadorias, seja por condições de acesso mais rígidas ou por incentivos referentes ao valor dos benefícios, requererão seus benefícios. De acordo com o Ministério do Planejamento, 40% dos servidores civis ativos do Poder Executivo completarão as condições de acesso às aposentadorias até 2015.[3]

O segundo fator que explica a diferença de comportamento entre os dois regimes previdenciários é que as contrarreformas ocorridas simultaneamente com as reformas recentes afetaram mais o INSS do que o RPPS. Três foram as principais contrarreformas. Na primeira, em 1995, instituiu-se a integralidade da pensão por morte no INSS. Até então, a taxa de reposição do cônjuge era de 80% acrescida de 10% por dependente. Na segunda, em 1999, iniciou-se a política de ganhos reais do salário mínimo. No RPPS da União, a quantidade de beneficiários que recebem o salário mínimo é desprezível. Entretanto, quase 2/3 dos beneficiários do RGPS recebem o salário mínimo. Como consequência, a política de valorização do salário mínimo não tem impacto significativo sobre o RPPS da União, mas apresenta efeito expressivo no INSS.[4] Na terceira, pela promulgação da Emenda Constitucional 70/2012, foi concedida a aposentadoria integral para todas as aposentadorias por invalidez dos servidores que ingressaram no serviço público até 2003. Por ser muito recente, o impacto fiscal dessa última alteração ainda não se fez presente nas contas públicas. Em suma, as reformas atingiram mais os servidores públicos; já as contrarreformas, os aposentados e pensionistas do INSS. Ainda que o RPPS seja mais benevolente que

---

[3] Informação obtida na edição de 26/2/12 de *O Estado de S.Paulo*. Disponível na seguinte página da Internet: https://conteudoclippingmp.planejamento.gov.br/cadastros/noticias/2012/2/26/renovacao-do-funcionalismo. Acessado em 27/4/12.

[4] A política de valorização do salário mínimo iniciada em 1999 se divide em dois períodos. No primeiro, 1999-2005, inexistia regra específica de valorização. O processo de negociação política determinava a cada ano o percentual de reajuste. No segundo período, pós 2006 até os dias de hoje, estabeleceu-se que o reajuste equivaleria à taxa de crescimento do PIB dos dois anos anteriores.

o RGPS, o movimento de reformas e contrarreformas permitiu estabilização da despesa daquele, mas levou ao aumento da outra despesa (INSS).

Em relação ao futuro, há diversas razões para se esperar expressiva elevação da despesa ao longo das próximas décadas, especialmente se se mantiver a atual regra de correção do valor do salário mínimo. De acordo com o IBGE, a participação das pessoas com 65 anos ou mais no total da população, que em 2012 está ao redor de 7%, deve saltar para 18% em 2040. Junte-se a isso o fato de ter havido um aumento do grau de formalização do emprego, difícil de se manter ao longo dos anos, e o aumento da participação feminina no mercado de trabalho. Embora esses dois fatores permitam ganhos de arrecadação no curto prazo, no longo prazo implicarão elevação de despesa, uma vez que haverá maior quantidade de beneficiários e aumento relativo de um grupo que contribui por menos tempo e recebe aposentadorias por mais anos. Mais especificamente em relação ao serviço público, como já antes mencionado, o Ministério do Planejamento estima que até 2015 cerca de 40% dos servidores civis do Poder Executivo da União completarão as condições de acesso às aposentadorias.

A implicação desses fatores é que a despesa previdenciária tenderá a absorver fatia ascendente do PIB. Isso resultará em maior tributação, redução de gastos em áreas essenciais como educação, saúde e segurança, ou, então, no deslocamento de maior parcela da poupança doméstica para a cobertura das despesas previdenciárias.

Esse quadro indica a necessidade da continuação do processo de reformas previdenciárias como forma de ampliar a sustentabilidade de longo prazo do regime. Importante reforma se aprovou em 2012 ao se instituir a previdência complementar para os novos servidores civis da União. Essa reforma traz custos de curto prazo, dado que o orçamento público deixa de receber as contribuições previdenciárias que excedem o teto do INSS, além de exigir do Tesouro o aporte nas contas individualizadas dos futuros participantes como forma de contribuição patronal. Entretanto, em relação aos futuros servidores civis da União, equacionou-se atuarialmente, em grande medida, o problema previdenciário da parcela dos benefícios superior ao teto do INSS, cuja cobertura não mais advirá do orçamento governamental, mas das reservas previamente acumuladas. A relevância da previdência complementar deve-se não somente aos seus efeitos fiscais de longo prazo como também à maior harmonização entre as regras previdenciárias aplicadas no serviço público e ao setor privado.

É importante frisar, contudo, que o problema previdenciário dos servidores públicos permanece complicado por pelo menos duas razões. Primeiro, os militares da União e os servidores públicos de estados e municípios não estão contemplados pela previdência complementar, à exceção do estado de São Paulo, que criou seu próprio fundo. Segundo, a reforma somente afeta a parcela da remuneração superior ao teto do INSS, hoje em R$3.916,20. Mesmo os novos servidores civis de altos salários continuarão a ter sua aposentadoria até o teto do INSS regida com base nas mesmas regras anteriores.

Propõe-se, portanto, dentro do escopo limitado deste trabalho, um conjunto de reformas que permitam a ampliação da poupança pública por meio da eliminação das principais distorções do sistema previdenciário brasileiro relativamente ao resto do mundo. As três principais distorções ainda vigentes são as baixas idades de aposentadoria, as regras de pensão por morte altamente benevolentes e a sobreindexação de parcela substancial dos benefícios, dado que, constitucionalmente, o piso previdenciário é igual ao salário mínimo.

As idades médias das aposentadorias por tempo de contribuição em 2011 no INSS foram 54 anos para homens e 52 para mulheres. De acordo com as tábuas de vida do IBGE, aos 52 anos uma mulher tem expectativa de sobreviver por mais 29,5 anos, ou seja, o tempo de usufruto do benefício é quase equivalente ao tempo de contribuição. Isso sem contar o potencial recebimento da pensão por morte do cônjuge, o possível usufruto de outros benefícios durante os anos de contribuição, como salário-maternidade e auxílio-doença, assim como o afastamento antecipado do mercado de trabalho por causa de uma aposentadoria por invalidez. A sustentação do regime previdenciário nessas condições é tarefa quase impossível. Nesse sentido, propõe-se a adoção de idade mínima de 60 anos para aposentadoria para ambos os gêneros com manutenção do tempo de contribuição em 35 e 30 anos para homens e mulheres, respectivamente. Essa regra valeria tanto para os servidores públicos civis como para os trabalhadores do setor privado.

A segunda reforma se refere às pensões por morte. O gasto com esse benefício consome 3% do PIB no Brasil, enquanto a média da OCDE está em 1% do PIB. As razões para a distorção estão em regras de acesso que independem da idade, que não exigem carência de contribuição, que permitem a acumulação sem limites com aposentadorias ou outras pensões, assim como na garantia do recebimento da integralidade da aposentadoria do cônjuge falecido. Propõe-se, tanto para o RPPS quanto para o RGPS, alteração da fórmula de cálculo de modo que o beneficiário receba pensão equivalente a 70% do cônjuge com possibilidade de reposição de 100% em caso de compartilhamento do benefício com outros dependentes.

A terceira reforma seria a alteração na regra de indexação das aposentadorias. Hoje, o piso previdenciário equivale ao salário mínimo que, nos últimos tempos, está sujeito a aumentos bem superiores à inflação e à própria elevação do salário real médio da população. A prática internacional é garantir o poder de compra aos benefícios por meio da sua indexação à inflação de preços. Como 63% dos beneficiários do INSS (ou 16 milhões de beneficiários) recebem o salário mínimo, o impacto da política de sobreindexação sobre as contas públicas é expressivo. Dado que se pagam 13 benefícios previdenciários por ano, o impacto anual de cada R$1 de elevação real do salário mínimo equivale a cerca de R$206 milhões. Além do mais, estudos como o de Afonso *et al.* (2011) apontam para as limitações da política de elevação do salário mínimo como instrumento de redução da pobreza e da desigualdade.[5] A proposta que se faz neste texto manteria a política de elevação do poder de compra do salário mínimo, mas o indexador se alteraria do crescimento do PIB do segundo ano anterior para a evolução da produtividade. Supôs-se que esta variável cresceria em 2% ao ano na hipótese de não realização de reformas. Em caso da aprovação das reformas, a maior taxa de crescimento do PIB permitiria aumento da produtividade para 3,4% ao ano.

Por fim, cabe também impor um freio à política de contratação e de reajustes salariais da União vigentes nos últimos anos. Os detalhes desta alteração estão expostos no Quadro 1. Já o Quadro 2 resume as reformas previdenciárias propostas neste estudo.

Vale notar que as reformas sugeridas ainda deixam o sistema previdenciário brasileiro em situação mais benevolente que a internacional. A proposta de idade mínima de 60 anos é tímida, especialmente quando se compara com a de outros países, que usualmente já impõem limite etário de 65 anos. A taxa de reposição da pensão do cônjuge ainda ficaria bem superior à de diversas nações. Por fim, em relação ao benefício mínimo, propõe-se nova indexação que substitua a regra de crescimento de acordo com o PIB do segundo ano anterior por outra que siga a evolução da produtividade. O Brasil ainda se manteria como um caso único no mundo de garantia de ganhos reais às aposentadorias e pensões.

---

[5] Afonso, L; Pereda, P; Giambiagi, F. & Franco, S. (2011). "O salário mínimo como instrumento de combate à pobreza extrema: estariam esgotados seus efeitos?". *Economia Aplicada*, v. 15, n. 4, pp. 559-593.

QUADRO 2
Resumo das propostas de reformas previdenciárias

	Regra Atual	Proposta
Regras de acesso para aposentadorias por tempo de contribuição	*Tempo de contribuição* 35 anos para homens, 30 para mulheres. *Idade mínima* Sem limite etário para o INSS. Serviço público: 60 anos para homens e 55 para mulheres	Manutenção do tempo de contribuição em 35 e 30 anos para homens e mulheres. Imposição de idade mínima de 60 anos para ambos os sexos.
Pensão por morte	Reposição integral da aposentadoria no INSS. Serviço público: repõe-se integralmente o valor da aposentadoria até o teto do INSS. Para a parcela excedente ao teto, a reposição equivale a 70%. Para os servidores que ingressarem após a criação do fundo, o Tesouro arcará somente com a parcela da pensão correspondente ao teto do INSS.	Reposição de 70% do valor da aposentadoria, acrescido de 10% por dependente adicional até alcançar o limite de 100%.
Indexação do salário mínimo	Reajuste equivalente ao crescimento do PIB de dois anos antes. (No cenário sem reforma, supôs-se que o PIB cresceria em 3,5% a.a.).	Reajuste equivalente ao crescimento da produtividade da economia. (No cenário com reforma, supôs-se que o PIB cresceria 4,9% a.a., e a produtividade, 3,4% a.a.).

Deduz-se que o impacto das reformas é tão somente a manutenção da despesa previdenciária como proporção do PIB em seu nível atual. As estimativas se fizeram por meio de modelo demográfico atuarial com uso do método determinístico dos componentes em que a população se divide em coortes de gênero e idade. Aplicam-se sobre essas coortes probabilidades de sobrevivência, de participação como contribuintes do regime previdenciário, de transição para o recebimento de algum benefício, além de um conjunto de variáveis relacionadas com o mercado de trabalho e o desenho do plano previdenciário (condições de acesso, fórmula de cálculo, regras de indexação e alíquotas de contribuição).[6] O INSS e o regime previdenciário dos servidores públicos do governo federal consumiriam em torno de 9% do PIB ao longo das próximas três décadas. Em princípio, pode parecer pouco empreender um conjunto de reformas para que o gasto permaneça em seu patamar corrente. Entretanto, a alternativa de manter as regras vigentes mostra-se insustentável. O gasto do INSS tenderia a aumentar dos atuais 7% do PIB para 12% em 2040. Por seu turno, estima-se elevação da despesa com o regime previdenciário da União de 2% para 6% do PIB nesse mesmo período. O Gráfico 8 apresenta a evolução estimada do gasto previdenciário do INSS e do regime próprio de previdência da União.

GRÁFICO 8
Despesa previdenciária em % do PIB, cenários sem e com reforma (2011-2040)

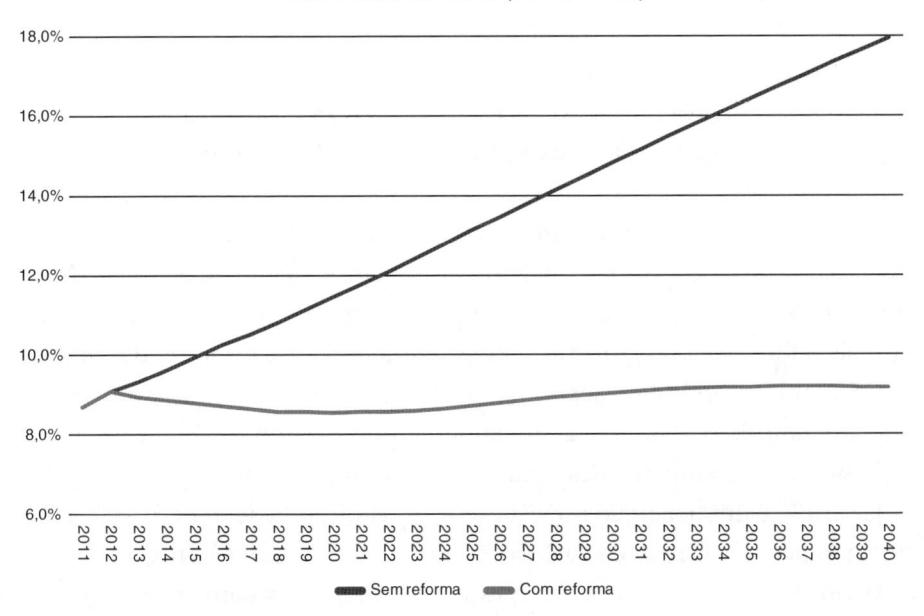

A virtual estabilidade da despesa previdenciária como proporção do PIB é resultado de dois fatores: o conjunto de reformas e o maior crescimento do PIB. Caso o país não entre em trajetória de crescimento elevado, as reformas necessárias para a estabilização do gasto previdenciário terão de ser mais intensas. Em

---

[6] Sobre o assunto, ver Iyer, S. (1999). Actuarial Mathematics of Social Security Pensions. ILO/ISSA, e Palmondon. P. *et al.* (2002). Actuarial practice in social security. ILO/ISSA.

síntese, a solvência da previdência pública depende não somente de reformas, mas também da formação de poupança capaz de alavancar o crescimento.

4. GASTOS PÚBLICOS EM PROGRAMAS SOCIAIS E ASSISTENCIAIS

Nesta seção descreve-se a evolução recente dos gastos públicos com quatro programas – Bolsa Família (PBF), Benefício de Prestação Continuada (BPC), Seguro-Desemprego (PSD) e Abono Salarial (PAS) – e apresentam-se sugestões para controlar os gastos, preservando a consecução de seus objetivos originais.

A seção foi dividida em duas partes. Na primeira descreve-se a evolução recente desses programas e, na segunda, apresentam-se as projeções de gastos associados para o médio (2018) e o longo prazo (2040).

I. EVOLUÇÃO RECENTE DOS GASTOS COM OS PROGRAMAS ANALISADOS

O PBF e o BPC são programas tipicamente assistenciais e são administrados pelo Ministério do Desenvolvimento Social e Combate à Fome (MDS). O Bolsa Família, programa instituído pela Lei nº 10.836, de 2004, fornece às famílias pobres e extremamente pobres[7] complementação de renda, que varia de R$32,00 a R$306,00, dependendo do número de crianças e adolescentes e de se a família é pobre ou extremamente pobre.[8] Em 2011, o PBF atendeu 13,7 milhões de famílias e despendeu R$23,9 bilhões.

Já o BPC é um benefício previsto na Constituição Federal de 1988 e regulamentado pela Lei Orgânica da Assistência Social (LOAS). O programa garante 1 salário mínimo para os deficientes e para as pessoas com mais de 65 anos cuja renda familiar *per capita* seja inferior a 1/4 do salário mínimo vigente. Em dezembro de 2011 havia 3,8 milhões de pessoas de beneficiários do BPC (dos quais 2,1 milhões eram pessoas com deficiência, e 1,7 milhão, aposentados). Naquele ano, os gastos com o programa atingiram R$24,6 bilhões.

---

[7] São classificadas como pobres as famílias cuja renda *per capita* é inferior a R$140,00, e como extremamente pobres, aquelas cuja renda *per capita* é inferior a R$70,00.

[8] O teto de R$306,00 é devido para famílias extremamente pobres com cinco crianças e dois adolescentes.

Juntos, o PBF e o BPC absorvem mais de 90% dos programas assistenciais do MDS, tornando-os os principais programas de assistência do País.

Os Programas de Seguro-Desemprego e de Abono Salarial estão associados ao mercado de trabalho. Por isso são administrados pelo Ministério do Trabalho e do Emprego (MTE) e têm como principal fonte de financiamento os recursos do Fundo de Amparo do Trabalhador (FAT), que, por sua vez, é alimentado pelas contribuições do PIS e Pasep. Assim como o BPC, são programas previstos na Constituição Federal.

Em torno de 94% dos beneficiários do PSD são dispensados sem justa causa do setor formal. O valor do seguro corresponde a, no máximo, 80% do salário recebido, mas não pode ser inferior a 1 salário mínimo. O valor máximo é de R$1.163,76, o que corresponde a pouco menos de 2 salários mínimos. Esse valor máximo tem sido reajustado anualmente, junto e na mesma proporção do salário mínimo. O desempregado tem direito a receber de 3 a 5 parcelas mensais, dependendo do tempo em que ficou empregado.

O segundo grupo mais importante de beneficiários do PSD são pescadores artesanais (quase 6% do total), que têm direito ao seguro-desemprego durante todo o período do defeso. Por fim, também têm acesso ao PSD trabalhadores domésticos, trabalhadores resgatados em condições análogas à de escravidão e trabalhadores em programas de qualificação com suspensão temporária do contrato de trabalho. Esses grupos, contudo, não representam 1% dos beneficiários. De acordo com o MTE, o PSD beneficiou 7,8 milhões de trabalhadores em 2009. Em 2011, os gastos com o programa atingiram R$23,8 bilhões.[9]

Já o abono salarial é um programa de natureza distinta dos demais. Está diretamente ligado ao mercado de trabalho, mas tem um caráter mais assistencial, pois seu único objetivo é complementar a renda dos trabalhadores do setor formal que recebem, em média, menos de 2 salários mínimos mensais ao longo do ano. O abono corresponde a 1 salário mínimo por ano. Em 2009, 19 milhões de trabalhadores receberam abono salarial. Em 2011, os gastos com o programa atingiram R$10,4 bilhões.

A Tabela 3 sumariza a evolução do número de beneficiados e gastos de cada programa desde 2005.

---

[9] O número de beneficiados é fornecido pelo MTE, ao passo que o valor despendido é informado pelo Tesouro Nacional. Por isso os dados referem-se a períodos diferentes.

TABELA 3
Número de beneficiados, valor médio dos benefícios e gastos totais dos programas sociais em 2005 e 2011

	Beneficiados (mil)		Valor médio anual do benefício (em R$ de 2011)		Gasto total (em milhões de 2011)		Gasto total (% PIB)	
	2005	2011	2005	2011	2005	2011	2005	2011
BPC	2.776	3.850	4.826	6.540	12.500	24.610	0,43	0,59
Bolsa Família	7.323	13.043	1.043	1.330	7.630	17.360	0,27	0,42
Seguro-Desemprego	5.423	8.946	2.131	2.660	11.555	23.794	0,40	0,57
Abono Salarial	9.686	19.045	402	545	3.694	10.379	0,13	0,25
Total	12.714	21.465	2.783	3.547	35.379	76.144	1,23	1,84

Fonte: MDS (Bolsa Família e BPC), MTE (beneficiados Seguro-desemprego e Abono Salarial) e Tesouro Nacional (Gastos Seguro-desemprego e Abono Salarial), dados elaborados pelos autores.
Observações:
1. O número de beneficiados do PSD e PAS em 2011 foram estimados.
2. O total de número de beneficiados e de valor médio foi obtido ponderando o número de beneficiados de cada programa pelo número de meses médio que recebia o benefício. Supôs-se que beneficiários do BPC e Bolsa Família recebem 12 parcelas anuais; do Seguro-desemprego, 4 parcelas anuais, e do Abono Salarial, 1 parcela anual. O valor médio total foi estimado utilizando o mesmo critério de ponderação.
3. Valores em R$ de 2011 obtidos utilizando o IPCA médio de cada ano como deflator.

A tabela mostra que houve um forte crescimento dos gastos com programas sociais, não somente em reais, como em percentual do PIB. O aumento dos gastos (115% no período) se deveu tanto ao aumento no número de beneficiados (69%), como a um aumento do valor médio do benefício (27%).

O aumento do número de beneficiados pode ser explicado pelos seguintes fatores:

i) O Bolsa Família foi instituído em 2004. Dessa forma, seria natural que houvesse um forte aumento de famílias atendidas no período, à medida que o programa fosse implementado e mais pessoas tomassem conhecimento dele.

ii) O crescimento do PIB, paradoxalmente, aumentou o número de trabalhadores elegíveis para o seguro-desemprego e abono salarial. Isso porque o aumento do PIB veio acompanhado de maior formalização do mercado de trabalho, e ambos os programas têm como público-alvo o trabalhador do mercado formal. Adicionalmente, o crescimento do PIB aumenta a rotatividade do trabalho, o que aumenta o desemprego friccional e, consequentemente, o número de beneficiários potenciais do seguro-desemprego.

iii) O aumento do valor real do salário mínimo (35,5% entre 2005 e 2011), acima do aumento do PIB *per capita*[10] faz com que um número maior de famílias se torne elegível para participar do programa, por dois motivos:
   a. O critério de elegibilidade para participar do programa depende do salário mínimo. No caso do BPC e PAS, a vinculação é explícita. Para o PBF, não há esse tipo de vinculação, mas a definição de limites de pobreza tende a acompanhar a evolução do salário mínimo.
   b. Considerando que o PIB *per capita* pode servir como *proxy* para a produtividade média do trabalho, os salários tendem a crescer mais lentamente que o salário mínimo (uma vez que, pelas regras atuais, seu crescimento real é igual ao do PIB). Portanto, os salários e demais rendimentos dos trabalhadores tendem a cair quando mensurados em salários mínimos, aumentando o número de famílias com rendimento inferior ao critério de elegibilidade estabelecido pelos programas.

Quanto ao aumento do valor médio dos benefícios, esse pode ser, em larga medida, decorrente do aumento real do salário mínimo. No caso do BPC e do PAS, a vinculação do benefício ao salário mínimo está prevista na Constituição Federal. Para o Seguro-desemprego, o piso e o teto do benefício são estabelecidos como múltiplos do salário mínimo. Somente no Bolsa Família não há nenhuma vinculação formal. Ainda assim, pode-se supor que é inviável politicamente conceder reajustes para o salário mínimo e manter inalterado o benefício do Bolsa Família no longo prazo.

Observe-se assim que o reajuste do salário mínimo tem um duplo impacto sobre os gastos com programas sociais e assistenciais. O impacto direto, decorrente do valor do benefício ser vinculado ao salário mínimo; e o indireto, decorrente do fato de os critérios de elegibilidade dos programas também dependerem do valor do salário mínimo.

Como será visto a seguir, o aumento de gastos no passado não pode ser creditado a fatores extemporâneos, que tendem a não se repetir. Mantidos os parâmetros atuais de critérios de elegibilidade e, principalmente, de reajuste de salário mínimo, aqueles gastos continuarão crescendo, tanto em valores monetários como proporção do PIB, e consumirão 4,7% da produção global em 2040. Ou seja, a evolução do período 2005-2011 é insustentável no longo prazo.

---

[10] O salário mínimo no ano t vem sendo reajustado com base no crescimento do PIB no ano $(t-2)$, acrescido da inflação do ano $(t-1)$. Ou seja, o objetivo da regra de reajuste é fazer o salário mínimo ter o mesmo crescimento do PIB, em termos reais. Como o crescimento populacional é positivo, o PIB *per capita* vem crescendo mais lentamente que o salário mínimo.

II. PROJEÇÕES PARA OS GASTOS

O objetivo desta seção é projetar os gastos com os quatro programas até 2040 de acordo com um cenário base, em que os atuais parâmetros se mantêm, e dois cenários alternativos, com propostas de redesenho dos programas para que seus objetivos sejam atingidos a um custo menor. Na próxima subseção apresentaremos as hipóteses associadas a cada cenário, e na subseção seguinte, apresentaremos as projeções e discutiremos os principais resultados.

II.1. Principais hipóteses utilizadas

Cenário base

Em primeiro lugar, construiu-se um cenário base, cujo objetivo é replicar os principais parâmetros e regras atualmente vigentes. Três hipóteses comuns a todos os programas foram:

i) O reajuste do salário mínimo seguirá o disposto na Lei nº 12.382, de 2011, que define o reajuste no ano t como sendo igual ao crescimento real do PIB observado no ano $t-2$, acrescido da inflação observada em $t-1$. No caso de variação negativa do PIB em $t-2$, o reajuste será igual à inflação de $t-1$.

ii) A partir de 2012, inclusive, o PIB terá um crescimento de 3,5% a.a. Esse valor foi obtido utilizando os parâmetros de Barbosa Filho (2011)[11] e supondo taxa de investimento de 18% do PIB.

iii) A produtividade marginal do trabalho crescerá à taxa de 2,0% a.a. Essa taxa de crescimento também foi obtida a partir do modelo de Barbosa Filho (2011) e definirá a variação dos salários reais a partir de 2012 (inclusive).

As projeções são bastante sensíveis às hipóteses de reajuste do salário mínimo, tendo em vista seus impactos sobre o valor dos benefícios e sobre o número de indivíduos elegíveis para recebê-lo, conforme discutido na Seção I. Apesar de a Lei nº 12.382, de 2011, somente dispor sobre a regra de reajuste do salário mínimo até 2015, essa regra foi mantida durante todo o horizonte de planejamento para deixar claro que a manutenção da sistemática atual de reajustes levará a gastos crescentes e explosivos ao longo do tempo.

---

[11] Fernando Hollanda Barbosa Filho: "Uma estimativa do produto potencial no Brasil." *Economia & Tecnologia*, Ano 07, Vol. 27, outubro/dezembro de 2011.

Além dessas hipóteses gerais, adotaram-se as seguintes hipóteses específicas para cada programa:

Benefício de Prestação Continuada: número de beneficiários
O BPC atende a dois grupos de beneficiários: os deficientes e as pessoas com mais de 65 anos.

Para os deficientes, fez-se a hipótese de que sua taxa de crescimento é a mesma da população em geral. Utilizou-se, assim, a estimativa para crescimento populacional feita pelo IBGE. Além do crescimento vegetativo, é necessário incorporar o impacto do reajuste do salário mínimo (em relação aos salários médios) sobre o número de famílias elegíveis para receber o benefício. Com base em microdados da PNAD de 1999, estimou-se essa elasticidade em 1.

Para os beneficiários idosos, partiu-se da projeção do crescimento da população com mais de 65 anos estimada pelo IBGE. A isso somou-se a elasticidade do número de indivíduos em famílias cuja renda *per capita* é inferior a 1/4 do salário mínimo em relação ao aumento real do salário mínimo. Para essa faixa etária, contudo, a elasticidade encontrada foi de 0,5.

Foi ainda necessário levar em consideração a nova definição de família introduzida pela Lei nº 12.345, de 2011, que passou a incorporar filhos adultos com rendimentos. De acordo com os microdados da PNAD, 42% dos idosos que receberam BPC naquele ano residiam em famílias cujo rendimento dos filhos (ou outros adultos) não idosos era suficiente para fazer com que a renda *per capita* familiar fosse superior a 1/4 do salário mínimo.[12,13] Supusemos que 3/4 dos idosos que atualmente recebem BPC, mas que residem em famílias

---

[12] O questionário da PNAD não identifica diretamente os beneficiários do BPC. As variáveis V1272 e V1273 do questionário indagam se o indivíduo recebeu remuneração de juros, aplicações financeiras ou benefícios de programas de assistência social no período de referência. Consideramos que todos os idosos que responderam que receberam R$465,00 (um salário mínimo na época) eram beneficiados pelo BPC. Estratégia semelhante foi adotada por outros autores, como: Barros, Ricardo P.; Mirela de Carvalho e Samuel Franco: "O Papel das Transferências Públicas na Queda Recente da Desigualdade de Renda Brasileira". *In*: Paes de Barros, R., Miguel Foguel e Gabriel Ulyssea (orgs.) *Desigualdade de renda no Brasil: uma análise da queda recente*. Rio de Janeiro: IPEA. 2007.

[13] Sobre a diferença do conceito de famílias do IBGE e da LOAS, ver: Freitas, Aloísio; Diana Sawyer, José Alberto de Carvalho; Cíntia Agostinho e Geovane Máximo: "Avaliação do Efeito da Mudança do Conceito de Família BPC". *In* Brasil. Ministério do Desenvolvimento Social e Combate à Fome. "Avaliação de políticas e programas do MDS: resultados: Bolsa Família e Assistência Social." Ministério do Desenvolvimento Social e Combate à Fome; Secretaria de Avaliação e Gestão da Informação – Brasília, DF: MDS; SAGI, 2007.

(segundo o conceito do IBGE) cuja renda familiar *per capita* seja superior a 1/4 do salário mínimo serão afetados por essa nova Lei. Isso significa que 30% dos idosos que recebem LOAS se tornarão inelegíveis para receber o benefício. Como o artigo 21 da LOAS prevê que os cadastros serão revistos a cada dois anos, supôs-se que o descredenciamento de idosos do programa ocorrerá de forma *pro rata* entre 2011 e 2013.

Benefício de Prestação Continuada: valor do benefício
O cenário base supõe que cada beneficiário receberá um salário mínimo, conforme dispõe atualmente a Constituição Federal e a LOAS.

Bolsa Família: número de beneficiários
O número de famílias beneficiadas cresce no mesmo ritmo da população em geral.

Bolsa Família: valor do benefício
O Bolsa Família é o único dos quatro programas analisados cujo reajuste do valor do benefício não está regulamentado. Na sua curta história (o programa foi instituído em 2004), não houve um comportamento uniforme dos reajustes que permitisse identificar um padrão. Na falta de um parâmetro mais preciso, supusemos que o reajuste acompanhará a variação do salário mínimo.

Seguro-desemprego: número de beneficiários
Supôs-se que o número de beneficiários do programa cresce na mesma proporção do PIB, refletindo o comportamento recente da variação no número de demitidos do setor formal (conforme a CAGED) e de variação do PIB.

Seguro-desemprego: valor dos benefícios
A relação entre o valor dos benefícios do seguro-desemprego e a variação do salário mínimo, apesar de existir, é altamente não linear. Para simplificar os cálculos, calculou-se o valor médio do benefício recebido por ano, em salários mínimos, com base na distribuição dos demitidos sem justa causa em setembro de 2011, fornecida pela CAGED. Supusemos que os demitidos sem justa causa do setor formal (94% dos que recebem o seguro-desemprego) recebem, em média, cinco salários mínimos por ano. Considerou-se que os 6% restantes dos beneficiários são pescadores artesanais, que recebem três salários mínimos por ano.

Abono Salarial: número de beneficiários
A variação do número de beneficiários do programa é formada pela soma de dois componentes: i) variação do PIB, tendo em vista sua forte correlação com a variação do emprego formal;[14] ii) elasticidade do número de trabalhadores formais que recebem menos de dois salários mínimos em relação a aumentos do salário mínimo relativamente ao salário médio. Essa elasticidade foi estimada em 1, com base em dados da RAIS de 2010.

Abono Salarial: valor do benefício
Conforme definido na Constituição Federal, o valor do abono corresponde a um salário mínimo por ano.

Cenário 1

O cenário 1 difere do cenário base apenas em relação à regra de reajuste do salário mínimo. Nesse novo cenário, a regra atual é mantida até 2015 (como prevê a Lei nº 12.382, de 2011), mas, a partir de 2016, o salário mínimo passa a ser corrigido de acordo com a evolução da produtividade marginal do trabalho, 2% a.a. Trata-se de uma hipótese que consideramos neutra para o mercado de trabalho, pois o salário mínimo passa a crescer na mesma velocidade dos salários.

Cenário 2

O cenário 2 incorpora uma série de alterações nos benefícios ou nos critérios de elegibilidade dos programas, permitindo gerar expressiva poupança pública e maior eficiência nos gastos. Esse aumento da poupança, decorrente não só das reformas dos programas aqui analisados, mas também da previdência social, debatida anteriormente, permitirá aumentar a taxa de investimento da economia, dos atuais 18% para 23% do PIB. Com isso, o produto potencial poderá crescer mais rapidamente, à taxa de 4,9% a.a., e a produtividade marginal do trabalhador (e, consequentemente, os salários), em 3,4% a.a.

As reformas incluem, inicialmente, a alteração da regra de reajuste do salário mínimo, que passaria a crescer no ritmo do aumento dos salários da economia já a partir de 2013. Adicionalmente, fizeram-se as seguintes alterações para cada programa:

---

[14] Menezes-Filho e Scorzafave (2011) estimam elasticidade de 1 para o emprego formal em relação ao PIB para o período 1989 a 2004. Vide: Menezes-Filho, Naércio e Luiz Guilherme Scorzafave: "Previsão da oferta e demanda por trabalho no Brasil – 2006-2015." *mimeo*. Acessado em 21 de novembro de 2011 no endereço: http://www.eclac.org/brasil/noticias/noticias/3/34013/previsaodaofertaedemandaportrabalhonoBrasilNaercio.pdf.

Benefício de Prestação Continuada

Para o BPC, foram propostas as seguintes reformas:

i) Variação do benefício equivalente a 75% da variação do salário mínimo.
ii) Aumento da idade mínima para 67 anos.
iii) Alteração do critério de renda familiar, para incorporar o valor do BPC recebido por outro idoso. Atualmente, cada idoso de uma família pobre pode receber o BPC. Como o objetivo do BPC é garantir uma renda mínima para as famílias de idosos que não possuem outra fonte de renda, entendeu-se que basta conceder o benefício para um de seus membros.

Adicionalmente, essa alteração permite corrigir um incentivo perverso, pois um casal em que um dos cônjuges contribuiu para a previdência e se aposentou não tem direito ao BPC, pois o rendimento de aposentadorias é considerado no cálculo da renda familiar *per capita*. Assim, um casal que nunca contribuiu poderá receber dois benefícios de prestação continuada, ao passo que um casal no qual um dos cônjuges contribuiu irá receber somente uma aposentadoria e nenhum BPC.

Bolsa Família

Tendo em vista que o Bolsa Família é um programa relativamente bem focado e eficiente,[15] não foram propostas reformas. As únicas alterações em relação ao cenário base, comum aos demais programas, foram a regra de reajuste do salário mínimo e as taxas de crescimento do PIB potencial e do salário médio.

Seguro-desemprego

Para o PSD foram feitas as seguintes propostas:

i) Os pescadores artesanais deixariam de receber o seguro-desemprego e passariam a receber o benefício do PBF.
ii) Deixaria de existir o piso do salário mínimo para o benefício. Além disso, os trabalhadores passariam a receber até 3/4 do salário que recebiam (atualmente, eles recebem até 80%).

---

[15] Sobre uma avaliação do Bolsa Família, vide: Portela de Souza, André: Políticas de Distribuição de Renda no Brasil e o Bolsa Família. *In* Bacha, Edmar e Simon Schwartzman (Org.) *Brasil: A nova agenda social.* Rio de Janeiro, LTC. 2011.
Velloso, Raul: Reorientar o Gasto Corrente para Crescer Mais. São Paulo: Movimento Brasil Eficiente; Federação do Comércio de Bens, Serviços e Turismo do Estado de São Paulo, 2010.

ii) Descontaria do benefício a que teriam direito, o equivalente a 3/4 do saldo do trabalhador no FGTS. O FGTS foi criado para garantir ao trabalhador desligado um montante de recursos capaz de garantir sua sobrevivência durante o período em que estiver desempregado. Dessa forma, não faz sentido o setor público gastar com proteção do trabalhador, se ele já dispõe de um fundo com esse objetivo.

Abono Salarial

O programa de Abono Salarial seria extinto. Trata-se de um programa mal focado, pois beneficia somente trabalhadores do setor formal, que, em geral, não estão entre os mais pobres dentre os mais pobres. Tendo em vista que já existe o Bolsa Família (o que não ocorria quando o PAS foi instituído), não há por que manter outro programa de alívio da pobreza ou da pobreza extrema.

II. 2. Resultados das projeções

A Tabela 4 sumariza o resultado das projeções.

TABELA 4
Gastos com os programas sociais por Cenários

		Gastos (R$ milhões de 2011)			% PIB		
		Cenário Base	Cenário 1	Cenário 2	Cenário Base	Cenário 1	Cenário 2
2011	Total	76.144			1,84		
	Abono Salarial	10.379			0,25		
	Seguro-Desemprego	23.794			0,57		
	BPC	24.610			0,59		
	Bolsa Família	17.360			0,42		
2018	Total	120.194	113.334	69.600	2,28	2,15	1,20
	Abono Salarial	18.900	17.587	–	0,36	0,33	–
	Seguro-Desemprego	39.704	38.002	13.791	0,75	0,72	0,24
	BPC	37.691	34.869	32.025	0,72	0,66	0,55
	Bolsa Família	23.900	22.875	23.784	0,45	0,43	0,41
2040	Total	527.813	316.444	245.105	4,70	2,82	1,48
	Abono Salarial	117.122	57.953	–	1,04	0,52	–
	Seguro-Desemprego	180.387	125.228	82.433	1,61	1,11	0,50
	BPC	175.801	95.425	109.572	1,56	0,85	0,66
	Bolsa Família	54.504	37.837	53.100	0,49	0,34	0,32

Da tabela pode-se concluir que:

i) A manutenção do desenho atual é inviável no longo prazo. Em valores constantes de 2011, as despesas subiriam de R$76 bilhões em 2011 para R$120 bilhões já em 2018, e atingiriam R$528 bilhões em 2040 – quase sete vezes maior.
ii) O mais importante, contudo, é olhar a evolução das despesas em relação ao PIB. Como se vê, no cenário base, partimos de uma participação de 1,8% em 2011, para 2,3% em 2018, até atingir 4,7% em 2040. Trata-se, assim, de um crescimento explosivo e insustentável no longo prazo.
iii) No cenário base, a relação despesa/PIB aumenta para todos os programas. O aumento da participação do PBF, contudo, é bem mais suave que nos demais programas. Isso se deve ao fato de o número de beneficiários não depender diretamente do reajuste do salário mínimo.
iv) A mudança de regra de reajuste do salário mínimo, que distingue o cenário 1 do cenário base, tem um impacto relativamente pequeno no médio prazo (a relação gastos/PIB cai de 2,28% para 2,15%) porque, por hipótese, as novas regras de reajuste do salário mínimo só vigorariam a partir de 2016. Já no longo prazo, o impacto é significativo, com o dispêndio caindo de 4,70% para 2,82% do PIB. Em valores, a nova regra de reajuste permitiria uma economia de R$210 bilhões anuais.

Deve-se lembrar que nos cenários 1 e 2 não se está propondo congelamento do valor real do salário mínimo, mas tão somente que ele passe a crescer no ritmo de crescimento dos demais salários da economia. Em valores de 2011, o salário mínimo chegaria em 2040 a R$1.058 no cenário 1 (crescimento de 2,0% a.a.), e a R$1.484 no cenário 2 (crescimento de 3,4% a.a.).

v) A implementação das reformas do cenário 2 permitirá um corte de gastos significativo já no médio prazo (redução de pouco mais de 1% do PIB em 2018, ou cerca de R$45 bilhões, em reais de 2011). Essa redução de gastos pode ser creditada a dois fatores mais importantes: eliminação do Programa de Abono Salarial, que permite uma economia de 0,33% do PIB; e dedução do saldo do FGTS sobre o benefício do seguro-desemprego, que gera uma economia equivalente a 0,4% do PIB.
vi) As reformas propostas são suficientes para estabilizar ou retroceder os gastos em proporção do PIB de todos os programas, exceto o BPC. Para entender a dinâmica dos gastos com o BPC, lembremos que, ignorando

termos cruzados, a relação gastos/PIB cresce de acordo com a soma do crescimento do número de beneficiados e do valor do benefício.

No cenário 2, o valor do benefício do BPC aumenta 2,55% a.a. (=75% da variação do salário mínimo, de 3,4% a.a.). Já a taxa de crescimento da população com mais de 67 anos começa em 3,2% a.a. em 2011, atinge 4,4% em 2029 e cai para 2,5% em 2040. Portanto, em 2040, a soma das taxas de crescimento do valor do benefício e da população idosa será em torno de 5%, pouco maior que a taxa de crescimento do PIB potencial, de 4,9%.

No longuíssimo prazo, além de nosso horizonte de previsão, a taxa de crescimento da população idosa tende a cair, fazendo com que a relação gastos BPC/PIB se estabilize ou mesmo caia.

vii) Por fim, cabe lembrar que as reformas propostas implicam aumento de gastos ao longo do tempo, porém é um aumento viável porque eles crescem a um ritmo mais lento que o PIB. Conforme pode ser visto na Tabela A1 do Apêndice, as reformas contempladas no cenário 2 permitem aumentar o número de beneficiados em 60% e o valor dos benefícios em 101% entre 2011 e 2040. Ou seja, é possível aumentar a poupança pública e aumentar a proteção social, desde que o valor dos benefícios não cresça de forma insustentável.

5. CONCLUSÕES

O quadro-resumo de projeções sem e com reforma para os gastos com pessoal, previdência e assistência social é:

TABELA 5
Projeções dos gastos com pessoal e previdência, em % do PIB, 2018 e 2040

	Sem reforma			Com reforma	
	2011	2018	2040	2018	2040
Pessoal ativo	2,8	3,3	5,9	2,1	2,4
I&P	1,9	3,0	5,9	2,1	2,4
Benef. INSS	6,8	7,8	12,0	6,5	6,8
Assist. Social	1,8	2,3	4,7	1,2	1,5
TOTAL	13,3	16,4	28,5	12,5	13,1

Como se vê, diante do conjunto de reformas sugerido, em adição aos efeitos favoráveis do maior crescimento do PIB na hipótese com reformas, é possível reverter a trajetória explosiva dos gastos com pessoal, previdência e assistência social que se prevê na ausência de quaisquer reformas, ainda que sejam capazes, apenas e *grosso modo*, de estabilizar a razão despesa/PIB em relação ao subtotal desses segmentos. De qualquer forma, em comparação com a hipótese sem reformas, a adoção das reformas sugeridas permitiria um ganho expressivo: 3,9 pontos em 2018 e não menos do que 15,2 pontos de porcentagem do PIB em 2040.

APÊNDICE

TABELA A1

Número de beneficiados e valor médio do benefício por programa, nos cenários base, 1 e 2.

	Nº de beneficiados (mil)			Valor do benefício/ano (R$ de 2011)			Variação beneficiados (em %)		Variação valor benefício (em %)	
	2011	2018	2040	2011	2018	2040	2018/2011	2040/2011	2018/2011	2040/2011
Cenário Base		11.382	24.262		3.488	7.435	27,2	171,2	31,2	179,6
Cenário 1	8.946	11.382	24.262	2.660	3.339	5.162	27,2	171,2	25,5	94,1
Cenário 2		12.505	35.821		1.103	2.301	39,8	300,4	–58,5	–13,5
Cenário Base		26.442	76.873		715	1.524	38,8	303,6	31,2	179,6
Cenário 1	19.045	25.706	54.792	545	684	1.058	35,0	187,7	25,5	94,1
Cenário 2		–	–		–	–	–	–	–	–
Cenário Base		13.704	14.662		1.744	3.717	5,0	12,4	31,2	179,6
Cenário 1	13.046	13.704	14.662	1.330	1.669	2.581	5,0	12,4	25,5	94,1
Cenário 2		13.704	14.662		1.736	3.622	5,0	12,4	30,5	172,4
Cenário Base		4.394	9.616		8.577	18.283	14,1	149,8	31,2	179,6
Cenário 1	3.850	4.247	7.518	6.540	8.210	12.692	10,3	95,3	25,5	94,1
Cenário 2		3.917	7.701		8.176	14.228	1,7	100,0	25,0	117,6
Cenário Base		24.096	38.771		4.988	13.614	12,3	80,6	40,6	283,8
Cenário 1	21.465	23.887	34.834	3.547	4.744	9.084	11,3	62,3	33,7	156,1
Cenário 2		21.789	34.304		3.194	7.145	1,5	59,8	–10,0	101,4

Observação: O total de número de beneficiados e de valor médio foi obtido ponderando o número de beneficiados de cada programa pelo número de meses médio que recebia o benefício. Supôs-se que beneficiários do BPC e Bolsa Família recebem 12 parcelas anuais; do Seguro-desemprego, 4 parcelas anuais, e do Abono Salarial, 1 parcela anual. O valor médio total foi estimado utilizando o mesmo critério de ponderação.

Competitividade e desempenho industrial: além do câmbio

Regis Bonelli e Armando Castelar Pinheiro**

---

*Pesquisador sênior da área de Economia Aplicada do Instituto Brasileiro de Economia (IBRE), Fundação Getulio Vargas (FGV), Rio de Janeiro.
**Coordenador da área de Economia Aplicada do Instituto Brasileiro de Economia (IBRE), Fundação Getulio Vargas (FGV), Rio de Janeiro.

1. INTRODUÇÃO

Da Argentina à Índia, passando por Brasil, EUA, França e diversos outros países, avolumam-se as preocupações com o desempenho e as perspectivas da indústria, em especial a de manufaturas. Dois fatores principais explicam esse sentimento. Primeiro, o fraco desempenho da indústria em nível global, que só em 2011 voltou ao patamar de 2008, sem superá-lo, e mesmo assim com grande disparidade entre regiões e dentro delas. Segundo, a percepção de que a integração de China e Índia e, em menor escala, outros países de renda baixa à economia global mudou o quadro das vantagens comparativas de forma provavelmente permanente, com implicações não triviais para a indústria em vários países.

Nenhum desses dois fatores deve perder importância no curto prazo. A crise na Europa se prenuncia longa e nos Estados Unidos, a despeito da melhora de desempenho neste início de 2012, a situação também está longe de resolvida. Isso vai manter a demanda global crescendo em ritmo apenas moderado e, a despeito da promessa chinesa de privilegiar a expansão do consumo doméstico nos próximos anos, o excesso de capacidade na indústria global deve continuar até onde a vista alcança. Algo semelhante pode ser dito em relação à competitividade dos países asiáticos e mesmo africanos, para onde parte da produção asiática começa a se deslocar em busca de baixos salários. Basta ver que na Ásia emergente a produção industrial em 2011 foi 33% superior à de 2008 para perceber onde está o polo dinâmico da indústria global.[1]

---

[1] À guisa de comparação, em 2011 a produção industrial da América Latina superou em 6% o nível de 2008. Os dados são todos do J. P. Morgan, conforme consulta ao site do Banco em 24 de abril de 2012.

No Brasil, esses dois fatores também estão presentes. Assim, fica claro que as preocupações com o ritmo de expansão do setor industrial subiram de tom a partir de meados de 2011, quando o desempenho da economia brasileira começou a fraquejar, deixando para trás a forte expansão que havia marcado 2010. O Gráfico 1 registra aspectos desse desempenho, permitindo destacar que a partir de agosto do ano passado acelerou-se o movimento de queda da produção, que em março deste ano era quase 5% inferior à de março do ano passado. Ao mesmo tempo, as taxas de crescimento da produção acumuladas em 12 meses caíam de 6,9% para − 1,3% nesses mesmos meses.

GRÁFICO 1
Nível dessazonalizado de produção da indústria de transformação, mensais (eixo da esquerda) e acumulados em 12 meses (eixo da direita), março de 2011 a março de 2012 (%)

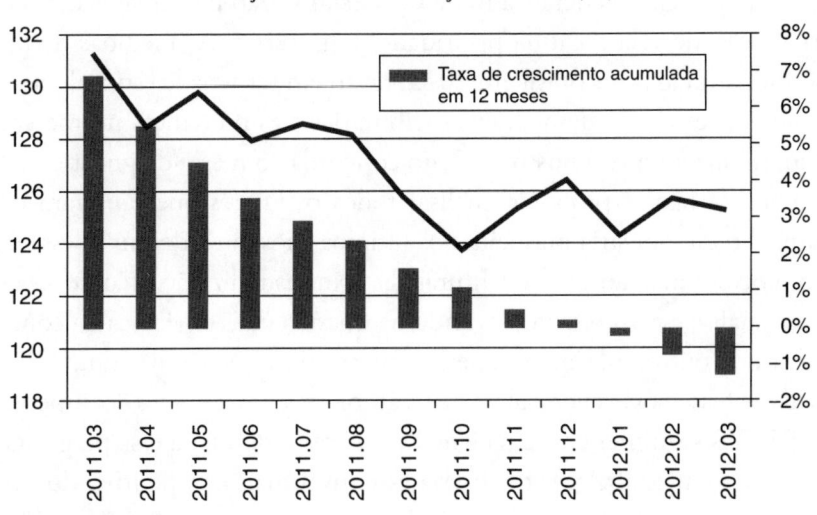

Fonte: IBGE, elaboração dos autores.

A perspectiva de que em 2012 tenha continuidade o ritmo relativamente brando de crescimento observado na segunda metade de 2011 é um fator que ajudou a tornar mais aguda a preocupação com o futuro da indústria de transformação no Brasil. Foi com esse pano de fundo que, nesse período, as atenções ficaram mais focadas no tema da perda de competitividade da indústria, que para muitos se expressa principalmente no aumento da concorrência dos produtos importados. A mudança na composição da pauta de exportações em favor de bens básicos também adiciona preocupação ao quadro.

Associado a esse fraco desempenho e às crescentes importações líquidas, se desenvolve um acalorado debate sobre a política cambial e o papel que vem cumprindo a valorização do real de meados de 2003 ao começo de 2012, com exceção do final de 2008 e começo de 2009. Em especial, se atribui ao câmbio muito depreciado na China uma parte considerável da perda de competitividade industrial do país, existindo a visão de que é impossível resolver o problema da competitividade sem promover uma significativa desvalorização do real.

Ainda que o fraco desempenho da indústria no Ocidente, e no Brasil em particular, se explique tanto por fatores cíclicos como estruturais, ele tem sido apontado como prova de que as economias das Américas e da Europa Ocidental, com exceção da Alemanha, sofrem de um processo precoce e excessivo de desindustrialização. Ainda que não explicitado, o argumento continua com a suposição de que se a política econômica fosse capaz de reverter esse processo haveria um aumento generalizado de bem-estar, razão pela qual evitar a desindustrialização deveria ser uma prioridade do governo. As medidas de política econômica adotadas no Brasil em 2012, tanto em termos de estímulo ao crédito como em relação às desonerações tributárias e às mudanças no mercado de câmbio, sinalizam que o nosso governo concorda com esse diagnóstico.

Este artigo não se propõe a analisar todos os fatores que causaram o fraco desempenho da indústria brasileira nos últimos anos, ou a definir se esse é parte de um processo mais amplo e estrutural de desindustrialização precoce. O escopo da nossa análise é mais restrito, focando na questão mais específica da competitividade. Entre outras, nos move a pergunta: Estaria a questão da competitividade resolvida se fosse possível desvalorizar o câmbio para níveis mais "competitivos"?

As páginas seguintes contêm elementos para responder a essa pergunta, sem se preocupar em estabelecer qual seria esse nível mais competitivo do câmbio. Mas desde já se pode adiantar que ele é apenas um dos determinantes da competitividade. Nosso objetivo neste artigo é discutir essas questões procurando, na medida do possível, separar questões de longo, médio e curto prazos.

Isto posto, a organização do restante do texto é a seguinte. A seção 2 caracteriza a questão do fraco desempenho da indústria de transformação em uma perspectiva mais longa, abordando brevemente a performance manufatureira em relação ao resto da economia e aspectos das mudanças na sua estrutura na última década. A seção 3 situa o problema da definição do que é competitividade, um conceito popular, mas usado com acepções variadas. A seção 4 apresenta um diagnóstico tentativo das causas da falta de competitividade. Uma última seção apresenta uma breve conclusão e retoma os principais pontos da análise anterior.

2. O BRASIL ESTÁ SE DESINDUSTRIALIZANDO?

De uma perspectiva de longo prazo, fica claro que no Brasil a indústria vem reduzindo sua participação no PIB desde meados dos anos 1970, como evidencia o Gráfico 2, construído a partir de valores a preços constantes para controlar para o conhecido fato de que o ritmo mais acelerado de crescimento da produtividade industrial leva a uma redução secular dos seus preços em relação aos de outros componentes do PIB (o chamado efeito Balassa-Samuelson).

Do Gráfico 2 conclui-se que, após atingir um pico de participação de 23% do PIB em 1974-76, a indústria de transformação chegou ao triênio 2009-11 respondendo por apenas 16% do PIB.[2] *Grosso modo*, portanto, perdeu um ponto percentual (p.p.) de participação no PIB a cada cinco anos, em média. Mantido esse ritmo, a indústria desapareceria em 80 anos, configurando o evidente absurdo de um Brasil sem indústria.

GRÁFICO 2
Participação da indústria de transformação no VA total (1947-2011)
e taxa de câmbio efetiva real – TXCER* (1980-2011)

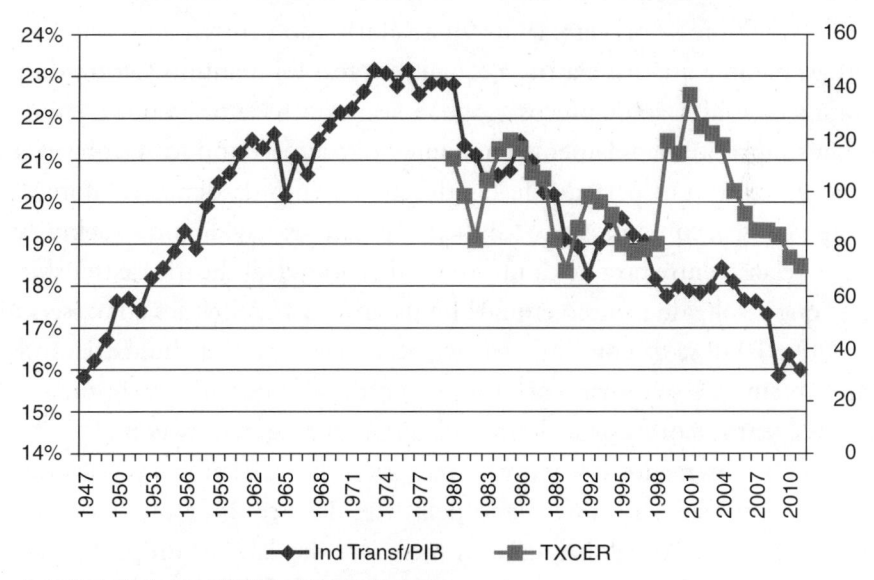

Fonte: Contas Nacionais e IPEADATA, elaboração dos autores.
*Participação da indústria de transformação a preços constantes de 2005 (eixo à esquerda) e taxa de câmbio efetiva real dos manufaturados (eixo à direita, com base 2005=100).

---

[2] A rigor, trata-se de participação do Valor Adicionado a preços básicos; medida baseada em valores a preços constantes de 2005.

É oportuno destacar, além dessa constatação, que em boa parte desse período os preços relativos da indústria em relação aos da economia variaram acentuadamente. Entre 1998 e 2004, por exemplo, fase em que a participação da indústria se manteve aproximadamente constante, o índice de preços relativos aumentou 20%. O mesmo fenômeno se observa na longa fase de substituição de importações que vai do começo dos anos 1950 a 1985. Bonelli e Pessôa (2011) não apenas caracterizam esse processo, como também mostram que o Brasil tinha em meados dos anos 1980 uma indústria muito maior do que a de países com grau de desenvolvimento, população, dotação de fatores e intensidade tecnológica semelhantes ao nosso. Destaque-se também que em boa parte da longa fase de perda de participação estiveram em operação diversos mecanismos de defesa da produção industrial no Brasil. Isso não impediu que a perda ocorresse. Um aspecto adicional importante é que a tendência de queda de participação da indústria é também observada em grande número de países.[3]

O Gráfico 1 também mostra, porém, que as perdas não foram uniformes no tempo: elas foram mais acentuadas nas fases de recessão (1981-83 e 1987-92, neste caso coincidindo com os anos em que a abertura comercial foi mais intensa) e durante períodos de valorização do câmbio real (1996-99 e 2004-09). Note-se que em 1996-99 a valorização ocorreu em meio a crises externas, como a asiática e a russa, quando o real foi mantido valorizado para ancorar a estabilização de preços. Logo, a fase mais recente é a única em que o câmbio se apreciou rapidamente em contexto macroeconômico favorável, aqui entendido como um período de rápido crescimento da demanda doméstica. Não apenas isso: como mostra o Gráfico 1, parece ter havido uma quebra estrutural na relação entre taxa de câmbio e participação da indústria de transformação, já que a volta do câmbio em 2011 a patamares semelhantes aos observados em 1989 e 1998 se dá com uma participação bem menor da indústria no PIB. Como veremos, esse movimento foi provocado pela ocorrência simultânea de diversos eventos e processos, alguns dos quais totalmente exógenos.

Como já observado, no período mais recente o desempenho da indústria doméstica também foi influenciado pela crise de excesso de oferta que caracteriza o setor em nível global, com os mercados dos EUA, Europa e Japão em lento crescimento ou recessão há meia década. Ao lado disso, uma China com

---

[3] Bonelli, R e Pessôa, S. de A. (2011) "Desindustrialização no Brasil: Fatos e Versões", em *Novos dilemas de política econômica: ensaios em homenagem a Dionísio Dias Carneiro*. Rio de Janeiro, LTC Editora, p. 209-226. A menos que expressamente mencionado, o termo indústria aplica-se doravante neste texto à Indústria de Transformação.

câmbio desvalorizado – e baixos salários –, capacidade de inovação e crescentes níveis de educação e produtividade tem sido capaz de inundar o mercado mundial com produtos baratos, tendência que se acentuou com a recessão mundial. Até quando isso continuará a ocorrer é uma questão não perseguida neste texto. Mas já há indícios de ganhos salariais expressivos na indústria chinesa; se esses vão erodir sua vantagem competitiva na produção de manufaturas ou se serão compensados pelo aumento da produtividade, é cedo para dizer.

No curto prazo, cresce a tomada de consciência dos efeitos do aumento da competição dos importados, que faz com que uma parcela crescente da demanda interna seja atendida por bens produzidos fora. Entre 2000 e 2011, por exemplo, o coeficiente de penetração das importações, medido pela sua participação na oferta doméstica, aumentou 8 pontos percentuais. Recente informe da Confederação Nacional da Indústria – CNI mostra que o coeficiente de penetração de importações passou de 10,3% em 2003 para 20,7% em 2011 e para 21,1% no primeiro trimestre de 2012.[4]

A variância intersetorial foi, porém, significativa, com o aumento na penetração das importações variando de + 18,8 pontos percentuais na Fabricação de Produtos Diversos, 16,0 pontos percentuais nas Máquinas e Equipamentos, 13,4 pontos percentuais nos Têxteis, 10,1 pontos percentuais nos Equipamentos de Informática e Eletrônicos e 10,0 pontos percentuais nos Produtos Químicos, até variações negativas em (apenas) duas atividades: Papel e Gráfica (–9,1) e Outros Equipamentos de Transporte (–20,2).[5] O estudo da CNI citado anteriormente mostra que em torno da média de 21,1% registrada no primeiro trimestre de 2012 situam-se, no extremo superior, os casos de: Informática, Eletrônicos e Ópticos (52,0%), Máquinas e Equipamentos (41,4%), Máquinas e Materiais Elétricos (34,9%), Farmacoquímicos e Farmacêuticos (30,9%), Outros Equipamentos de Transporte (26,2%), Químicos (25,7%) e Têxteis (23,7%).

A perda de participação da indústria ocorreu com aumento de peso de um conjunto de setores: agropecuária, construção, comércio, intermediários financeiros. No primeiro caso, o desempenho reflete as vantagens competitivas do setor, além de ser um dos mais beneficiados por melhorias nos termos de intercâmbio de exportação. Nos demais, a expansão do crédito foi fundamental para o crescimento do nível de atividade.

---

[4] Vide "Coeficientes de Abertura Comercial". Ano 2, Número 1, janeiro/março de 2012.
[5] No primeiro caso, possivelmente por conta do idioma do país, que limita a competição do exterior; no segundo, devido ao desempenho da produção de aeronaves. Ver seção "Em Foco", *Boletim Macro IBRE*, fevereiro de 2012, de autoria de Regis Bonelli e Silvia Matos.

Isso é ilustrado na Tabela 1, onde se comparam dois períodos de sete anos: 1998-2004 e 2005-2011. Vários fatores chamam a atenção nessa comparação:

- O PIB cresceu bem mais rápido no segundo período do que no primeiro, mas o desempenho da indústria foi o mesmo nos dois. Ou seja, a indústria perdeu participação no PIB não porque ela cresceu mais devagar, mas porque o resto da economia passou a crescer mais rápido. Ou, colocado de outra forma, a indústria não parece ter se beneficiado da melhoria de desempenho pós-2004.

- Os setores que mais contribuíram para a aceleração no PIB foram, nesta ordem, Intermediação Financeira, Comércio, Construção e Outros Serviços, todos claramente orientados para o mercado interno e não sujeitos à competição externa. Assim, enquanto no primeiro período esses setores contribuíram com 0,45 p.p. para o crescimento médio anual de 2,3% do PIB, no segundo sua contribuição subiu para 2,07 p.p., um aumento que mais do que explica a aceleração do crescimento médio, de 2,3% para 3,7% ao ano.

TABELA 1
Desempenho do PIB por setores (VA a preços básicos)

Setores	Variação média anual		Contribuição média anual (pontos base)	
	1998-2004	2005-2011	1998-2004	2005-2011
Agropecuária	4,8%	3,3%	28,4	18,3
Extrativa mineral	4,4%	4,9%	6,6	12,4
Indústria de transformação	1,8%	1,8%	32,1	29,7
Eletricidade, gás e água	2,1%	4,2%	7,3	14,2
Construção	–0,1%	4,8%	–0,9	24,6
Administração, saúde e educação públicas	3,1%	2,2%	45,2	33,9
Atividades imobiliárias e aluguel	3,6%	2,9%	38,4	24,5
Serviços de informação	8,3%	4,5%	20,5	16,2
Comércio	1,1%	5,3%	11,3	63,1
Intermediação financeira	0,5%	9,0%	2,5	64,3
Transporte, armazenagem e correio	1,5%	3,7%	7,0	18,0
Outros serviços	2,2%	3,9%	33,0	55,3
PIB (VA a Preços Básicos)	**2,3%**	**3,7%**	**231**	**374**

Fonte: Contas nacionais, elaboração dos autores.

Desta forma, uma interpretação dos anos 2005-2011 é a seguinte: por diversos fatores, com destaque para reformas institucionais e a forte entrada de capitais externos, houve acentuada expansão no crédito às pessoas físicas (14% ao ano acima da inflação), que puxou os setores de instituições financeiras, comércio e construção. Isso gerou forte alta no emprego, pois esses são setores trabalho-intensivos, e nos rendimentos, o que, junto com a apreciação cambial, diminuiu a competitividade da indústria de transformação. Com a demanda crescendo mais que a oferta, o hiato foi fechado por importações em setores em que o Brasil é pouco competitivo – leia-se indústria de transformação. Com isso, esta não se beneficiou da expansão mais rápida da demanda doméstica e perdeu participação no PIB.

Os últimos anos também testemunharam mudanças importantes no interior da indústria. Para permitir uma avaliação de médio prazo, as Tabelas 2 e 3 ilustram essas mudanças apresentando os ganhos e perdas de participação das atividades componentes da Indústria Geral (logo, incluindo as Indústrias Extrativas, nas quais a mineração e a extração de petróleo detêm posição de destaque) no período compreendido entre 2002 e 2011,[6] período em que o crescimento médio real da Indústria Geral foi de 2,8% ao ano. Dividimos esse período em dois, para contrastar a evolução antes e depois da crise mundial. No primeiro subperíodo (2003-07) a Indústria Geral cresceu 4,1% ao ano, em média. No segundo, essa taxa caiu para 1,3% ao ano.[7]

Nas tabelas, separamos as 24 atividades industriais em três grupos que, à falta de melhor nome, denominamos **líderes**, **retardatárias** e **cadentes**. As atividades líderes são aquelas cuja contribuição para o aumento da produção total supera sua participação inicial no total da Indústria Geral. São, portanto, as que "puxam" o crescimento da indústria. As retardatárias são as que, embora apresentando crescimento positivo no subperíodo, deram contribuição para o aumento da produção inferior ao seu peso inicial. As cadentes são as que registraram crescimento médio da produção negativo entre os anos extremos dos intervalos considerados. A primeira coluna das tabelas registra a proporção do aumento da produção devida a cada atividade em cada subperíodo; a segunda, a proporção na produção no começo do período; a terceira, quociente das anteriores, é um coeficiente que registra a expansão relativa da atividade (se maior do que 1, puxa a média para cima; se menor, para baixo); e a quarta coluna mostra o crescimento médio da produção.

---

[6] A preços constantes de 2009. Os dados se referem ao Valor Bruto da Produção (VBP).
[7] Em anexo apresentamos os resultados para o período como um todo.

A Tabela 2 apresenta os resultados para o primeiro subperíodo (2003-07), quando se registra uma clara recuperação cíclica. Destaca-se nesse caso que as atividades líderes detinham 22% da produção em 2002, mas foram responsáveis por 63% do aumento de produção daí até 2007. Das seis atividades nesse grupo sobressaem, ordenando-se pela contribuição relativa para o aumento da produção,[8] dois grupos:

- Atividades direcionadas à produção de bens de capital e de consumo duráveis: fabricação de equipamentos de informática, produtos eletrônicos e ópticos; fabricação de veículos automotores, reboques e carrocerias; fabricação de outros equipamentos de transporte, exclusive veículos automotores; fabricação de máquinas e equipamentos; e fabricação de máquinas, aparelhos e materiais elétricos.
- Indústria extrativa, compreendendo basicamente mineração e extração de petróleo.

As retardatárias formam o grupo mais numeroso. Com efeito, incluem-se aqui 15 atividades, que detinham 73% do valor da produção em 2002 – mas responderam por apenas 40% do aumento de produção entre 2002 e 2007. Se situaram nesta categoria principalmente os bens intermediários e os de consumo não duráveis e semiduráveis. Aqui também merecem destaque dois grupos principais:

- Algumas atividades focadas principalmente na fabricação de produtos intermediários tiveram desempenho quase tão bom como a média da indústria: fabricação de celulose e papel, bebidas, de produtos químicos, e metalurgia, por exemplo.
- Outras atividades, também voltadas para a fabricação de bens não duráveis, semiduráveis e intermediários, tiveram desempenho positivo, mas fraco: fabricação de fumo, de combustíveis (coque, derivados de petróleo e biocombustíveis), produtos alimentícios, de metal (exceto máquinas e equipamentos) e têxteis.

Já as cadentes constituem um grupo crítico, como se verá em seguida, mas com participação relativamente modesta na matriz industrial. O pior desempenho foi em um par de atividades voltadas para a fabricação de bens semiduráveis: peças de vestuário, calçados e outros produtos de couro.

---

[8] Dada pelos coeficientes da coluna 3, medidos pela razão entre as participações da atividade na expansão da produção e no total da produção no ano inicial (2002).

Com exceção da última, são atividades fortemente atingidas pelos aumentos dos coeficientes de importação em relação à demanda interna.[9]

TABELA 2
Fontes de crescimento da produção industrial por atividades, 2003-2007

	(1) % do aumento VBP	(2) % VBP em 2002	(1)/(2)	% cresc. 2002-07
Líderes	**63,3%**	**21,6%**	**2,93**	**10,2%**
Indústria extrativa	4,9%	2,9%	1,66	6,5%
Fabricação de equipamentos de informática, produtos eletrônicos e ópticos	13,3%	1,5%	8,73	24,0%
Fabricação de máquinas, aparelhos e materiais elétricos	6,5%	3,1%	2,07	7,8%
Fabricação de máquinas e equipamentos	8,4%	3,9%	2,16	8,1%
Fabricação de veículos automotores, reboques e carrocerias	27,9%	9,0%	3,10	11,0%
Fabricação de outros equipamentos de transporte, exceto veículos automotores	2,3%	1,0%	2,16	8,1%
Retardatárias	**39,6%**	**73,1%**	**0,54**	**2,3%**
Fabricação de produtos alimentícios	7,2%	20,3%	0,35	1,5%
Fabricação de bebidas	2,5%	2,6%	0,98	4,0%
Fabricação de produtos do fumo	0,2%	0,9%	0,24	1,0%
Fabricação de produtos têxteis	0,8%	2,2%	0,39	1,7%
Impressão e reprodução de gravações	0,4%	0,7%	0,50	2,1%
Fabricação de produtos químicos	8,4%	9,4%	0,89	3,7%
Fabricação de coque, produtos derivados de petróleo, biocombustíveis	3,3%	11,5%	0,29	1,2%
Fabricação de produtos farmacoquímicos e farmacêuticos	1,1%	1,7%	0,61	2,6%
Fabricação de produtos de borracha e de material plástico	2,0%	4,0%	0,51	2,1%
Fabricação de produtos de minerais não metálicos	1,7%	3,1%	0,55	2,3%
Metalurgia	6,5%	8,1%	0,81	3,3%
Fabricação de produtos de metal, exceto máquinas e equipamentos	1,5%	3,9%	0,38	1,6%
Fabricação de celulose, papel e produtos de papel	2,8%	2,9%	0,98	4,0%
Fabricação de móveis	0,7%	1,1%	0,62	2,6%
Fabricação de produtos diversos	0,5%	0,8%	0,66	2,8%
Cadentes	**−2,9%**	**5,3%**	**(0,55)**	**−2,6%**
Confecção de art. do vestuário e acessórios	−1,4%	2,0%	(0,71)	−3,3%
Preparação de couros, artigos de couro, de viagem, calçados	−1,4%	2,1%	(0,67)	−3,2%
Fabricação de produtos de madeira	−0,1%	1,3%	(0,09)	−0,4%

Fonte: PIA 2009 e PIM-PF (IBGE). Elaboração dos autores; ver texto.

---

[9] Vide seção "Em Foco", *Boletim Macro IBRE*, fevereiro de 2012.

Na Tabela 3 que a disparidade de desempenho entre os três grupos de atividades, cujos elementos não são exatamente os mesmos, ficou mais pronunciada. Sem esquecer que o desempenho médio da Indústria Geral foi bem mais fraco no período pós-crise, observa-se claramente que o grupo de líderes é bem maior do que antes e ganhou considerável importância relativa. São agora 10 atividades nesse grupo, que detinham 36% da produção em 2007 e responderam pela totalidade (de fato, por mais do que a totalidade) do aumento de produção registrado entre esse ano e 2011: 115%.

Quatro dessas 10 atividades já estavam nesse grupo no subperíodo anterior, indicando que lideraram o crescimento em toda a década. Entre elas destacam-se: fabricação de outros equipamentos de transporte, exclusive veículos automotores; e fabricação de veículos automotores, reboques e carrocerias. Essas duas atividades detinham 13,7% da produção em 2007, e representaram 61,9% do aumento de produção daí até 2011. Duas conclusões podem ser daí extraídas: (i) que a expansão do crédito foi um grande dinamizador de algumas atividades industriais, como o caso da fabricação de veículos; e (ii) o diagnóstico de que o setor automotivo passa por grandes dificuldades em função da alta das importações não encontra sustentação nos números.

TABELA 3
Fontes de crescimento da produção industrial por atividades, 2008-2011

	(1) % do aumento VBP	(2) % VBP em 2007	(1)/(2)	% cresc. 2007-11
Líderes	**114,6%**	**36,1%**	**3,2**	**3,9%**
Indústria extrativa	6,0%	3,3%	1,82	2,3%
Fabricação de bebidas	9,2%	2,6%	3,61	4,5%
Fabricação de celulose, papel e produtos de papel	5,4%	2,9%	1,89	2,4%
Fabricação de produtos farmoquímicos e farmacêuticos	7,9%	1,6%	4,91	5,9%
Fabricação de produtos de minerais não metálicos	8,8%	2,8%	3,10	3,9%
Fabricação de produtos de metal, exceto máquinas e equipamentos	7,0%	3,5%	2,02	2,6%
Fabricação de máquinas e equipamentos	6,8%	4,7%	1,45	1,9%
Fabricação de veículos automotores, reboques e carrocerias	48,2%	12,4%	3,88	4,8%
Fabricação de outros equipamentos de transporte, exceto veículos automotores	13,7%	1,3%	10,77	11,9%
Fabricação de móveis	1,6%	1,1%	1,47	1,9%

	(1) % do aumento VBP	(2) % VBP em 2007	(1)/(2)	% cresc. 2007-11
Retardatárias	**17,0%**	**42,1%**	**0,4**	**0,5%**
Fabricação de produtos alimentícios	10,6%	17,9%	0,59	0,8%
Impressão e reprodução de gravações	0,4%	0,6%	0,69	0,9%
Fabricação de produtos químicos	1,8%	9,2%	0,19	0,3%
Fabricação de coque, derivados de petróleo, biocombustíveis	1,6%	10,0%	0,16	0,2%
Fabricação de produtos de borracha e de materiais de plástico	2,1%	3,7%	0,57	0,7%
Fabricação de produtos diversos	0,4%	0,7%	0,57	0,8%
Cadentes	**−31,6%**	**21,8%**	**−1,5**	**−2,0%**
Fabricação de produtos do fumo	−0,8%	0,8%	(1,01)	−1,4%
Fabricação de produtos têxteis	−6,7%	1,9%	(3,44)	−4,9%
Confecção de artigos de vestuário e acessórios	−0,7%	1,4%	(0,49)	−0,7%
Preparação de couros, artigos de couro, de viagem, calçados	−5,1%	1,5%	(3,51)	−5,0%
Fabricação de produtos de madeira	−2,9%	1,0%	(2,78)	−3,9%
Metalurgia	−0,4%	7,8%	(0,06)	−0,1%
Fabricação de equipamentos de informática, eletrônicos e ópticos	−5,9%	3,7%	(1,60)	−2,2%
Fabricação de máquinas, aparelhos e materiais elétricos	−9,2%	3,8%	(2,45)	−3,4%

Fonte: PIA 2009 e PIM-PF (IBGE). Elaboração dos autores; ver texto.

No extremo oposto, temos setores como a fabricação de equipamento de informática, produtos eletrônicos e ópticos, que migraram de uma posição de liderança do crescimento no subperíodo anterior para o grupo das atividades cadentes em 2008-11. O mesmo ocorreu com a fabricação de máquinas, aparelhos e materiais elétricos. Com o investimento crescendo no mesmo ritmo médio nos dois subperíodos – ainda que o investimento em máquinas pareça ter tido uma expansão mais rápida no primeiro – a perda de dinamismo dessas atividades se explica principalmente pelo aumento do coeficiente de penetração das importações, especialmente no caso de máquinas, aparelhos e equipamentos elétricos.

No todo, o grupo das indústrias cadentes ficou mais numeroso, contando agora com oito atividades. Entre elas, três já haviam registrado crescimento negativo no subperíodo anterior: confecção de artigos do vestuário e acessórios; preparação de couros, fabricação de artefatos de couro, artigos de viagem e calçados; e fabricação de produtos de madeira, os dois primeiros bastante afetados pela alta das importações. Finalmente, destaca-se, pelo peso na estrutura da indústria, a queda de desempenho da metalurgia, que passou de retardatária a (levemente) cadente.

Com quase 8% da produção industrial em 2007, essa aparece algo surpreendentemente no grupo, pois também foi afetada pela concorrência dos importados, apesar da reconhecida vantagem competitiva do Brasil nessa atividade.

Com o aumento da variância de desempenho, como refletido na maior importância dos grupos líderes e cadentes, aquele das retardatárias perdeu peso no segundo subperíodo. Ainda assim, ele continuou sendo o grupo com maior participação no valor da produção em 2007: 42%. Não obstante, devido ao baixo crescimento das atividades que o compõem, ele foi responsável por apenas 17% do aumento de produção entre 2007 e 2011.

Possivelmente, a principal conclusão que se tira dessa análise é que o fenômeno da desindustrialização, na medida em que vá além de fatores cíclicos, é mais um problema localizado em algumas atividades, em especial vestuário, couro e calçados e fabricação de produtos de madeira, em que a competição é muito focada em preço. Nos demais setores, a perda de participação da indústria no PIB reflete mais o bom desempenho da parcela não indústria do que um enfraquecimento dessa última.

3. DO QUE ESTAMOS FALANDO QUANDO FALAMOS DE COMPETITIVIDADE?

A discussão anterior mostrou que o tema da desindustrialização não pode ser analisado adequadamente sem separar fatores cíclicos e estruturais. Entre esses últimos, a questão da competitividade é central. De fato, das empresas aos governos, o aumento da competitividade é tido como um objetivo a ser constantemente perseguido em um mundo cada vez mais globalizado. Nesse novo hábitat, a queda dos custos de transporte e comunicação aumenta a pressão competitiva, enquanto a velocidade do progresso tecnológico e das mudanças em gostos e preferências põe sob constante ameaça a atratividade presente de produtos e processos. Assim, aumentar a competitividade significa perseguir um alvo móvel cuja direção e intensidade de movimento nem sempre são fáceis de determinar.[10]

---

[10] Um bom exemplo de como as bases da competitividade podem ser elusivas é dado pela tendência à digitalização da produção manufatureira, associada às "impressoras de três dimensões", que devem mudar os métodos de produção – de em grandes quantidades padronizadas para pequenos lotes sob medida – e as fontes de competitividade na indústria de transformação. Ver a esse respeito matéria sobre a indústria na *The Economist* de 19 de abril de 2012.

Mas o que é, afinal, ser competitivo? Apesar da aparente objetividade do termo, tão popular este se tornou na imprensa e na literatura especializada, competitividade é um conceito menos óbvio do que pode parecer à primeira vista, com diferentes significados e dimensões, e cuja interpretação depende em geral da aplicação na qual é usada.[11]

Algo surpreendentemente, competitividade não é um conceito que tenha encontrado abrigo na teoria econômica. Esta utiliza conceitos que podem ser adaptados para se pensar em uma, ou mais de uma, base para a definição: tecnologia, produtividade, renda, preços, custos, por exemplo. Esses elementos podem ser combinados para construir várias dessas diversas possíveis definições. Algumas focam em custos, outras no domínio tecnológico, outras ainda no controle de fontes de matérias-primas. Assim, por exemplo, a produtividade elevada em uma determinada atividade permite que a empresa (ou setor, ou país) seja competitiva mesmo que pratique salários elevados. Basta, para tanto, que detenha o domínio da tecnologia, pratique diferenciação de produto e tenha custos relativos mais baixos do que os dos competidores.[12]

Pode-se mesmo especular se o termo competitividade não é tão atrativo e popular, pelo menos em parte, exatamente por ser suficientemente claro para comunicar a mensagem que se deseja passar, mas ao mesmo tempo flexível o bastante para que se possa transitar entre ideologias e ser adaptado a cada caso particular. Isso realça a necessidade de que a acepção com que o termo é utilizado seja bem explicitada por quem o usa.

A relevância deste conceito para a nossa discussão pode ser aferida, porém, da definição que lhe dá a OCDE: "Competitividade é uma medida da vantagem ou desvantagem de um país em vender seus produtos no mercado internacional; são competitivas as empresas ou países que detêm participações elevadas e/ou crescentes de mercado." Ou seja, para ganhar ou não perder participação na oferta de produtos manufaturados o Brasil precisa ser competitivo nesse setor.

Ainda que útil e comumente utilizada, essa definição vê a competitividade de uma perspectiva *ex post*, a partir do desempenho revelado na produção e no

---

[11] Ver, a propósito, Pinheiro, A. C. e Bonelli, R. (2011) "Competitividade: Significado, Dimensões, Aplicações", em Bonelli, R. (org.) *A agenda de competitividade do Brasil*. Rio de Janeiro, FGV Editora.

[12] O exemplo da economia alemã salta à lembrança: mesmo com salários muito elevados, a produção alemã é considerada fortemente competitiva devido aos ganhos de produtividade em relação aos custos de produção (que têm se beneficiado de salários relativamente estáveis), qualidade e intensidade tecnológica, como se depreende dos indicadores de comércio internacional e de desempenho econômico.

comércio exterior. Ela é de pouca utilidade, porém, para se pensar (e agir sobre) as causas desse desempenho. Quando esse é o objetivo, frequentemente se pensa em competitividade como sinônimo de produtividade, interpretação que dá pouca importância a preços e destaca sua importância em ajudar a explicar ao mesmo tempo o nível de renda *per capita* de uma economia e seu papel central como determinante dos retornos do investimento e, consequentemente, da taxa de crescimento do país.

Por outro lado, uma variável frequentemente associada à competitividade é a taxa de câmbio, pois no comércio internacional ajuda a definir a capacidade de o produtor local competir em custos e preços com os produtos fabricados em outros países e em outras moedas. Esse, de fato, é um elemento no coração do debate sobre a natureza da competitividade chinesa.

Desse conjunto de anotações deduz-se que medir a competitividade, seja em nível nacional ou internacional (em relação a outros países), não é tarefa fácil, pois essa resulta de uma equação em que produtividade e custo dos fatores de produção, apesar de variáveis importantes, são apenas dois dos elementos em jogo. Basta lembrar, a propósito, a diferenciação de produtos e processos como fator competitivo.

Apesar da transparente importância, a preocupação com a competitividade é relativamente recente para o governo e para as empresas brasileiras. Assim, durante boa parte do século XX, o país operou com uma economia muito fechada e com rígidos controles sobre a oferta, refletindo a preocupação simultânea de evitar a criação de capacidade ociosa e preencher os espaços vazios existentes na matriz industrial. Antes que essas políticas fossem adotadas, a competitividade do país se baseava essencialmente na dotação de recursos naturais. Com o Brasil detendo um virtual monopólio nas exportações mundiais de café, essa não era uma preocupação importante.

Com a abertura às importações e o desmantelamento da estrutura de controles do investimento privado, partiu-se para um modelo em que competição e, portanto, competitividade passaram a ser mais importantes. Nesse novo modelo se definia competitividade implicitamente como a capacidade de competir: no mercado internacional, contra as exportações de outros países, no doméstico, contra as importações e, no caso das empresas, umas contra as outras. Assim, a competitividade se revela a partir das participações de mercado e é derivada: da eficiência; do acesso a insumos e fatores de produção a baixo custo; do controle de fatores que dão às empresas poder de mercado, seja pelo acesso a fontes de matérias-primas, seja pelo controle tecnológico; e, não menos importante, da taxa de câmbio vigente.

No período desde a abertura, porém, o Brasil experimentou uma significativa volatilidade macro que, sobrepondo-se às políticas relativamente tímidas de promoção da competitividade, fez com que essa se tornasse igualmente instável. A taxa de câmbio foi então a principal fonte dessa oscilação nos níveis de competitividade do país. Antes de entrar nessa questão, porém, cumpre examinar qual a posição competitiva do Brasil no concerto das nações.

Duas bases de dados têm sido mais amplamente utilizadas para as avaliações, tendo ganhado credibilidade pela aceitação de que desfrutam graças ao prestígio dos organismos que as patrocinam e de seus principais colaboradores: os Global Competitiveness Indicators (GCI) divulgados anualmente pelo World Economic Forum (WEF) nos Global Competitiveness Reports (GCR); e os indicadores da pesquisa *Doing Business* realizada pelo Banco Mundial. Como os próprios nomes indicam, o primeiro é mais amplo, ao passo que o segundo é mais concentrado na avaliação das dificuldades e/ou facilidades comparadas em relação ao desenvolvimento de negócios nos países.

Os GCR têm por objetivo contribuir para o entendimento dos principais fatores determinantes do crescimento econômico, de modo a explicar por que alguns países são mais bem-sucedidos do que outros no processo de aumentar os níveis de renda nacionais e as oportunidades para as respectivas populações.

A competitividade é neles definida como o *conjunto de instituições, políticas e fatores que determinam o nível de produtividade de um país*. Dessa definição depreende-se quão difícil é uma abordagem que prescinda da comparação com outros países. Não obstante, aceita-se que economias mais competitivas tendem a produzir níveis de renda mais elevados para suas populações. O GCR agrupa os fatores determinantes da competitividade em três requisitos: básicos, do ambiente macroeconômico e fatores de inovação e sofisticação nos negócios. Cada um desses requisitos é subdividido em pilares, em um total de 12. O GCR destaca que, apesar da apresentação desses pilares em separado, eles não são independentes. Pelo contrário, tendem a se reforçar, seja no sentido positivo (virtudes competitivas) ou negativo (dificuldades competitivas): a fraqueza em um deles frequentemente impacta outros pilares e vice-versa.

Passando em seguida aos resultados empíricos, o primeiro ponto a destacar é que a posição do Brasil mudou muito pouco entre as pesquisas de 2009/10, 2010-11 e 2011-12: o país ocupava a 56ª posição entre 133 países no GCR 2009-10 e passou a ocupar a 58ª (entre 139 países) em 2010-11 – perdeu posição, portanto. Já na edição de 2011-12, melhorou, indo para a 53ª posição entre 142 países. Nossa pontuação média elevou-se ligeiramente de 4,2 para 4,3 e 4,32 (sendo 6,0 o nível máximo). Isso significa que o Brasil melhorou de posição mais rapidamente do que o resto do mundo entre esses anos. Atualmente na 53ª posição, o Brasil situa-se acima da mediana da distribuição (que é dada pela 71ª posição). Mais especificamente, no final do 4º decil.

O país se beneficia de vários aspectos positivos das dimensões de competitividade, incluindo um dos maiores mercados internos do mundo (10ª posição), um ambiente de negócios sofisticado (31ª) e positivos fatores de inovação e sofisticação (35ª), o que permite alcançar importantes economias de escala e escopo. Além disso, tem um dos mercados financeiros mais eficientes (40ª) e uma das maiores taxas de adoção tecnológica (47ª) e inovação (44ª) na América Latina. Além desses, é a 41ª economia em estimuladores de eficiência e a 35ª em fatores de inovação e sofisticação.

Do lado negativo destacam-se fraquezas que dificultam a capacidade de cumprir o seu enorme potencial competitivo. O atraso na qualidade da infraestrutura geral (104ª), apesar do Programa de Aceleração do Crescimento (PAC), os desequilíbrios macroeconômicos (115ª), a má qualidade global do seu sistema de ensino (115ª), a rigidez no mercado de trabalho (121ª) e o insuficiente progresso em aumentar a concorrência (132ª) são as principais áreas que exigem atenção.

Portanto, o desempenho do Brasil é consideravelmente pior no grupo dos requisitos básicos de indicadores de pilares de competitividade. Nele, o país se situa em posição relativamente ruim em quase todos os pilares, com destaque para os de ambiente macroeconômico (115ª posição, entre 142 países!) e de qualidade institucional (93ª).

Isso nos fornece uma indicação de temas prioritários para ações de políticas públicas e provê uma ligação com a outra pesquisa: os *Doing Business* (DB), cuja edição de 2012 foi recém-divulgada. O objetivo dessa pesquisa é investigar as regulações que facilitam as atividades de negócios e funcionamento dos empreendimentos e as que os limitam. Isso é feito a partir de indicadores quantitativos calculados para 183 países ao longo do tempo. Onze áreas de regulações são examinadas, todas elas autoexplicativas: começando um negócio, lidando com licenças para construção, registrando a propriedade, conseguindo crédito, protegendo os investidores, pagando impostos, fazendo negócios com o exterior, garantindo o cumprimento de contratos, fechando negócios, conseguindo energia elétrica e empregando trabalhadores.[13]

---

[13] O DB 2012 é o nono da série. Uma curiosidade é que os respondentes do inquérito em que se baseiam os DB são majoritariamente da área de Direito, pelo menos no caso do Brasil.

Os resultados em relação ao Brasil nesse último DB não são animadores. No que toca à facilidade de fazer negócios, entre a penúltima e a última edição da pesquisa o país caiu da 120ª para a 126ª posição no universo de 183 países! Além disso, o DB 2012 registra apenas uma reforma desde a edição anterior, na área de obtenção de crédito. Nas palavras do DB, "Brazil improved its credit information system by allowing private credit bureaus to collect and share positive information." (p. 67)

No que toca aos diferentes aspectos de regulação, a pontuação do Brasil é destacada em seguida. Dos resultados deduz-se que os piores aspectos – isto é, aqueles que mais dificultam a realização de negócios em nosso país – dizem respeito aos processos relacionados com o pagamento de impostos e aos de fechamento e abertura de empreendimentos. Mas o processo de registro de propriedades também é bastante precário/ineficiente, assim como os relacionados com as burocracias de exportação e importação e de obtenção de licença para construir, como se observa da colocação do Brasil mostrada adiante, com breves qualificações. O país só conseguiu revelar vantagem na relação seguinte – definida, por exemplo, como estando situado na primeira metade da distribuição (colocação inferior à mediana dada entre a 91ª e a 92ª posições) – nos processos de obtenção de eletricidade (51ª) e de proteção de investidores (79ª posição). Nos oito restantes ficou na metade inferior da distribuição. Alguns exemplos:

- Pagando impostos – 150ª posição entre 183 países, o que por si só destaca a relevância do tema, para **além do nível da carga de tributos**.[14] O tempo necessário para cumprir essa atividade é de 2.600 horas por ano, inclui nove pagamentos por ano; e a taxa total de impostos chega a 67% dos lucros.
- Lidando com licenças para construção – 127ª posição em 183 países. São necessários 469 dias e o custo é de 40,2% da renda *per capita*.
- Começando negócios – com o tempo necessário de 120 dias e o custo de 5,4% da renda *per capita*, o Brasil situa-se na 126ª colocação entre 183 países.
- Fazendo negócios com o exterior – 121ª posição em 183. O número de documentos necessários para exportar é de 7, são necessários 13 dias e o custo por contêiner chega a US$2.215. No que diz respeito à importação,

---

[14] A carga tributária no Brasil, atualmente em 36% do PIB e crescente no tempo, é semelhante à de países com renda *per capita* muito superior à brasileira, como a média da OCDE.

são 8 documentos, o tempo necessário é de 17 dias e o custo por contêiner é de US$2.275.
- Garantindo (*enforcing*) contratos – 118ª posição. O número de procedimentos é de 45, a duração é de 731 dias e o custo é de 16,5% da reivindicação (*claim*).
- Registrando a propriedade – 114ª posição. O tempo necessário é de 39 dias, o custo é de 2,3% do valor da propriedade.
- Obtendo crédito – 98ª posição. O país tem nota 3 (em uma escala de 0 a 10) no que diz respeito a um índice da força dos direitos legais, mas nota 5 (escala 0 a 6) segundo um índice de disponibilidade de informação de crédito.

Deduz-se que ainda temos um longo caminho a percorrer em termos de melhorias institucionais, de políticas e dos fatores que determinam a produtividade.

4. DIAGNÓSTICO TENTATIVO: AS CAUSAS DA PERDA DE COMPETITIVIDADE

Subjacente ao desempenho setorial descrito na seção 2 está a emergência de um modelo de crescimento apoiado na demanda interna – cuja expansão tem superado a do PIB –, baixa poupança – porque calcado no consumo –, câmbio valorizado e, em parte por isso, forte competição de produtos importados. Os determinantes da valorização cambial também são conhecidos, variando apenas sua ordem de importância.

Além disso, as exportações líquidas negativas que resultam do crescimento da demanda interna superior ao do PIB não limitaram sua expansão porque os déficits em conta-corrente do balanço de pagamentos têm sido financiados sem maiores problemas. Entre os fatores endógenos que explicam essa facilidade de atrair recursos do exterior incluem-se: bons indicadores macroeconômicos (dívida líquida do setor público relativamente pequena e financiável; déficit nominal sob controle) e o diferencial de taxas de juros internas e externas. Os fortes ingressos de recursos dos últimos anos são um sinal de que o resto do mundo tem estado disposto a financiar o Brasil. A evolução favorável dos termos de troca desde 2006, o papel da demanda da China por *commodities* produzidas no Brasil, e a formidável expansão da liquidez internacional formam o grupo das variáveis exógenas que completam o quadro que motiva a atração pelo Brasil.

Mas o novo modelo brasileiro tem uma característica, aqui repetidamente mencionada, que afeta o desempenho da indústria: o câmbio valorizado.[15] Uma das principais consequências disso é a elevação do custo unitário do trabalho (CUT), que afeta negativamente a competitividade dos produtos comercializáveis internacionalmente.

O CUT é um indicador normalmente utilizado para aferir a evolução da competitividade-custo de uma atividade. Ele pode ser definido como a relação entre a folha salarial em moeda estrangeira (em nosso caso, a seguir, uma cesta de moedas dos principais países com os quais o Brasil tem comércio) e a quantidade produzida. Dividindo-se o numerador e o denominador pela quantidade de trabalho utilizada pode-se escrever o indicador como a razão entre o salário médio real (isto é, medido em moeda estrangeira, ou uma cesta de moedas) e a produtividade da mão de obra. Se o salário real por homem-hora cresce acima da produtividade tem-se perda de competitividade (pelo aumento do custo). Se crescer abaixo, tem-se redução do CUT, ou aumento da competitividade. Logo, tudo o mais constante, aumentos de produtividade e desvalorização cambial tendem a diminuir o CUT (aumentar a competitividade).

O Gráfico 3 e a Tabela 4 apresentam estimativas para esse indicador, no que se refere à economia brasileira como um todo, nos últimos 14 anos.[16] Como se vê, o custo unitário do trabalho caiu fortemente entre 1998 e 2003-04, apesar do pequeno aumento em 2000. Isso indica aumento de competitividade, tendo o CUT caído cerca de 40% nesse período. Do gráfico conclui-se que a razão principal para isso foi a desvalorização do câmbio nominal efetivo (cesta de moedas), pois a produtividade pouco variou nesses anos. Já o câmbio nominal (R$/cesta de moedas) aumentou 160%, bem mais do que superando o ganho de cerca de 50% da remuneração nominal no período.

De 2004 a 2008, porém, o quadro mudou inteiramente. O CUT elevou-se em 80% como resultado de uma taxa cambial que caiu 40% enquanto a remuneração nominal média aumentava na mesma proporção, aproximadamente. Os ganhos de produtividade foram de pequena expressão, em face da velocidade

---

[15] Registre-se, por outro lado, que a taxa de câmbio valorizada também tem implicações positivas. Entre elas destacam-se as compras de bens de capital, matérias-primas, partes e componentes mais baratos, o aumento da renda real e o consequente *feel good factor*.

[16] Para a indústria o quadro geral é semelhante. Ver *Boletim Macro IBRE*, fevereiro de 2012, seção "Em Foco", citado anteriormente.

desses movimentos no câmbio e nos rendimentos médios, cuja aceleração em relação ao período anterior é notável: de 6,7% para 10,2% a.a.

Depois da crise se nota uma pequena mudança no comportamento das variáveis, com a exceção dos rendimentos, que continuam a crescer rapidamente. A elevação do CUT no triênio 1999-2011 chegou a 11,5% a.a., resultado de aumento da remuneração média real de 12,9% a.a. e da produtividade de 1,2 % a.a. Registre-se que a remuneração média nominal continuou crescendo fortemente (9,0% a.a.), mas a taxa de câmbio diminuiu (valorizou) apenas 3,4% a.a.

GRÁFICO 3
Custo unitário do trabalho e seus determinantes – remuneração real do trabalho (deflacionada pela taxa de câmbio nominal) e produtividade da mão de obra, no eixo da esquerda – e determinantes da remuneração real: remuneração nominal e taxa efetiva de câmbio nominal no eixo da direita. 1998 = 100.

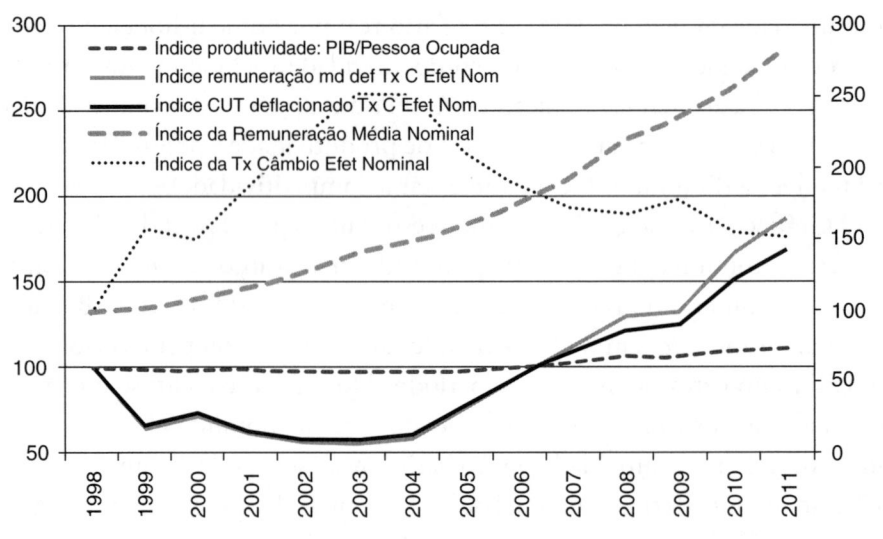

Fonte: ver texto.

Os resultados para o período como um todo (1999-2011) indicam crescimento anual de 4,1% para o CUT, resultado de aumento médio de 4,9% da remuneração real e de 0,8% a.a. da produtividade. Já o aumento da remuneração média real decompõe-se em aumento de 8,3% a.a. da remuneração nominal e alta (isto é, **desvalorização**) de 3,2% da taxa de câmbio efetiva nominal. Isto é, apesar de toda a valorização ocorrida ente 2004 e 2011 (a maior parte da qual até 2008), o câmbio efetivo **nominal** estava mais desvalorizado em 2011 do que em 1998.

TABELA 4
Decomposição das variações do CUT em períodos selecionados,
1999-2011 (% crescimento, médias anuais)

Taxas de crescimento médias a.a.	Sinal esperado para aumentar a competitividade	1999-04	2005-08	2009-11	Total 1999-2011
Custo Unitário do Trabalho	–	–8,0%	19,0%	11,5%	4,1%
Remuneração média real (deflacionada p/ taxa câmbio efetiva nominal)	–	–8,4%	21,8%	12,9%	4,9%
Índice produtividade*	+	–0,5%	2,3%	1,2%	0,8%
Remuneração Média Nominal	–	6,7%	10,2%	9,0%	8,3%
Taxa de câmbio efetiva nominal	+	16,5%	–9,5%	–3,4%	3,2%

Fonte: elaboração dos autores; ver texto.
*PIB por pessoa ocupada.

Esse último resultado coloca em nova perspectiva a questão da valorização do câmbio, pois ele indica que o aumento do custo nesse período mais longo esteve mais associado aos fortes aumentos anuais nas remunerações da mão de obra e aos baixos aumentos da produtividade. O que nos remete outra vez à questão do modelo de desenvolvimento adotado no período, muito calcado na expansão de não comercializáveis intensivos em trabalho, o que ajudou a jogar os rendimentos para cima e a produtividade para baixo.

5. CONCLUSÃO

A discussão sobre competitividade do Brasil gira em três raias com características até certo ponto diferentes:

- Uma delas é a dos produtos baseados na dotação de recursos naturais do país, nas áreas de minérios e agropecuários. Essas, como se sabe, vão bem, não só por conta da forte demanda internacional, puxada por China, Índia e outros países asiáticos, mas pelos avanços tecnológicos, especialmente na agricultura. Essa é, na terminologia de Fajnzylber,[17] uma competitividade autêntica, ainda que insatisfatória na visão de muitos analistas.

---

[17] W. Suzigan e S. C. Fernandes, "Competitividade Sistêmica: a Contribuição de Fernando Fajnzylber". In: CONGRESSO BRASILEIRO DE HISTÓRIA ECONÔMICA, DC: 2010.

- Há um segundo grupo de produtos, menor e menos significativo na pauta de comércio exterior, em que nossa competitividade se baseia na diferenciação de produtos ou em nichos, como a produção de aviões médios, em que o domínio da tecnologia é o fator diferencial.
- Finalmente, a competitividade de uma série de produtos manufaturados – e serviços – é comprometida pela má qualidade da infraestrutura, a baixa escolaridade da força de trabalho e a carga tributária elevada e complexa. Para estes, a competitividade depende mais diretamente da taxa de câmbio, sendo, nesse sentido, uma competitividade espúria, na definição de Fajnzylber.

Não há como discutir a competitividade em um desses setores sem considerar os outros, em especial o fato de que a forte vantagem comparativa em produtos básicos é um fator que ajuda a valorizar o câmbio e, dessa forma, reduzir a competitividade dos manufaturados que competem via preço, em vez de com base na tecnologia. Ainda assim, e à guisa de conclusão, queremos aqui abordar um conjunto de questões levantadas pela discussão nas seções anteriores sob a forma de indagações e respostas tentativas.

Primeiro, o Brasil é pouco competitivo ou estará perdendo competitividade? Nossa visão é que não, nenhum dos dois, haja vista o grande aumento das exportações, inclusive, possivelmente, como proporção das exportações mundiais. Registre-se que isso se deu em um contexto de forte alta da renda/salário real e do emprego, de forma que foi possível melhorar o padrão de vida dos trabalhadores e das pessoas em geral sem perder espaço no mercado global. Isso indica aumento da competitividade de pelo menos parte da produção de bens comercializáveis, ainda que não da maior parte da indústria.

Segundo, o Brasil é competitivo nas coisas certas? Nossa resposta tentativa é sim, nossa vantagem comparativa natural é na exploração de recursos naturais, considerando a enorme área agricultável, a abundância de água e sol, além do sucesso nos investimentos em P&D realizados nessa área. As reformas pró-mercado dos anos 1990 reduziram o viés antiagrícola da política econômica e foram uma importante alavanca para o bom desempenho do setor desde então. A produção agrícola é avançada tecnologicamente, tem boas perspectivas de preço e demanda nas próximas décadas.

Também não enxergamos nada de errado em seguir um modelo de desenvolvimento em que esses produtos ocupam uma parte importante da pauta de exportação, como ocorre na Austrália e como fizeram os países nórdicos no passado. Nesse sentido, discordamos de autores que defendem uma volta ao passado, envolvendo a tributação dos setores intensivos em recursos naturais para que o país perca competitividade, o câmbio se desvalorize e a indústria passe a trabalhar com salários mais baixos.[18]

Mas essa resposta admite qualificações. Uma delas é que os ganhos de termos de troca atuais são passageiros e, quando terminarem, pode ser que nos descubramos com menos indústria – será possível recuperá-la, a partir de certo ponto? – e, quiçá, empobrecidos. Este é um risco real, pois não necessariamente será possível reconstruir um parque industrial sucateado. Aliás, localizando o problema da competitividade na indústria, outras questões podem ser perguntadas no que toca a esse setor. Em particular, nossa análise mostrou que diversas atividades no interior da indústria têm experimentado crescimento mesmo no contexto adverso dos últimos anos. Entre elas, a mecânica, a fabricação de material de transporte e as extrativas. Apenas esta última é baseada na exploração de recursos naturais.

Terceiro, a perda de participação no PIB se deve às reformas dos anos 1990, às transformações estruturais que se esperariam do desenvolvimento do país, da maior competitividade da China ou da crise e suas repercussões sobre câmbio e produção industrial global? A resposta aqui é múltipla, sendo difícil avaliar a importância relativa de cada um desses fatores. As reformas dos anos 1990 aproximaram a indústria de um padrão mais normal, em linha com a experiência internacional. As transformações estruturais que indicam perda de peso da indústria à medida que progride o desenvolvimento também tiveram importância, possivelmente exacerbadas nos anos mais recentes pela rápida ascensão de classes sociais cuja demanda por serviços de alta elasticidade de renda é nítida.

A competitividade da China é inconteste, uma vez que esse país possivelmente vem ofertando produtos industriais a preços mais baixos – o que nos liga ao último fator: a crise mundial. Sem dúvida, essa reação chinesa está associada à crise. Mas, talvez mais do que isso, a resposta das autoridades monetárias de diversos países desenvolvidos em relação a como prover suas economias de liquidez tem resultado em volumes inéditos de oferta de moeda cujo resultado previsível é a valorização do câmbio em diversos países emergentes.

Quarto, quais são os fatores que limitam a competitividade da indústria? Além do câmbio: elevada carga tributária, má qualidade da infraestrutura

---

[18] Ver a esse respeito Luiz Carlos Bresser Pereira, "Desprotecionismo e Desindustrialização", *Valor Econômico*, 29 de março de 2012.

logística, alto custo da energia e das telecomunicações, custo da mão de obra e baixo nível educacional, elevado custo de capital, baixos níveis de absorção de tecnologia e de investimento em P&D, e, de forma ampla, deficiências no ambiente de negócios (como apresentado anteriormente). A imbricação de vários desses problemas com o lento crescimento da produtividade é transparente.

Por último, o que deve e o que pode ser feito para elevar a competitividade? Em nível macro, a taxa de câmbio, em especial se artificialmente apreciada – um conceito reconhecidamente difícil de traduzir em números – é um fator importante, especialmente se há a percepção de que essa apreciação não é sustentável no longo prazo. Há controvérsias sobre se esse é o caso atual. De qualquer forma, os limites seletivos e, supostamente, temporários ao ingresso a certos tipos de capital, como o elevado IOF para empréstimos de prazo inferior a cinco anos, podem ter ajudado a prevenir uma excessiva valorização do real. Ainda que, como princípio, sejamos contra controles sobre o capital externo, entendemos que as atípicas condições internacionais de liquidez podem gerar um quadro excepcional em que algumas medidas atípicas podem fazer sentido. De qualquer forma, o acirramento da crise europeia deve tornar essa medida cada vez menos importante.

Adicionalmente, é importante reduzir a carga tributária, medida que idealmente deveria beneficiar todas as indústrias, incluindo-se com destaque a redução de impostos sobre energia e telecomunicações. Há também necessidade de ampliar e melhorar a oferta de serviços de infraestrutura, com mais investimento público e privado em logística, preferencialmente com o uso de concessões, privatizações e PPPs.

Em nível micro: melhor educação (qualidade) e treinamento de mão de obra em nível médio; mais recursos para absorção de tecnologia e para investimentos em P&D; e o fortalecimento do ambiente de negócios – esta, infelizmente, uma agenda de inegável importância para a competitividade, mas que tem merecido menos atenção das autoridades.

ANEXO

TABELA A.1
Fontes de crescimento da produção industrial por atividades, 2003-11

	(1) % do aumento VBP	(2) % VBP em 2002	(1)/(2)	% cresc. 2002-11
Líderes	**72,9%**	**28,7%**	**2,54**	**6,3%**
Indústria extrativa	5,1%	2,9%	1,75	4,6%
Fabricação de bebidas	4,0%	2,6%	1,58	4,2%
Fabricação de celulose, papel e produtos de papel	3,4%	2,9%	1,19	3,3%
Fabricação de produtos farmacoquímicos e farmacêuticos	2,6%	1,7%	1,51	4,1%
Fabricação de produtos de minerais não metálicos	3,3%	3,1%	1,07	3,0%
Fabr. equip. informática, produtos eletrônicos e ópticos	9,0%	1,5%	5,89	11,6%
Fabricação de máquinas e equipamentos	8,1%	3,9%	2,07	5,3%
Fabricação de veículos automotores, reboques e carrocerias	32,5%	9,0%	3,61	8,2%
Fabr. outros equip. transporte, exc. veículos automotores	4,8%	1,0%	4,62	9,8%
Retardatárias	**32,2%**	**62,9%**	**0,51**	**1,5%**
Fabricação de produtos alimentícios	8,0%	20,3%	0,39	1,2%
Impressão e reprodução de gravações	0,4%	0,7%	0,53	1,6%
Fabricação de produtos químicos	6,9%	9,4%	0,73	2,1%
Fabr. coque, prod. derivados do petróleo, biocombustíveis	2,9%	11,5%	0,26	0,8%
Fabr. produtos de borracha e de material plástico	2,1%	4,0%	0,51	1,5%
Metalurgia	4,9%	8,1%	0,61	1,8%
Fabr. produtos de metal, exc. máquinas e equipamentos	2,7%	3,9%	0,70	2,0%
Fabricação de máquinas, aparelhos e materiais elétricos	2,9%	3,1%	0,94	2,7%
Fabricação de móveis	0,9%	1,1%	0,79	2,3%
Fabricação de produtos diversos	0,5%	0,8%	0,64	1,9%
Cadentes	**−5,1%**	**8,4%**	**(0,60)**	**−2,1%**
Fabricação de produtos do fumo	0,0%	0,9%	(0,01)	0,0%
Fabricação de produtos têxteis	−0,9%	2,2%	(0,39)	−1,3%
Confecção de artigos do vestuário e acessórios	−1,2%	2,0%	(0,62)	−2,2%
Prep. couros, fabr. art. de couro, art. para viagem, calçados	−2,2%	2,1%	(1,07)	−4,0%
Fabricação de produtos de madeira	−0,7%	1,3%	(0,57)	−2,0%

Fonte: elaboração dos autores; ver texto.

Indústria e desenvolvimento

*Julio Gomes de Almeida**

---

*Professor da Unicamp e ex-secretário de Política Econômica do Ministério da Fazenda.

O PAPEL DA INDÚSTRIA NO DESENVOLVIMENTO

A indústria ainda constitui a principal alavanca para o desenvolvimento utilizada por países que nas últimas três décadas (o período da chamada "globalização") simbolizaram o impulso econômico para superação do subdesenvolvimento. De fato, países com altas taxas de crescimento tiveram na indústria o principal apoio para esse processo. China, Coreia do Sul, Indonésia, Índia, Malásia, Tailândia e Irlanda, por exemplo, todos eles com taxas médias anuais de crescimento superiores a 5% a.a. no período que vai dos anos 1970 até 2007, o ano anterior à crise, tiveram aumentos relevantes na participação de seus setores manufatureiros no PIB. No outro extremo, países já industrializados e várias economias latino-americanas, dentre elas o Brasil, acusaram médias de crescimento abaixo de 5% a.a. e declinantes participações nos respectivos PIBs.

Voltar a ter alto dinamismo em seu setor industrial poderá representar, para um país como o Brasil, o retorno da perspectiva de alcançar mais prontamente a condição de país desenvolvido. Nesse sentido, e sem prejuízo dos demais setores econômicos, a indústria deve estar no centro de um programa de desenvolvimento.

Cabe uma breve apreciação sobre o significado da indústria no desenvolvimento econômico e suas relações com os demais setores da economia. Os setores econômicos têm particularidades a partir das quais é possível identificar contribuições relevantes para a economia, como na criação de empregos ou na geração de divisas. A indústria tem características que a fazem um vetor do progresso técnico, do investimento e do crescimento.

Não é por acaso que se deu o nome de Revolução Industrial ao processo de generalização do sistema fabril. Esse processo, que tem início no século XVIII, foi além de aniquilar a produção até então dominante porque instituiu um sistema interligado e complexo de geração de valor e de progresso técnico. Interligado porque a indústria cria novos bens e serviços, novos métodos e instrumentos e máquinas que potencializam a produção de si própria e dos demais setores. A agricultura e serviços, evidentemente, produzem tecnologia independentemente do setor industrial e o Brasil é um exemplo disso, através da Embrapa e sua enorme capacidade de inovar no campo. Mas, em geral, são os insumos e os meios de produção concebidos na indústria os responsáveis pelo progresso técnico e aumento da produtividade não só nesse setor como em toda a economia.

A indústria tem outra poderosa característica, além da geração e difusão de tecnologia: ela é capaz de induzir, a partir de sua produção, demanda para outros setores e para si mesma. Isso tem um significado todo especial para o desenvolvimento econômico, pois implica que um dado estímulo de demanda – proveniente do investimento, consumo ou exportações líquidas – resultará em crescimento maior da renda e do emprego na condição de que a economia tenha um setor industrial relevante. A indústria tem esse poder porque, através de suas compras de bens e serviços intermediários, simultaneamente torna a sua produção uma produção adicional para outros segmentos industriais e para os demais setores da economia. Além disso, como para produzir é necessário empregar e investir mais, novos efeitos dinâmicos são desencadeados a partir daí.

Assim, a indústria define um sistema de produção. Não é por outra razão que os processos mais representativos do avanço econômico moderno passam pela industrialização. Inglaterra, França, Estados Unidos, Alemanha, Japão, Coreia e agora a China conceberam seu desenvolvimento em torno da indústria. Primeiro, pela capacidade de difusão do dinamismo desse setor para a economia como um todo; segundo, porque aí reside a condição do maior progresso técnico. Inovar é uma decorrência da industrialização avançada, especialmente, no segmento produtor de bens de capital, bens intermediários e bens de consumo de última geração tecnológica.

Nem todo país pode contar com setor industrial capaz de gerar esses efeitos endógenos, se a população é pequena ou a dimensão territorial é restrita. Não sendo assim, o desenvolvimento passa pela indústria. Nesses casos, as políticas macroeconômicas e as políticas de crédito, câmbio, tributação, P&D&I, comércio exterior, atração de investimentos e capitais estrangeiros, dentre outras, devem estar em consonância com o objetivo do avanço industrial. O Brasil, um país continental, populoso e de grande mercado interno, paradoxalmente vive um momento em que nunca foram tão favoráveis as condições internas e externas para sua reindustrialização, ao mesmo tempo em que se apresentam, como nunca antes, os perigos de uma desindustrialização.

GRÁFICO 1
Crescimento econômico e peso da indústria de transformação

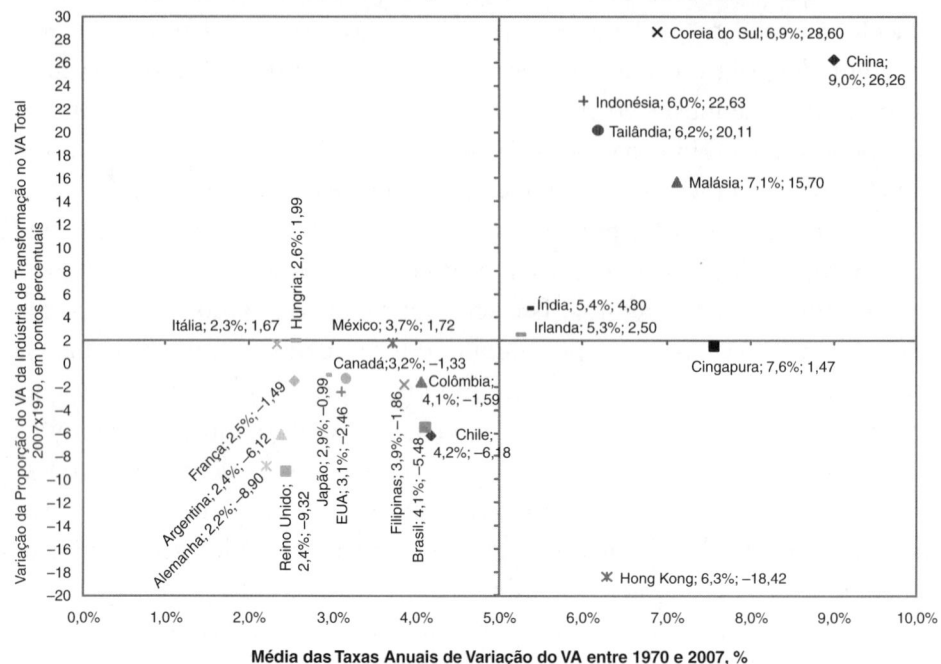

Eixo Y: Variação da Proporção do VA da Indústria de Transformação no VA Total 2007x1970, em pontos percentuais

Eixo X: Média das Taxas Anuais de Variação do VA entre 1970 e 2007, %

Pontos do gráfico:
- Coreia do Sul; 6,9%; 28,60
- China; 9,0%; 26,26
- Indonésia; 6,0%; 22,63
- Tailândia; 6,2%; 20,11
- Malásia; 7,1%; 15,70
- Hungria; 2,6%; 1,99
- Itália; 2,3%; 1,67
- México; 3,7%; 1,72
- Índia; 5,4%; 4,80
- Irlanda; 5,3%; 2,50
- Canadá; 3,2%; –1,33
- Colômbia; 4,1%; –1,59
- Cingapura; 7,6%; 1,47
- França; 2,5%; –1,49
- Japão; 2,9%; –0,99
- Filipinas; 3,9%; –1,86
- Chile; 4,2%; –6,18
- Argentina; 2,4%; –6,12
- EUA; 3,1%; –2,46
- Brasil; 4,1%; –5,48
- Reino Unido; 2,4%; –9,32
- Alemanha; 2,2%; –8,90
- Hong Kong; 6,3%; –18,42

Fonte: Dados básicos da National Accounts Main Aggregates Database, da ONU, Divisão de Estatística das Nações Unidas, tabelas com dados em US$ a preços constantes de 1990.

De fato, o percurso da indústria brasileira, diferentemente do de outros países emergentes, foi de queda, apesar de o País ainda ter renda *per capita* baixa. Segundo dados a preços constantes de 1990, na média do período 1972-1980, a indústria de transformação respondia por 30% do valor adicionado total, mas, em 2007, esse percentual baixou para 23,7%, ou seja, 6,3 pontos percentuais a menos. A indústria brasileira também vem perdendo posições no âmbito mundial, mas ainda preserva condições de reerguimento. Sua participação no valor adicionado da indústria de transformação mundial, que chegou a superar 3% no início dos anos 1980, caiu para 2,2% em 2007. Embora essa queda, assim como a redução da participação da indústria de transformação brasileira no PIB do país, constitua sintoma de empobrecimento relativo da industrialização no país (ou sintoma de desindustrialização relativa), a indústria brasileira ainda mantém certa expressão em nível mundial.

Ou seja, mesmo tendo se fragilizado e perdido oportunidades, a indústria conserva uma estrutura relativamente forte, é diversificada e se faz presente no

GRÁFICO 2
Brasil e países asiáticos selecionados: Proporção do valor adicionado da indústria de transformação no valor adicionado total em cada economia, 1970-2007 (%)

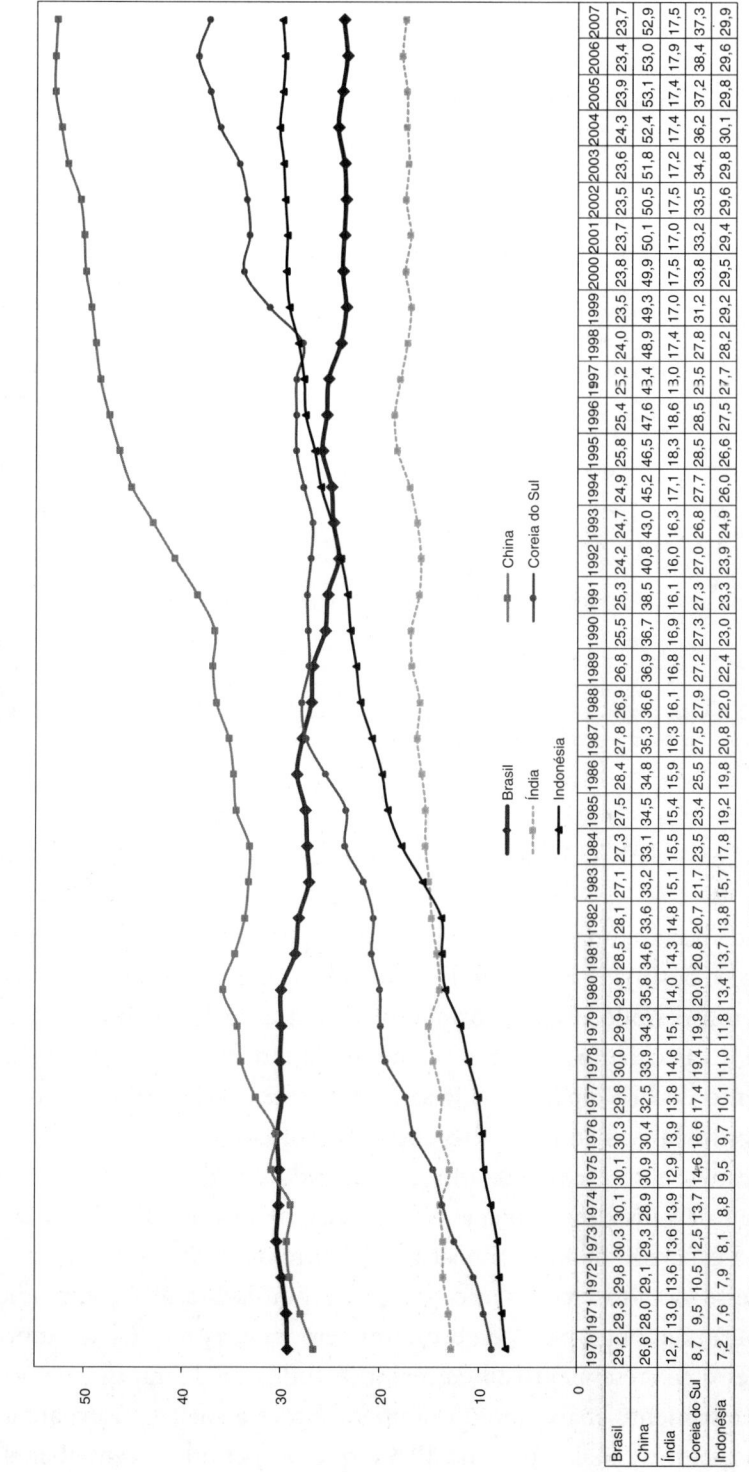

	1970	1971	1972	1973	1974	1975	1976	1977	1978	1979	1980	1981	1982	1983	1984	1985	1986	1987	1988	1989	1990	1991	1992	1993	1994	1995	1996	1997	1998	1999	2000	2001	2002	2003	2004	2005	2006	2007
Brasil	29,2	29,3	29,8	30,3	30,1	30,1	30,3	29,8	30,0	29,9	29,9	28,5	28,1	27,1	27,3	27,5	28,4	27,8	26,9	26,8	25,5	25,3	24,2	24,7	24,9	25,8	25,4	25,2	24,0	23,5	23,8	23,7	23,5	23,6	24,3	23,9	23,4	23,7
China	26,6	28,0	29,1	29,3	28,9	30,9	30,4	32,5	33,9	34,3	35,8	34,6	33,6	33,2	33,1	34,5	34,8	35,3	36,6	36,9	36,7	38,5	40,8	43,0	45,2	46,5	47,6	43,4	48,9	49,3	49,9	50,1	50,5	51,8	52,4	53,1	53,0	52,9
Índia	12,7	13,0	13,6	13,9	12,9	13,8	14,6	15,1	14,0	14,3	14,8	15,1	15,5	15,4	15,9	16,3	16,1	16,8	16,9	16,1	16,0	16,3	17,1	18,3	17,4	18,6	13,0	17,4	17,0	17,5	17,5	17,2	17,4	17,9	17,5
Coreia do Sul	8,7	9,5	10,5	12,5	13,7	14,6	16,6	17,4	19,4	19,9	20,0	20,8	20,7	21,7	23,5	23,4	25,5	27,5	27,9	27,2	27,3	27,0	26,8	27,7	28,5	23,5	27,8	31,2	33,8	33,2	33,5	34,2	36,2	37,2	38,4	37,3
Indonésia	7,2	7,6	7,9	8,1	8,8	9,5	9,7	10,1	11,0	11,8	13,4	13,7	13,8	15,7	17,8	19,2	19,8	20,8	22,0	22,4	23,0	23,3	23,9	24,9	26,0	26,6	27,5	27,7	28,2	29,2	29,5	29,4	29,6	29,8	30,1	29,8	29,6	29,9

Fonte: Dados básicos da National Accounts Main Aggregates Database, da ONU, Divisão de Estatística das Nações Unidas, tabelas com dados em US$ a preços constantes de 1990.

panorama industrial mundial, preservando condições de retomar uma condição de liderança do crescimento e da transformação característicos de um desenvolvimento econômico que se espera para o Brasil.

TABELA 1
Evolução da participação do Brasil no valor adicionado mundial total e por atividade média de períodos (%)

	Valor Adic. Total	Agrop., Produção Florestal, Pesca	Ind. Extrativa	Indústria e SIUP	Indúst. de Transf.	Const. Civil	Serviços	Comér. Aloj. e Alimenta.	Transp. Armaz. e Comunicação	Outros Serviços N.E.A.
Média 1970-79	1,9	3,3	2,3	1,8	2,5	2,1	1,6	0,9	1,4	1,9
Média 1980-89	2,3	3,9	2,8	2,4	2,9	2,8	1,9	1,1	1,7	2,3
Média 1990-99	2,2	4,5	2,5	2,1	2,5	2,8	1,9	1,0	1,6	2,3
Média 2000-07	2,2	5,2	2,4	2,3	2,3	2,8	1,8	0,9	1,4	2,2

Fonte: Elaboração própria a partir da National Accounts Main Aggregates Database, da ONU, Divisão de Estatística das Nações Unidas, tabelas com dados em US$ a preços constantes de 1990.

CRESCIMENTO INDUSTRIAL E CRESCIMENTO ECONÔMICO

Analisando uma série de 64 resultados para o crescimento do valor agregado a preços básicos brasileiros relativamente ao mesmo trimestre do ano anterior, para um período recente (primeiro trimestre de 1996 ao quarto trimestre de 2011), a associação entre o crescimento da indústria de transformação e o crescimento do PIB é patente. Dessa mesma série, é possível constatar que em 13 trimestres o aumento do PIB superou 5% em bases anuais. Em todos esses trimestres, com exceção de um deles, a indústria de transformação cresceu em percentuais próximos ou superiores a esse percentual. Em nove desses trimestres, a expansão da indústria situou-se entre 6% e 9%. Ou seja, promover um processo de alto crescimento para a economia brasileira, entendido como a evolução de longo prazo da economia em bases como 5% ao ano, requer um processo de crescimento ainda maior da indústria de transformação.

Crescimento mais elevado também esteve associado à expansão em serviços, o setor de maior peso no PIB e que no período recente beneficiou-se de

GRÁFICO 3
Valor agregado a preços básicos e indústria: Variação com relação ao mesmo trimestre do ano anterior (%)

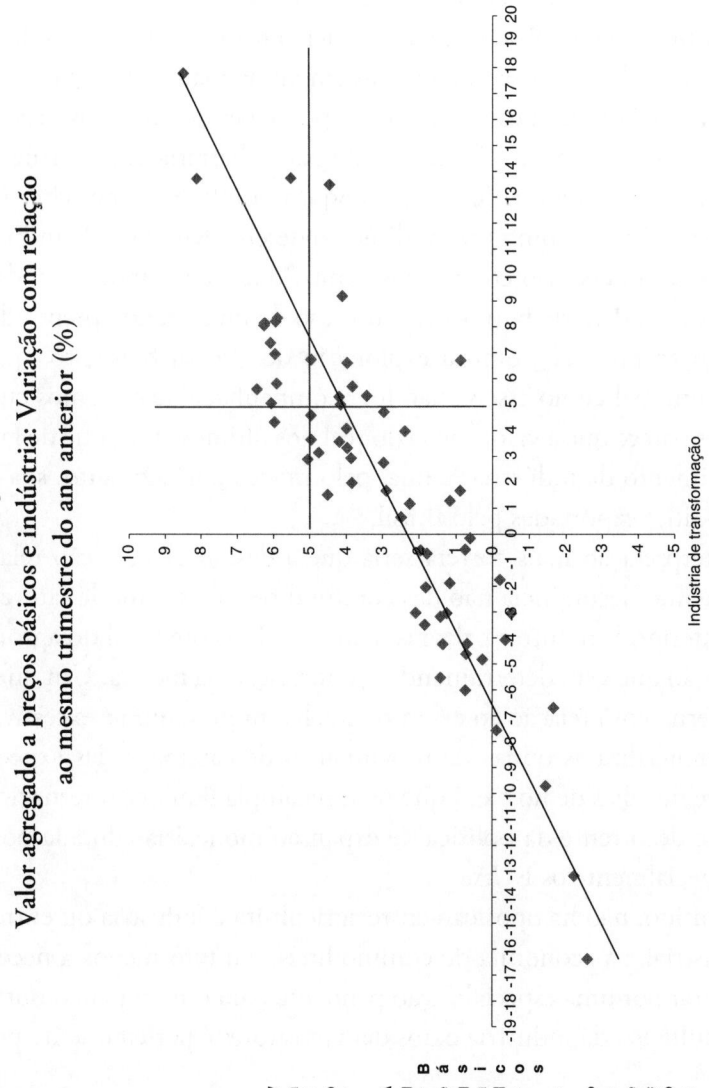

Fonte: Dados básicos do IBGE

processos muito relevantes ocorridos na economia brasileira, como a intensa evolução do crédito e a redistribuição da renda, que impulsionaram atividades dinâmicas de serviços em áreas como comércio varejista e atacadista, software, informação e telecomunicações, e crédito e serviços financeiros. Em parte, o dinamismo de serviços também acompanhou o crescimento industrial.

Outro ponto deve ser observado: para quem crê que o dinamismo industrial se manteve limitado no passado e se mantém ainda mais restringido agora por uma valorização da moeda causada pelas exportações de produtos primários, o reerguimento do crescimento industrial do país esbarraria em enorme dificuldade, pois requereria alguma forma de bloquear a influência das commodities sobre a taxa de câmbio como precondição ao desenvolvimento da indústria.

Situações como essa são conhecidas como "doença holandesa" e, do nosso ponto de vista, podem de fato ocorrer no caso de uma grande preponderância de uma riqueza mineral, como a exploração do Pré-sal brasileiro, que pode representar um mal como esse se não for acompanhada de extremos cuidados. Mas não nos parece que a valorização do real dos últimos anos, que de fato conteve o crescimento da indústria, tenha, pelo menos por enquanto, sua origem nas commodities exportadas pelo Brasil.

Uma interpretação mais correta seria que a desindustrialização relativa do Brasil vem como decorrência não das commodities, mas, sim, de fatores extra-comércio exterior. Em outras palavras, não é o saldo comercial do agronegócio e da mineração que vem determinando a valorização da moeda. Um diferencial de juros interno com relação ao externo, que há muito tempo é excessivamente elevado, potencializa as ondas de movimentos de capitais e das expectativas, como ocorre nos dias de hoje em que há uma ampla liquidez internacional em grande parte decorrente da política de expansão monetária adotada por países centrais, especialmente os EUA.

Nesse sentido, não há oposição entre agricultura e indústria ou entre a economia industrial e a economia de commodities, e muito menos a necessidade de o País optar por uma especialização pendente para um ou para o outro lado. O êxito simultâneo da indústria e dos demais setores é perfeitamente possível.

A TRAJETÓRIA INDUSTRIAL RECENTE

Mesmo sendo descartado o período da crise e do após crise internacional de 2008, o desempenho médio de longo prazo da indústria brasileira tem sido baixo.

O crescimento da produção industrial em média nos 15 anos que vão do ano da estabilização (1994) até 2008 foi de 3,1%. A indústria de transformação (+2,7%) puxou para baixo o desempenho da indústria como um todo, enquanto a produção do setor extrativo, liderado por petróleo e ferro, crescia 7,2%. Acompanhou o baixo crescimento médio uma amplitude muito curta dos ciclos industriais. Praticamente o setor registrou taxas elevadas apenas em períodos breves associados a eventos notórios e "externos" à dinâmica industrial.

Assim, em 1994, um crescimento que chegou a 7,6% decorreu do estímulo à demanda doméstica decorrente do Plano Real. Em 2000 e novamente em 2004, os aumentos pronunciados de 6,6% e 8,3%, respectivamente, corresponderam à saída de crises cambiais como as que ocorreram em 1999 e 2003. O motor para a recuperação industrial em ambos os casos foi a desvalorização da moeda, o que elevou o poder de colocação no exterior do produto manufaturado no Brasil. Em nenhum desses casos o crescimento se sustentou, seja devido à ocorrência de crises externas muito frequentes no período, seja devido ao aumento da inflação ou ao agravamento da situação das contas externas que o crescimento elevado ensejava e era combatido com elevação das taxas de juros.

Somente nos oito últimos anos, a indústria brasileira conheceu uma trajetória mais sustentada. As diferenças com relação aos padrões que vigoraram até então são notórias, a começar pelo fato de que o crescimento não se apoiou na demanda de exportações, mas sim na demanda interna movida pelo maior poder de compra da população a partir simultaneamente do aumento da massa de rendimentos e do crédito para as famílias. Nesse processo, os destaques são os ciclos de bens duráveis e de investimentos, responsáveis pelas evoluções intensas dos setores de bens de capital e bens duráveis. No período 2004-2010, para uma média geral de 3,6% de crescimento médio anual, a produção nesses dois casos aumentou 8,7% e 7,7%.

A crise internacional teve efeitos importantíssimos na indústria brasileira. O primeiro deles foi deprimir violentamente o crescimento no último trimestre de 2008 e durante o ano 2009. A indústria se recuperaria desse impacto já em 2010, mas os demais efeitos da crise externa tiveram consequências mais duradouras. A crise descortinou o que já era uma realidade para, pelo menos, os analistas que acompanham de perto a indústria. O Brasil tem relativamente baixo aumento de produtividade e se transformou em um país caro demais para produzir, resultado de muitos anos em que internamente os custos de toda ordem foram subindo até se tornarem um dos mais altos do mundo. Estamos falando de temas conhecidos como o da tributação, custo de capital de terceiros fora do BNDES, custo do investimento, custo de energia, custo dos encargos trabalhistas e custo de logística. A associação entre altos custos e padrões de produtividade que deixam a desejar só poderia ser compensada a curto prazo pela taxa de câmbio. Não tem sido esse o caso, pelo contrário, já que a valorização do real aumentou adicionalmente os custos em dólar de se produzir no país.

TABELA 2
Produção industrial: Variações anuais (%)

	Geral	Bens de Capital	Intermediário	Durável	Não Durável
1994	7,6	18,7	6,5	15,1	1,9
1995	1,8	0,3	0,2	14,5	4,2
1996	1,7	–14,1	2,9	11,2	3,7
1997	3,9	4,8	4,6	3,5	0,5
1998	–2,0	–1,6	–0,7	–19,6	–1,1
1999	–0,7	–9,1	1,9	–9,3	–1,2
2000	6,6	13,1	6,8	20,8	–0,4
2001	1,6	13,5	–0,1	–0,6	1,6
2002	2,4	–1,0	3,1	2,7	0,4
2003	0,1	2,2	2,0	3,0	–3,9
2004	8,3	19,7	7,4	21,8	4,0
2005	3,1	3,6	1,0	11,4	4,6
2006	2,8	5,7	2,1	5,8	2,7
2007	6,0	19,5	5,0	9,1	3,5
2008	3,1	14,3	1,5	3,8	1,4
2009	–7,4	–17,4	–8,8	–6,4	–1,5
2010	10,5	20,9	11,4	10,3	5,3
2011	0,3	3,3	0,3	–2,0	–0,2
2012 (mar)*	–1,1	–1,5	–0,5	–6,1	–0,3
2004/2010	3,6	8,7	2,6	7,7	2,8

Fonte: IBGE.* Variação em doze meses findos em março de 2012.

Ademais, na medida em que a crise mundial ainda não teve uma solução e não acena com o retorno ao crescimento ao menos nos países centrais, ela determinou uma hiperconcorrência internacional pelos poucos mercados consumidores dinâmicos existentes no mundo, entre eles o Brasil. Nesse processo, como se sabe, países emergentes de grande poder industrial no mundo preservaram ou mesmo ampliaram sua capacidade produtiva industrial. Além disso, adotam políticas claramente de defesa de sua moeda subvalorizada, o que causa uma assimetria de grande gravidade, sobretudo para economias com moeda valorizada.

A combinação das três facetas – relativas a custos, produtividade e câmbio – associadas ao quadro internacional vigente está na base da virtual estagnação da indústria manufatureira que se apresenta desde o ano passado. Não há como não ficar apreensivo sobre o percurso futuro da indústria, a menos que ocorram mudanças relevantes nessas questões, uma perspectiva que vem melhorando com as ações relevantes recentemente adotadas pelo governo em áreas como custo do crédito, câmbio e política industrial (Plano Brasil Maior). Contudo, os efeitos destas ações são de médio prazo, enquanto os problemas relativos à penetração do produto importado no mercado brasileiro e ao encolhimento da exportação de manufaturados são imediatos.

Os dados mais recentes da produção industrial parecem indicar certas tendências novas da economia, as quais convém sublinhar. Primeiramente, a produção do setor como um todo caiu 0,5% no primeiro trimestre de 2012, relativamente ao período imediatamente anterior. Esse índice negativo completa um conjunto de quatro trimestres seguidos de queda, uma demonstração de que já há algum tempo a indústria encontra-se em recessão e não em mera desaceleração.

Uma segunda conclusão diz respeito aos segmentos que estão liderando a recessão industrial. Se a indústria como um todo recuou 1,1% nos últimos 12 meses encerrados em março de 2012 em comparação com os 12 meses anteriores, a produção de bens duráveis regrediu 6,1% e a de bens de capital caiu 1,5%. Esses resultados podem estar superdimensionados em função de problemas de produção de caminhões, utilitários, ônibus e automóveis no primeiro trimestre deste ano, mas, de qualquer forma, parecem denotar a interrupção do ciclo de bens duráveis e, simultaneamente, do ciclo de investimentos na economia brasileira.

Daí, uma terceira conclusão é que a indústria não sofre apenas um revés devido a uma insuficiente competitividade frente ao produto importado, mas agora é afetada também pela deficiência da demanda efetiva que se apresenta na economia. Mudou o fator preponderante que puxa a indústria – e a economia como um todo – para baixo, sem que a competitividade industrial tenha melhorado significativamente, muito embora a desvalorização que vem ocorrendo no real tenha evitado um quadro ainda pior.

Em parte, essa maior abrangência da retração deveu-se ao próprio contágio da crise industrial sobre outros setores da economia e sobre a disposição dos bancos em manter o vigor dos seus financiamentos. O processo ainda não atinge a produção de bens-salário que se mantém relativamente protegida porque o nível de emprego na economia até agora não acompanhou o declínio da produção industrial, mas nem mesmo isso se revela agora uma certeza absoluta, já que em março de 2012 a produção industrial desse setor diminuiu 0,8%.

Não se trata mais, portanto, de "salvar" a indústria, mas, sim, além de executar políticas que reconstituam a competitividade industrial, se faz necessário revigorar as decisões de investir dos empresários e as decisões de consumir bens duráveis por parte das famílias, além das decisões de emprestar dos bancos que financiam os outros dois agentes.

No curto prazo, vale dizer, ao longo deste ano, entrarão em cena alguns fatores de estímulo que poderão melhorar o desempenho industrial, como a redução da taxa básica de juros iniciada em agosto do ano passado, a elevação do salário mínimo, as medidas de desoneração da indústria e o aumento do investimento público em infraestrutura e em programas de habitação popular. Algumas dessas medidas ampliarão o consumo de setores empregadores e de baixa penetração das importações. Com isso, a produção industrial, que praticamente estagnara em 2011, poderá ser mais favorecida este ano – elevação de 2% a esta altura parece ser a melhor projeção para o valor agregado e a produção da indústria de transformação em 2012 contra índices próximos a zero no ano anterior. Mas o melhor desempenho, caso ocorra, não deve obscurecer os problemas de fundo que se sobrepõem e que estão deprimindo a indústria e a economia brasileira como um todo, vale dizer, os problemas relacionados com a competitividade industrial e a mudança endógena da fase do ciclo da economia em razão de esgotamentos dos ciclos de investimento – sobretudo o investimento industrial – e de bens duráveis.

COMPETITIVIDADE E O COMÉRCIO EXTERIOR DE PRODUTOS INDUSTRIAIS

Antes mesmo da crise internacional, que derrubou as exportações de manufaturados do Brasil e todos os demais países do mundo, as vendas externas brasileiras desses produtos já vinham declinando, denotando perda gradativa de competitividade mesmo em um quadro de intenso progresso do comércio mundial. Assim, avaliada em termos de *quantum* de exportação, o quadro de variação na média em 12 meses das exportações no mês que antecedeu ao agravamento da crise internacional (agosto de 2008) segundo as categorias, pode ser assim resumido: o crescimento chegava a 3,8% para produtos básicos, 0,6% para bens semimanufaturados e –1,5% para manufaturados. Após a crise e com a gradativa retomada do comércio mundial, cresceram as exportações brasileiras em *quantum*, mas foi notório o atraso no caso de manufaturados.

O mesmo tema da falta de competitividade pode ser ilustrado pelos resultados do comércio exterior de bens da indústria de transformação e pelos coeficientes de comércio exterior. Vejamos esses dois lados da questão.

Conjugada a um crescimento da economia mais forte nos anos 2007 e 2008 antes do agravamento da crise externa, a perda de competitividade industrial se traduziu na passagem de uma condição de saldo comercial confortável de bens típicos da indústria de transformação (segue-se aqui uma classificação da OCDE), na faixa de US$30 bilhões em 2006, para déficits de US$7,1 bilhões em 2008 e de US$8,3 bilhões em 2009. Em 2010, o déficit comercial de produtos industriais chegou a US$34,8 bilhões, o que revela um processo muito grave de deterioração da competitividade do setor. Mas essa deterioração se mostraria ainda maior em 2011, ano em que os grandes produtores industriais do mundo amplificaram suas ações no mercado brasileiro e o déficit industrial sobe a US$48,7 bilhões. Nesse processo, o que chama a atenção é que a passagem de saldo para déficit e em seguida o agravamento desse déficit não teve precedentes no comércio exterior brasileiro, dada a sua rapidez combinada com sua enorme intensidade.

Cabe identificar os setores que lideraram o processo. A princípio, a liderança coube aos bens de alta intensidade tecnológica – cujo déficit passou de cerca de US$12 bilhões em 2006 para a faixa de US$22 bilhões em 2008 e daí para US$26 bilhões em 2010. Em 2011, o déficit continua subindo, mas desacelera, chegando a US$30 bilhões. Já os bens de média-alta tecnologia passam de um déficit de valor muito baixo como US$1 bilhão em 2006 para US$30 bilhões em 2008, atingindo US$39,3 bilhões em 2010. Em 2011, o déficit explode para US$52 bilhões. Como convém observar, em média-alta tecnologia encontram-se os setores mais dinâmicos do ciclo industrial recente da economia brasileira, notadamente bens de capital e indústria automobilística, além do setor químico. A dinâmica do intenso processo de aumento do déficit comercial de produtos industriais responde, portanto, a um fator de base do desenvolvimento industrial brasileiro – a dependência tecnológica – mas também, de forma crescente, ao interesse dos produtores estrangeiros nos dinâmicos mercados de bens de consumo e de bens de investimento do país.

GRÁFICO 4
Brasil: Balança comercial (US$ milhões FOB)

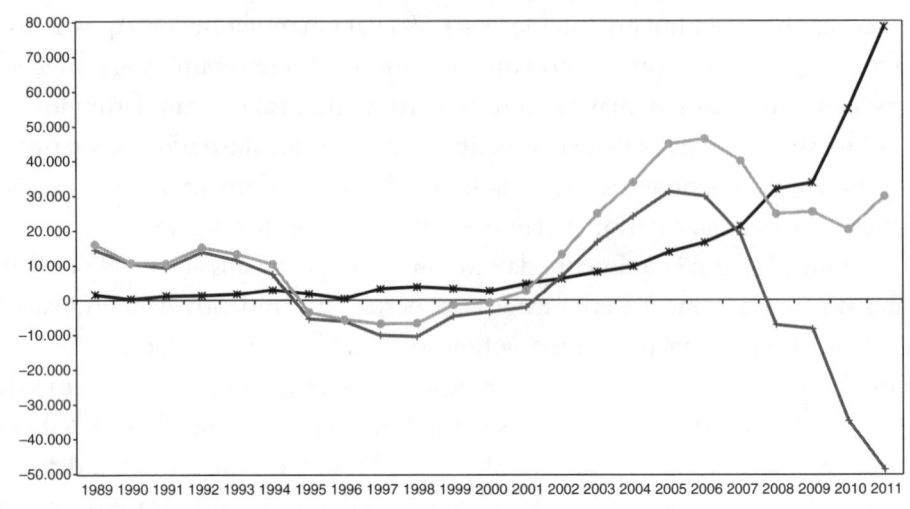

―×―Demais produtos ―+―Prods. ind. transformação ―●―Total

Fonte: dados básicos do MDIC. Elaboração IEDI.

GRÁFICO 5
Brasil: Produtos da indústria de transformação por intensidade tecnológica; balança comercial (US$ milhões FOB)

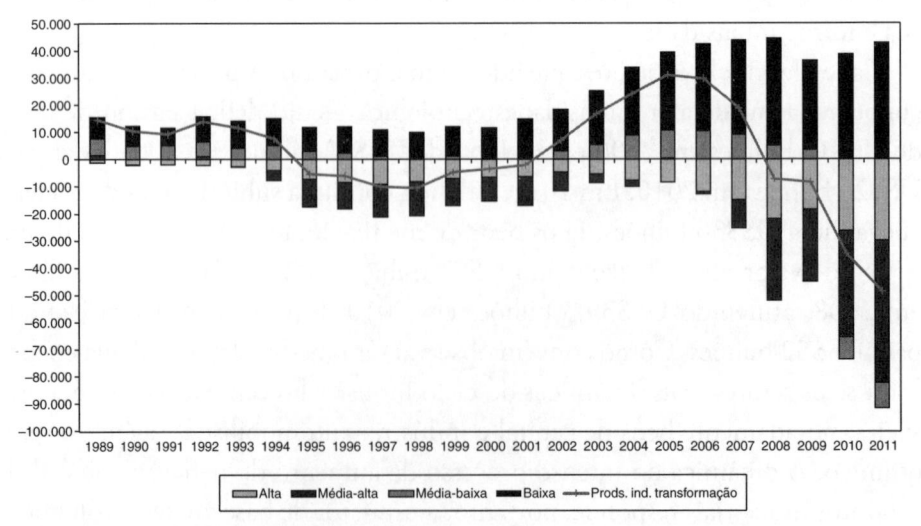

☐Alta ■Média-alta ☐Média-baixa ■Baixa ―+―Prods. ind. transformação

Fonte: dados básicos do MDIC. Elaboração IEDI.

Por si só o agravamento do déficit comercial de produtos industriais é muito grave porque daí decorre um crescente desequilíbrio das contas externas do país, que as exportações de commodities não industriais apenas em parte são capazes de compensar. Mas, como se colocam perspectivas favoráveis de crescimento para a economia brasileira a partir do mercado interno consumidor e da realização de programas de investimento de grande vulto, a exemplo das inversões previstas para a exploração do Pré-sal, a baixa competitividade industrial traz o risco de que o país deixe escapar poderosas alavancas para o seu desenvolvimento. Estancar o desequilíbrio externo e tornar mais pleno o desenvolvimento econômico pressupõe que a indústria brasileira conquiste maior produtividade e competitividade.

Uma análise dos coeficientes de comércio exterior da indústria brasileira permite chegar à mesma conclusão sobre a necessidade de a indústria recuperar condições de competitividade. Nessa análise, três pontos principais devem ser destacados: a) a perda de expressão do mercado de exportação para as empresas industriais instaladas no Brasil tem sido intensa e poderá deixar sequelas para a dinâmica da economia doméstica; b) está em curso um aumento que, se não é explosivo, é regular e vigoroso da participação do produto importado nos mercados de produtos industriais no País; c) o forte aumento da dependência de insumos importados para a produção de bens industriais brasileiros pode desestruturar cadeias produtivas inteiras instaladas no país, dentre elas as mais representativas das etapas superiores da evolução industrial.

Quanto ao coeficiente de exportação – vale dizer, a relação entre o quanto o país exporta em valor e o que produz sua indústria de transformação –, este, segundo estimativas da CNI e da FUNCEX, chegou a alcançar 21,6% após as desvalorizações de 1999 e 2002, o que denotava uma expressiva orientação exportadora da indústria brasileira. O ano 2011 culmina um processo de reversão da anterior abertura exportadora, com o coeficiente de exportação retornando a um nível de 15%, que é próximo à média dos anos finais da década de 1990. Este retrocesso pode representar menor propensão ao investimento e mais baixo ímpeto inovador por parte da empresa brasileira, caso o mercado interno, do qual ela passa a depender excessivamente, diminua seu dinamismo.

Certos segmentos ainda sustentam o índice exportador médio de 15% para a indústria, a exemplo de alimentos (22%) e de setores cujos investimentos no passado foram orientados para exportação, a exemplo de celulose e papel (23,1%), metalurgia (30,2%) e aviões e outros equipamentos de transporte (35,8%). Mas segmentos antes exportadores com grande ou média expressão já estão deixando de apresentar esta condição, como produtos de couro e calçados (25,5% em 2011 e 41% em 2005), produtos de madeira (17,8% e 49,7%, respectivamente), equipamentos de informática, produtos eletrônicos e ópticos (9% e 21,5%), máquinas, aparelhos e materiais elétricos (10,2% e 17,2%), máquinas e equipamentos (19,9% e 30,8%) e veículos (12,7% e 25%).

O coeficiente de penetração de importações que avalia a participação em valor das importações no mercado interno de produtos industriais já é de 18,5% (14,5% em 2005) e tem tendência de forte aumento à frente a julgar pela progressão dos últimos dois anos. Cresce muito em mercados tradicionais, como em produtos têxteis (18,5% em 2011 contra 9,1% em 2005). O coeficiente mostra-se alto em mercados de produtos químicos (26,3% em 2011), produtos farmacêuticos (30,2%), produtos de informática, eletrônicos e ópticos (51,0%), máquinas, aparelhos e materiais elétricos (24,0%) e máquinas e equipamentos (36,8%). Como já foi observado, esses mercados vinham tendo muito dinamismo na economia brasileira.

Finalmente, o coeficiente de insumos importados avalia, em valor, o peso do insumo importado na produção industrial. Em um contexto de perda de competitividade e valorização da moeda, a maior utilização de insumos importados foi a alternativa mais imediata que as empresas encontraram para baratear a fabricação de seus produtos. Não é por acaso que este coeficiente vem aumentando celeremente nos últimos anos, em um percurso interrompido apenas em 2009 devido à crise. O índice global passa de 17,2% em 2005 para 22,4% em 2011, mas é ainda mais importante avaliar o que ocorreu em alguns setores da indústria de transformação.

Para certos setores, os aumentos no período mais recente resultam índices de insumos importados muito elevados, como no caso de produtos de informática, produtos eletrônicos e ópticos (76,7% em 2011 e 49,0% em 2005), metalurgia (46,4% e 26,2%), produtos farmacêuticos (44,4% e 38,8%), produtos químicos (44,1% e 28,1%) e aviões e outros equipamentos de transporte (38,1% e 26,4%). Em outro bloco, o coeficiente subiu para níveis altos: produtos têxteis (28,5% e 14,0%), máquinas, aparelhos e materiais elétricos (23,1% e 18,5%), máquinas e equipamentos (21,4% e 15,4%) e veículos (25,1% e 18,9%). Possivelmente, um determinante cíclico tenha condicionado em alguns casos o aumento do coeficiente de insumos importados, mas não nos parece ser este o caso geral. A penetração das importações através da produção finca raízes mais profundas do que a penetração das importações nos mercados de bens finais. Por outro lado, as elevações dos coeficientes de insumos importados ocorreram mais intensamente em setores de maior tecnologia e são mais representativos de revoluções industriais recentes. Somente mudanças mais profundas na economia, em seus padrões de custo, produtividade e competitividade, associadas à execução de políticas industriais poderão reacomodar este quadro.

Como solução isolada para o déficit de competitividade da indústria brasileira, o aumento do coeficiente de insumos importados pode ter alcance limitado se os reais fatores que estão deprimindo a competitividade industrial não forem atacados. Ademais, como o maior coeficiente de importação pode empobrecer as cadeias produtivas e retirar o poder de encadeamento que a indústria tem sobre outros ramos da própria indústria e sobre outros setores econômicos, pode também reduzir o potencial de crescimento da economia.

GRÁFICO 6
Indústria de transformação (coeficientes em %)

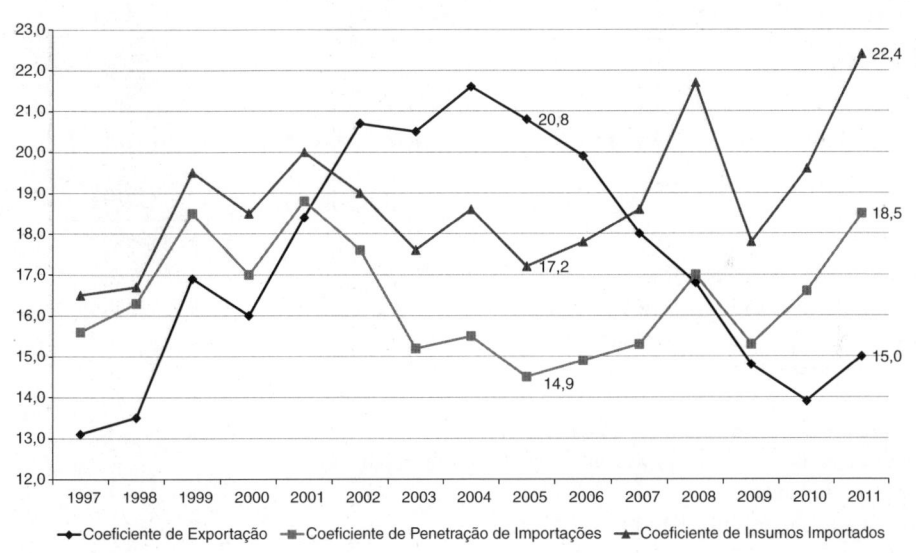

Fonte: CNI-Funcex

TABELA 3
Coeficiente de exportação (setores selecionados) (%)

Setores	2000	2005	2011
Indústrias de transformação	**16,0**	**20,8**	**15,0**
Fabricação de produtos alimentícios	16,5	26,3	22,0
Preparação de couros e fabricação de artefatos de couro, artigos para viagem e calçado	35,4	41,0	25,5
Fabricação de produtos de madeira	45,0	49,7	17,8
Fabricação de celulose, papel e produtos de papel	21,0	21,2	23,1
Metalurgia	31,6	32,6	30,2
Fabricação de equipamentos de informática, produtos eletrônicos e ópticos	15,4	21,5	9,0
Fabricação de máquinas, aparelhos e materiais elétricos	12,3	17,2	10,2
Fabricação de máquinas e equipamentos	19,9	30,8	19,9
Fabricação de veículos automotores, reboques e carrocerias	20,4	25,0	12,7
Fabricação de outros equipamentos de transporte, exceto veículos automotores	82,6	49,3	35,8
Fabricação de móveis	11,1	19,1	5,5

Fonte: CNI/Funcex

TABELA 4
Coeficiente de penetração das importações (setores selecionados) (%)

Setores	2000	2005	2011
Indústrias de transformação	**17,0**	**14,5**	**18,5**
Fabricação de produtos alimentícios	4,6	2,9	3,5
Fabricação de produtos têxteis	11,0	9,1	18,5
Confecção de artigos do vestuário e acessórios	2,6	3,4	8,4
Preparação de couros e fabricação de artefatos de couro, artigos para viagem e calçados	5,8	6,1	9,5
Impressão e reprodução de gravações	11,2	4,3	3,6
Fabricação de coque, de produtos derivados do petróleo e de biocombustíveis	16,9	9,1	23,3
Fabricação de produtos químicos	21,7	21,9	26,3
Fabricação de produtos farmoquímicos e farmacêuticos	26,5	25,1	30,3
Fabricação de produtos de minerais não metálicos	4,4	4,9	6,2
Metalurgia	12,3	10,3	17,4
Fabricação de equipamentos de informática, produtos eletrônicos e ópticos	40,2	44,2	51,0
Fabricação de máquinas, aparelhos e materiais elétricos	25,4	19,8	24,0
Fabricação de máquinas e equipamentos	35,3	33,6	36,8
Fabricação de veículos automotores, reboques e carrocerias	17,7	12,1	17,6
Fabricação de outros equipamentos de transporte, exceto veículos automotores	72,8	34,9	37,2
Fabricação de produtos diversos	18,1	22,4	29,5

Fonte: CNI/Funcex

TABELA 5
Coeficiente de insumos importados (setores selecionados) (%)

Setores	2000	2005	2011
Indústrias de transformação	**18,5**	**17,2**	**22,4**
Fabricação de produtos têxteis	19,6	14,0	28,5
Fabricação de produtos químicos	26,0	28,1	44,1
Fabricação de produtos farmoquímicos e farmacêuticos	43,2	38,8	44,4
Fabricação de produtos de minerais não metálicos	9,5	11,3	17,7
Metalurgia	23,0	26,2	46,4
Fabricação de equipamentos de informática, produtos eletrônicos e ópticos	47,3	49,0	76,7
Fabricação de máquinas, aparelhos e materiais elétricos	25,4	18,5	23,1
Fabricação de máquinas e equipamentos	13,3	15,4	21,4
Fabricação de veículos automotores, reboques e carrocerias	24,9	18,9	25,1
Fabricação de outros equipamentos de transporte, exceto veículos automotores	55,4	26,4	38,1

Fonte: CNI/Funcex

A QUESTÃO DA PRODUTIVIDADE

Um trabalho do economista Rogério Cesar de Souza, do IEDI, a ser publicado em breve (Na Era da Produtividade o Brasil Precisa Acelerar o Passo) e que acompanhou a evolução da produtividade total em 100 países nas últimas seis décadas, mostra que apesar de ter experimentado um desempenho modesto nas últimas três décadas o Brasil melhorou nos anos 2000. O ponto, no entanto, é que essa melhora não coloca o país na fronteira dos ganhos de produtividade, nos deixando ainda atrás de outras experiências. Portanto, nossa produtividade, se, por um lado, já não parece evoluir com a lentidão de antes – um ponto que nos favorece –, por outro ainda não se posiciona em bases próximas aos países que já conquistaram ou estão procurando conquistar posições superiores na escala do desenvolvimento. Nesse tema, o Brasil precisa acelerar o seu avanço.

Quanto à produtividade do trabalho na indústria brasileira, esta foi condicionada no período recente pela crise mundial que derrubou a indústria ainda no quarto trimestre de 2008 e ao longo do ano de 2009 e concorreu para o baixo desempenho da produção e da produtividade do setor. Em 2008, a produtividade só aumentou 1,1% e em 2009 houve queda de 2,1%. No ano seguinte a situação deveria ter retornado à normalidade devido a uma recuperação elástica

TABELA 6
Produção (PF), Pessoal Ocupado (PO), Folha de Pagamento Média Real (FMR), Horas Pagas (HP), Produtividade (PF/HP) e Custo do Trabalho Indicador acumulado: variação percentual – 2002-2011

	2002	2003	2004	2005	2006	2007	2008	2009	2010	2011	Média Geométrica 2004/2007	Média Geométrica 2008/2001
Produção Física (PF)	2,7	0,0	8,3	3,1	2,8	6,0	3,1	-7,4	10,5	0,3	5,0	1,4
Pessoal Ocupado (PO)	-1,0	-0,6	1,8	1,3	0,0	2,2	2,1	-5,0	3,4	1,0	1,3	0,3
Folha de Pagamento Média Real (FMR)	-1,9	-3,6	7,7	2,3	1,4	3,6	4,0	2,6	3,3	3,2	3,7	3,3
Horas Pagas (HP)	-1,3	-0,9	2,1	1,0	0,4	1,8	1,9	-5,3	4,1	0,5	1,3	0,2
Produtividade (PF/HP)	4,1	0,9	6,1	2,0	2,4	4,1	1,1	-2,2	6,1	-0,2	3,6	1,2
Custo do Trabalho (FMR/[PF/HP])	-5,7	-4,5	1,5	0,2	-1,1	-0,5	2,8	4,9	-2,7	3,4	0,0	2,1

Fonte: IBGE, PIM–PF e PIMES

da produção e da produtividade, que cresceria 6,1%. Mas em 2011 voltaria a apresentar declínio, desta feita de 0,2%. Na média dos quatro últimos anos o aumento anual foi de apenas 1,2%, um índice muito baixo, distante do seu correspondente no quadriênio anterior (2004-2007) de 3,6% e insuficiente para acomodar aumentos de custos e melhorar a competitividade frente à concorrência do produto importado. A produtividade industrial precisa reencontrar o caminho do crescimento, o que em parte será obtido com um crescimento maior da produção.

NOTAS SOBRE A NOVA POLÍTICA INDUSTRIAL

Nos últimos anos o Brasil vem promovendo políticas industriais mais ativas. A Política de Desenvolvimento Produtivo (PDP), lançada em maio de 2008, estabeleceu metas gerais para a economia relativas ao investimento, aos gastos privados com inovação e exportações. Teve vários méritos, como, por exemplo, assegurar uma condição de destaque ainda maior ao BNDES no financiamento das inversões da infraestrutura, da indústria e da inovação. Como se sabe, há uma carência muito acentuada de fontes voluntárias de financiamento de longo prazo na economia, um problema que em parte foi minimizado pela PDP. A crise internacional, no entanto, limitou o alcance desta política.

A mais nova política industrial, lançada sob o título de "Plano Brasil Maior" em agosto de 2010 e complementada com o "pacote" de 3 de abril de 2012, trouxe medidas pioneiras, como a desoneração da folha de salários, a retirada integral dos impostos federais sobre o investimento, a devolução de até 3% do valor das exportações aos exportadores a título de impostos não compensados e reforçou recursos e ampliou programas voltados à inovação e ao investimento.

A nova política industrial procurou ainda articular objetivos conjunturais e estruturais. Medidas conjunturais visam dar aos setores mais afetados pela crise da indústria uma capacidade de defesa ou de reação diante da concorrência do produto importado. Ou seja, foram adotadas medidas compensatórias para minimizar o impacto da concorrência externa na produção doméstica enquanto ações de maior alcance não surtem efeito. Países com condições parecidas com a que vive o Brasil adotam medidas dessa natureza para amortecer o impacto de uma crise ainda que temporariamente para, assim, permitir que sejam adotadas novas estratégias empresariais e sejam promovidos ajustes na produção, na produtividade e no emprego nos setores mais atingidos. Nessa direção foram acionadas medidas para o aperfeiçoamento da defesa comercial (maior controle e vigilância das importações irregulares), ampliação do crédito a juros favorecidos do BNDES e postergação de pagamento de impostos dos setores mais afetados pela crise (os setores de autopeças, têxtil, confecções, calçados e móveis).

A desoneração da folha de salários se inscreve como ação de efeito imediato, mas na prática seu alcance será maior. Não é particularmente expressivo o benefício de redução do recolhimento empresarial ao INSS na passagem da base folha de salários para a base faturamento, mas a mudança permitirá que o recolhimento seja excluído das exportações e incluído nos impostos cobrados na importação. Colabora, assim, para a isonomia tributária entre a produção realizada no país e no estrangeiro, o que dará maior igualdade de condições com o produto importado, embora a medida seja de pequena envergadura diante do enorme diferencial de custos que se acumulou contra o produto nacional. A chamada "desoneração da folha" consistiu em eliminar a contribuição previdenciária das empresas de 20% sobre a folha e instituir o recolhimento de um valor correspondente a 1% a 2% (dependendo do setor) para o INSS. Ao todo, foram contemplados 15 setores industriais e o governo acena com a possibilidade de inclusão de novos setores.

Dentre as medidas mais estruturais, além do reforço conferido aos programas de inovação e financiamento do investimento, a nova política industrial alçou à primeira linha de objetivos o aumento do conteúdo local de produção, estabelecendo a partir daí mecanismos e incentivos para atrair investimentos em setores selecionados. Anteriormente o governo já adotara uma norma de conteúdo local para as encomendas da Petrobras com o objetivo de alavancar segmentos como a indústria naval e bens de capital a partir das grandes inversões do Pré-sal. No âmbito do Plano Brasil Maior, instituiu nas compras governamentais uma margem de preço de preferência de até 25% para produtos nacionais e beneficiou segmentos como a indústria de medicamentos, fármacos e biofármacos. Criou ainda um programa de desenvolvimento da indústria da defesa e anunciou um novo e importante regime automotivo. O Brasil dispõe de um dinâmico mercado de veículos como poucos países têm e é relevante que disso resulte um correspondente dinamismo da produção, da produtividade e do emprego de qualidade na cadeia automotiva. O novo regime, a vigorar entre 2013 e 2017, pretende estabelecer um marco de regulação para a nova etapa que se abre no desenvolvimento da produção automobilística no Brasil, definindo, dentre outros parâmetros, o grau de nacionalização da produção e um percentual mínimo de investimentos em P&D&I no País.

O Plano Brasil Maior também concedeu isenções de impostos para a produção nacional de bens da tecnologia de informação e comunicações, que deverá dar impulso a esse segmento que é inovador e disseminador de ganhos de produtividade. As medidas que pretendem aumentar a produção de equipamentos de telecomunicações, bens e serviços utilizados na infraestrutura de Internet em banda larga, computadores portáteis e semicondutores, têm mais chances de êxito porque vêm acopladas a programas governamentais de grande envergadura, tais como o Programa Nacional de Banda Larga e o Programa "Um Computador por Aluno".

A nova política industrial vai na direção correta de buscar uma articulação entre as medidas de alcance mais curto e as medidas de alcance mais longo que objetivam a modernização da indústria e a inclusão, entre seus setores, daqueles em que a inovação tende a ser maior e a produtividade é mais alta. Mas, a nosso ver, não deveria deixar de envolver mais explicitamente os três grandes objetivos que temos salientado: aumento de produtividade, ampliação da competitividade e atração de investimentos. Em torno desses objetivos, as diversas ações – muitas delas já adotadas pelo Plano Brasil Maior – deveriam ser estruturadas, a exemplo dos programas de incentivo ao investimento, incentivo à inovação, políticas de compras governamentais, financiamento ao investimento e para P&D&I, incentivo à modernização produtiva de micro, pequenas e médias empresas, política comercial, formação e treinamento de mão de obra etc.

A produtividade em uma economia reage tanto a fatores muito gerais, porém de grande complexidade e relevância – desenvolvimento educacional e da infraestrutura são exemplos – quanto a fatores particulares atinentes aos setores. No caso da indústria, melhoras na formação de mão de obra, no desenvolvimento tecnológico das empresas e na modernização do parque industrial dariam ensejo ao aumento na produtividade do setor.

No tema da competitividade, o objetivo é conferir maior capacidade de colocação do produto industrial nacional em mercados externos e assegurar condições de o produto nacional concorrer com o produto estrangeiro no mercado interno. O tema tem conotações diferentes segundo os vários segmentos e cadeias industriais, mas, em termos mais gerais, o aumento da produtividade e da inovação nas empresas brasileiras seriam importantes indutores da competitividade industrial. Diversos outros determinantes "sistêmicos", ou seja, fora da alçada propriamente setorial ou empresarial, são decisivos. O primeiro deles é o câmbio que a política econômica vem tentando preservar em certo nível mais adequado à indústria. O governo também vem promovendo avanços ou reformas em outros temas, como na infraestrutura, que, no entanto, permanece como muito deficiente, e no custo do crédito, que é um dos mais caros do mundo. Na reforma tributária ainda se espera uma ação mais concentrada do governo.

Uma contribuição relevante para a competitividade da indústria brasileira como um todo viria de uma política industrial direcionada aos setores produtores de insumos básicos utilizados pelas principais cadeias produtivas instaladas no país. O objetivo seria baratear os insumos fundamentais da indústria, a começar pela energia. Um programa dessa envergadura teria o significado de reduzir custos ao longo das cadeias de produção chegando até a ponta dos produtos finais cuja competitividade, por isso, seria ampliada.

Na atração de investimentos não há reparos à atuação da atual política industrial, com exceção, talvez, à oportunidade que parece se abrir e que deve ser aproveitada para a atração de inversões estrangeiras em segmentos de notório atraso do país, como no setor eletrônico. A perspectiva de crescimento de escalas de produção das empresas em operação no país, dado o maior crescimento projetado do mercado brasileiro, é um fator de atração de investimentos diretos estrangeiros. No mesmo sentido, a avaliação internacional do Brasil como o grande centro de crescimento econômico da América do Sul e em nível mundial amplia a sua capacidade de atrair investimentos de longo prazo de empresas internacionais em segmentos de mais elevada tecnologia.

Estratégia nacional de acesso ao mercado de capitais

*Carlos A. Rocca**

---
* Diretor-técnico do IBMEC (Mercado de Capitais).

1. BASES DA PROPOSTA DO IBMEC[1]

A proposta do IBMEC parte da constatação de que um dos principais fatores que limitam a competitividade da indústria brasileira é o elevado custo de capital e a reduzida disponibilidade de recursos em condições adequadas para financiar seus investimentos. A grande maioria das empresas industriais brasileiras é de capital fechado e se defronta com custos de financiamento elevados, frequentemente superiores à rentabilidade de seu negócio. A oferta de recursos de longo prazo compatíveis com projetos de investimentos é praticamente limitada aos bancos oficiais e especialmente ao BNDES, nem sempre disponíveis para empresas de menor porte.

Em paralelo aos esforços de redução da taxa básica de juros e do custo do crédito bancário, existem razões para acreditar que o mercado de capitais poderá contribuir de modo significativo para esse fim. A regulação do mercado de capitais brasileiro é considerada a mais avançada entre os emergentes e uma das melhores do mundo. Trata-se também do resultado da estreita cooperação entre o setor privado, organizado no âmbito do Plano Diretor do Mercado de Capitais,[2] a CVM e outros órgãos reguladores reunidos no Grupo de Trabalho do Mercado de Capitais e da Poupança de Longo Prazo.[3] Na última década foram criados

---

[1] Agradeço o apoio e as contribuições do Prof. Lauro Modesto dos Santos Junior, Superintendente do CEMEC, Centro de Estudos de Mercado de Capitais do IBMEC; eventuais erros e omissões são de responsabilidade do autor.

[2] Lançado em 2002 no Congresso da antiga ABAMEC, com base nas propostas contidas nos Estudos IBMEC 01 – Soluções para o Desenvolvimento do Mercado de Capitais (2001) com apoio de dezenas entidades do setor privado. Balanço feito em 2008 mostrou mais de 80% das propostas feitas naquela ocasião haviam sido implementadas, total ou parcialmente. Detalhes no site do IBMEC: www.ibmec.org.br.

[3] GT criado no Ministério da Fazenda em 2003, sob a coordenação do Secretário de Política Econômica, com a participação, entre outros, da CVM, do Banco Central do Brasil, SPC (atual PREVIC) e SUSEP.

inúmeros instrumentos financeiros, ao mesmo tempo em que ocorreu progresso considerável nos padrões de transparência, governança e proteção ao investidor. Além da criação do Novo Mercado da BM&FBOVESPA e do seu mercado de acesso (Bovespa Mais), vários instrumentos criados permitem às empresas fechadas emitirem títulos de dívida e às empresas emergentes receberem recursos de capital na forma de participação acionária e apoio gerencial.[4]

Existe um grande potencial de crescimento da participação do mercado de capitais no financiamento das empresas, registrando-se que o crescimento do mercado de dívida corporativa é fator de aumento de concorrência no mercado de crédito. A participação do mercado de capitais na mobilização de poupança financeira é um dos indicadores desse potencial. Por exemplo, o saldo de ativos financeiros na carteira de investidores institucionais[5] e de instrumentos do mercado de capitais[6] fora dos institucionais representa cerca de 75% do saldo de ativos financeiros líquidos da economia. Entretanto, o mercado de capitais financia apenas 11,5% dos investimentos privados e 18% do exigível financeiro das empresas brasileiras.[7] Outra indicação importante do potencial do mercado de dívida corporativa é o acentuado crescimento das emissões observado nos últimos anos, anteriormente aos avanços tributários recentes em relação a investidores estrangeiros e a tributação do cupom de debêntures, principal título negociado nesse mercado.

Atualmente, somente um pequeno número de empresas tem se beneficiado desse mercado. Embora a capitalização do mercado acionário ocupe posição intermediária quando comparada com as economias emergentes, o número de companhias de capital aberto com ações listadas na BM&FBOVESPA é o menor desse grupo. Em comparação com o mercado acionário, o mercado brasileiro de dívida corporativa é menor que o mercado acionário, menos desenvolvido e de baixa liquidez, o que tem limitado fortemente sua capacidade de oferecer resultados. O valor médio das emissões primárias de ações e de dívida é muito elevado, constituindo um obstáculo à sua utilização por empresas de menor porte. Não obstante essas e outras limitações, um número crescente de empresas fechadas tem utilizado alguns instrumentos e acessado o mercado de dívida.

---

[4] Este último caso se refere a Fundos de Investimento em Empresas Emergentes (FIEEM) e Fundos de Investimento e Participações (FIPs).
[5] Fundos de pensão, fundos de previdência, planos de previdência aberta e companhias de seguros e de capitalização.
[6] Ações e títulos de dívida de empresas não financeiras.
[7] Estimativas do CEMEC: www.cemec.ibmec.org.br

Resultados preliminares de estudos promovidos pelo CEMEC, com base na consolidação de balanços das companhias abertas e das maiores empresas fechadas, mostram que, em média, esse grupo de um pouco mais de 1.000 empresas[8] tinha custo de exigível financeiro inferior à rentabilidade de seus ativos em 2010. Estimativas feitas para o grupo das demais empresas fechadas, que detêm cerca de 40% dos ativos produtivos do país, sugerem que, em média, seu custo de capital é superior à rentabilidade de seus ativos. Esse último grupo de empresas depende quase exclusivamente dos recursos próprios de seus sócios para operar e investir, o que obviamente representa importante fator de inibição de crescimento, geração de empregos e inovação tecnológica.

No caso do mercado de dívida privada, deve-se reconhecer que até fins de 2010 vários fatores atuaram no sentido de inibir seu desenvolvimento. No âmbito tributário, entre outras questões, identifica-se o favorecimento de títulos públicos para atrair investidores estrangeiros em títulos públicos, para os quais foi concedida isenção de imposto de renda desde fevereiro de 2006, tratamento não estendido aos títulos privados. No mercado secundário, além de outros fatores inibidores de liquidez, a tributação tornava praticamente proibitiva a negociação das debêntures, principal título de dívida privada corporativa.

Iniciativas adotadas em 2011 representam um avanço na direção de viabilizar um grande aumento de participação do mercado de capitais no financiamento das empresas, desde que sejam criadas determinadas condições. Entre elas destaca-se a criação de melhores condições de acesso de empresas de menor porte e o desenvolvimento de um mercado secundário de dívida ativo e líquido. A redução da taxa de juros já está promovendo a migração de volumes consideráveis de recursos para títulos privados.

A edição da Lei nº 12.431, em junho de 2011, cuja origem é a MP 517 de 12/2010, é um primeiro passo importante de mudança do tratamento tributário dos títulos privados. Além de outras medidas, em certas condições, foi atribuída aos títulos privados a isenção do imposto de renda para investidores estrangeiros e pessoas físicas e reduzida a incidência para pessoas jurídicas, em favor de projetos de investimento, infraestrutura e setores intensivos em tecnologia e inovação.

---

[8] Nesses estudos foram utilizados balanços de cerca de 320 companhias abertas e em torno de 750 das maiores empresas fechadas; custo financeiro obtido pela relação entre despesas financeiras e saldo médio de exigível financeiro.

Por outro lado, a BM&FBOVESPA anuncia o aperfeiçoamento de seu mercado de acesso (BOVESPA MAIS) e a ANBIMA lançou em abril de 2011 o Projeto do Novo Mercado de Renda Fixa com apoio governamental e participação do BNDES. Trata-se de iniciativa análoga ao bem-sucedido Novo Mercado da Bovespa, estabelecendo várias condições de adesão buscando altos níveis de governança e transparência em favor do investidor, ao mesmo tempo em que prevê requisitos e mecanismos destinados a aumentar a liquidez do mercado secundário.

Desse modo, acredita-se que estão postas as condições especialmente favoráveis para dar início a um novo e importante ciclo de crescimento do mercado de capitais, contribuindo para a redução do custo de capital e o aumento de competitividade da indústria e de outros setores da economia brasileira.

Essas são as bases da iniciativa do IBMEC, ao propor a adoção de uma Estratégia Nacional de Acesso ao Mercado de Capitais, já aprovada pelo Comitê Executivo do Plano Diretor.[9] O objetivo é reduzir o custo de capital e aumentar a oferta de recursos de longo prazo para as empresas brasileiras, mediante o apoio para a formulação e implementação de medidas visando:

a. Difundir o acesso ao mercado de capitais a um maior número de empresas, inclusive às empresas de menor tamanho, mediante a abertura de capital, a emissão de títulos de dívida e a obtenção de recursos de outros instrumentos e veículos do mercado de capitais.
b. Desenvolver o mercado de dívida privada e promover elevada liquidez de seu mercado secundário, condição essencial para aumentar a oferta de recursos de longo prazo, em sinergia com o BNDES.

A proposta de organização adota a experiência bem-sucedida do Plano Diretor do Mercado de Capitais: cooperação com órgãos reguladores e parceria com entidades privadas. Busca-se a participação e o diálogo com pelo menos três grupos de entidades privadas:

a. Empresas: entidades representativas de empresas não financeiras, representativas da indústria, comércio, agricultura e serviços.

---

[9] Proposta aprovada na reunião de março de 2012, com a criação de um Grupo de Trabalho encarregado de identificar as ações recomendadas para ampliar o acesso das empresas ao mercado de capitais.

b. Investidores: investidores estrangeiros, institucionais, pessoas físicas.
c. Intermediários e agentes do mercado de capitais: bancos de investimento, corretoras, prestadores de serviços.

Finalmente, deve-se registrar que o aumento da participação do mercado de capitais representa uma diversificação saudável dos sistemas de intermediação financeira cujo resultado será o aumento de sua eficiência operacional e econômica, em favor da competitividade das empresas brasileiras. Como ficou evidenciado no desempenho da economia brasileira durante a crise de 2008, tudo indica que a existência de um sistema de intermediação diversificado, com participação de bancos públicos e privados e mercados de capitais ativos, talvez seja a melhor configuração para enfrentar choques de liquidez internacional em uma economia globalizada.

2. MERCADO DE CAPITAIS BRASILEIRO: REGULAÇÃO, FUNCIONALIDADE E POTENCIAL DE CRESCIMENTO

Nesta parte, destaca-se que o mercado de capitais brasileiro tem regulação considerada a melhor entre os emergentes, oferece alternativas de financiamento de baixo custo até para empresas de capital fechado e tem potencial para aumentar significativamente sua participação no financiamento da indústria brasileira.

2.1 Mercado de capitais é bem regulado e oferece alternativas de financiamento de baixo custo até para empresas de capital fechado

Na última década houve avanços muito significativos no ambiente institucional do mercado de capitais brasileiro, cuja regulação é considerada a mais avançada entre os emergentes e uma das melhores do mundo. Entre os fatores responsáveis por esses avanços deve-se registrar a estreita cooperação entre o setor privado, organizado no âmbito do Plano Diretor do Mercado de Capitais,[10]

---

[10] O Plano Diretor do Mercado de Capitais (PDMC), lançado no Congresso da antiga ABAMEC (atual APIMEC) em abril de 2002, com base em trabalhos e propostas do IBMEC, contou desde o início com o apoio de dezenas de entidades do setor privado. Balanço feito em 2008 no Comitê Executivo de Plano Diretor mostrou que das 50 medidas específicas contidas no Plano de 2002, mais de 40 haviam sido implementadas total ou parcialmente. Detalhes no site do IBMEC: www.ibmec.org.br.

a CVM e outros órgãos reguladores reunidos no Grupo de Trabalho do Mercado de Capitais e da Poupança de Longo Prazo.[11]

No mercado acionário, além de extensa e detalhada regulamentação baixada pela CVM, a criação do Novo Mercado da Bovespa em 2000 promoveu a adoção de melhores padrões de governança e transparência, em benefício dos investidores e especialmente dos acionistas minoritários. A difusão do uso de padrões mais elevados de governança fica evidenciada ao se verificar que a maior parcela das empresas que abriram seu capital nos últimos anos optou por aderir ao Novo Mercado. Não obstante a abertura de capital de empresas de menor porte ainda seja um dos principais desafios a serem enfrentados, é relevante registrar nesse período a criação do mercado de acesso da BM&FBOVESPA, o BOVESPA MAIS, com regras próprias, visando integrar esse segmento de empresas ao mercado acionário.

O Mercado de Capitais já oferece várias alternativas de financiamento de capital de giro e investimentos em condições de apoiar a operação e o crescimento das empresas industriais. Além de instrumentos tradicionais de dívida, como é o caso de debêntures e notas promissórias, foram criados e regulados nesse período novos instrumentos e veículos cuja utilização começa a ser difundida.[12]

2.2 Oportunidades para as empresas de capital fechado

É importante lembrar que vários dos novos instrumentos e veículos do mercado de capitais oferecem oportunidades de acesso a empresas de capital fechado. Sua utilização pode representar um primeiro passo para essas empresas participarem mais adiante do mercado acionário.

Alguns exemplos são significativos:

a) A Instrução CVM 476, ao regulamentar as ofertas públicas de títulos de dívida com distribuição por esforços restritos para até 20 investidores institucionais (fundos de investimento, fundos de pensão, companhias de seguro e capitalização), abriu o mercado de dívida privada para as empresas de

---

[11] GT criado no Ministério da Fazenda em 2003, coordenado pelo secretário de Política Econômica, com a participação, entre outros órgãos, da CVM, do Banco Central do Brasil, SPC (atual PREVIC) e SUSEP.

[12] Destaca-se a criação e/ou regulamentação de Certificados de Recebíveis Imobiliários (CRI), Certificados de Recebíveis do Agronegócio (CRA), Fundos de Direitos Creditórios (FIDC) e Fundos de Investimentos em Participações (FIP).

capital fechado, não obstante esse mecanismo possa ser adotado também por companhias de capital aberto. Além das debêntures, são disponíveis ainda utilização por empresas fechadas de vários instrumentos de dívida, como é o caso dos Certificados de Recebíveis Imobiliários (CRI), Certificados de Recebíveis do Agronegócio (CRA), entre outros.

b) Os Fundos de Investimentos em Direitos Creditórios (FIDCs) constituem outro instrumento de financiamento importante e em condições de ser utilizado em várias circunstâncias por empresas de capital fechado, uma vez que os requisitos de transparência e governança necessários se referem aos recebíveis que constituem o objeto desses fundos. Por exemplo, FIDCs podem ser criados por empresas de maior porte, de capital aberto ou fechado, com o objetivo de gerar recursos de capital de giro para seus fornecedores, cuja maioria usualmente é constituída de pequenas e médias empresas, mediante a securitização de seus recebíveis, a exemplo do que já ocorre com os fornecedores da Petrobras.

Os Fundos de Investimento em Participações (FIPs) constituem instrumentos importantes à disposição das empresas fechadas para o acesso a recursos de financiamento de investimentos e apoio gerencial. A experiência recente com esses fundos no mercado brasileiro, quando muitas das empresas que abriram seu capital nos últimos anos tinham a sua participação, demonstra que eles podem desempenhar papel de grande relevância no acesso de empresas de menor porte ao mercado acionário. Muitos desses fundos têm por objetivo a aquisição de participações em pequenas e médias empresas com alto potencial de crescimento[13] combinada com apoio gerencial e implantação de padrões elevados de governança corporativa. Atingida a maturidade dessas empresas, os FIPs realizam os resultados de seu investimento, mediante abertura de capital da empresa investida (IPOs) ou a venda de sua participação para investidor estratégico. Sua característica fundamental é o compartilhamento dos riscos do negócio, reunindo esforços e recursos de gestores dos fundos, investidores e empreendedores, com o objetivo de maximizar a geração de valor pela empresa objeto do investimento.

Embora o mercado de dívida ainda seja caracterizado por emissões de valor elevado, como mencionado adiante, já existem indicações de seu potencial para atender empresas fechadas. Em 2011 essas empresas responderam por 47,5% do volume das emissões de debêntures feitas na modalidade da ICVM 476 (cerca

---

[13] Para mais detalhes, ver o site da ABVCAP: www.abvcap.cm.br.

de R$22,4 bilhões de um total de R$47,1 bilhões) e por 56,5% do número de operações. Até março de 2012, as empresas de capital fechado responderam por 40,5% do volume e 44,7% do número dessas emissões de debêntures.

2.3 Taxas de juros de títulos de dívida são competitivas e acompanham de perto redução da taxa básica de juros

Indicadores das taxas de juros praticadas no mercado de dívida privada mostram que os instrumentos de mercado de capitais oferecem condições competitivas com outras fontes de recursos. Como evidenciado no Gráfico 1, as taxas nominais médias líquidas do IR[14] praticadas nesse mercado em 2011, no caso de FIDCs, CRIs e Debêntures, se situaram no intervalo de 9% a 10% a.a., muito inferiores à média de custo do crédito bancário.[15] Dado que a taxa de câmbio média de 2011 se elevou em 12,6%, nesse período a taxa dos referidos instrumentos de dívida foi também inferior ao custo financeiro da colocação de títulos de dívida (*bonds*) no mercado internacional.

GRÁFICO 1
Taxas nominais de juros (líquido de IR), 2011

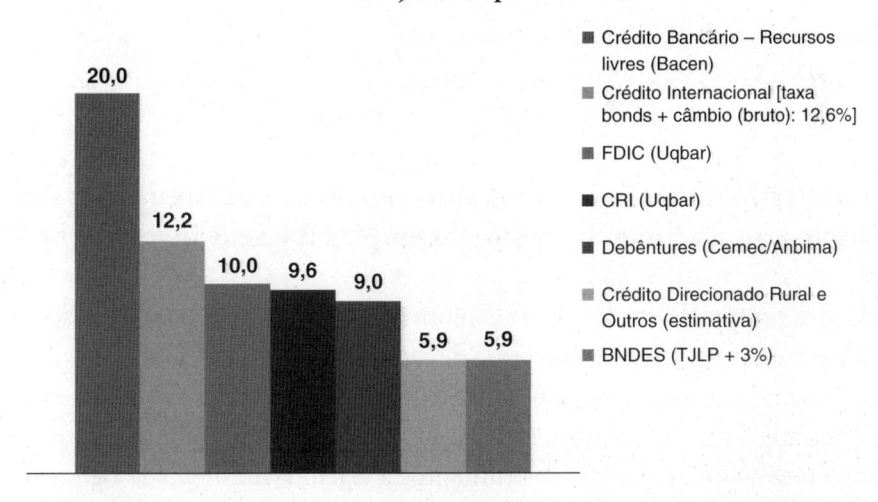

- Crédito Bancário – Recursos livres (Bacen): 20,0
- Crédito Internacional [taxa bonds + câmbio (bruto): 12,6%]: 12,2
- FDIC (Uqbar): 10,0
- CRI (Uqbar): 9,6
- Debêntures (Cemec/Anbima): 9,0
- Crédito Direcionado Rural e Outros (estimativa): 5,9
- BNDES (TJLP + 3%): 5,9

---

[14] As taxas apresentadas correspondem às taxas nominais brutas multiplicadas por 0,66, para refletir o benefício de sua apropriação como despesa financeira dedutível do Imposto de Renda de 34%.
[15] Convém lembrar que uma comparação do custo de capital das várias alternativas mencionadas para as empresas deve considerar também os custos de estruturação e colocação desses instrumentos de dívida, bem como outras características relevantes, como valor médio das operações, prazo e risco de crédito.

Uma característica comum do mercado de títulos de dívida é o ajustamento de seus preços e, portanto, das respectivas taxas de juros às demais condições do mercado financeiro e em particular à taxa básica de juros. No Gráfico 2 verifica-se o ajuste das taxas praticadas no mercado secundário de debêntures, tomando-se por referência o comportamento das taxas do swap de taxas prefixadas no prazo de 720 dias. Verifica-se que a taxa de debêntures segue de perto a taxa do swap, refletindo no caso o movimento bem-sucedido do Banco Central ao reduzir a taxa Selic.

GRÁFICO 2
Custo de capital de terceiros. Debêntures (% nominal ao ano)

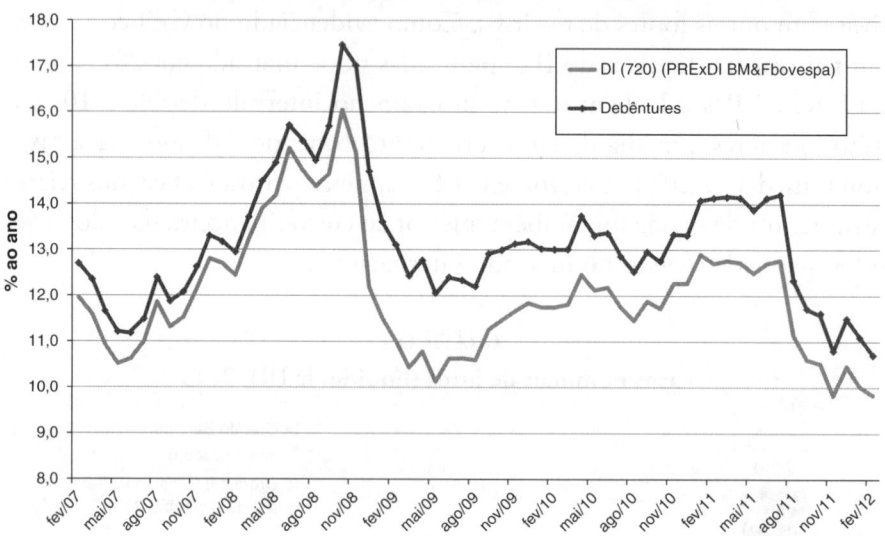

2.4 Mercado de capitais tem grande potencial para aumentar sua participação no financiamento das empresas e seus investimentos

Dados computados pelo CEMEC mostram que existe ainda uma grande disparidade entre a participação do mercado de capitais brasileiro na mobilização de poupança financeira e a sua parcela no financiamento das empresas não financeiras.

Um indicador de sua importância na mobilização de poupança financeira é dado pela participação dos instrumentos e veículos do mercado de capitais[16] na carteira consolidada de ativos financeiros líquidos da economia brasileira.

---

[16] Nesse gráfico é computado o valor da carteira dos veículos do mercado de capitais (fundos de pensão, fundos de investimento, planos de previdência aberta, companhias de seguros e de capitalização) somado ao valor do saldo dos instrumentos do mercado de capitais existentes fora dos investidores institucionais (ações, títulos de dívida e outros instrumentos).

Como evidenciado no Gráfico 3, os ativos de mercado de capitais representam cerca de 75% dos ativos líquidos da economia, quando comparados com os demais ativos, que incluem depósitos bancários totais, títulos públicos (fora dos institucionais) e fundos de poupança compulsória.

GRÁFICO 3
Instrumentos e veículos do mercado de capitais: cerca de 75% dos ativos líquidos da economia brasileira

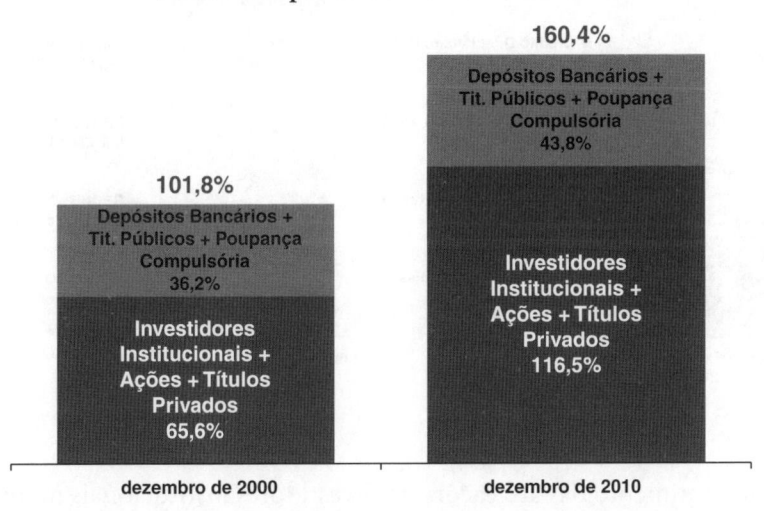

dezembro de 2000	dezembro de 2010
Total: 101,8%	Total: 160,4%
Depósitos Bancários + Tit. Públicos + Poupança Compulsória: 36,2%	Depósitos Bancários + Tit. Públicos + Poupança Compulsória: 43,8%
Investidores Institucionais + Ações + Títulos Privados: 65,6%	Investidores Institucionais + Ações + Títulos Privados: 116,5%

A simples comparação desses números com a participação dos recursos captados no mercado de capitais no financiamento das empresas e dos investimentos privados já indica a existência e a dimensão da citada disparidade. Como se observa no Gráfico 4, a participação dos instrumentos da dívida do mercado de capitais no exigível financeiro total das empresas brasileiras é da ordem de 18%, enquanto se estima que sua participação no financiamento do investimento privado (empresas e famílias) atinja somente 11,5%.

Uma indicação preliminar do potencial de aumento dessa participação pode ser encontrada na composição da carteira consolidada de ativos dos investidores institucionais, que tem concentrado cerca de 1/3 dos ativos financeiros líquidos da economia brasileira. O Gráfico 5 apresenta a composição porcentual dessa carteira. Quase 3/4 (72,7%) da carteira estão aplicados em títulos da dívida pública (40,9%) e aplicações financeiras no sistema bancário (31,8%) representados neste último caso por 17,2% em operações compromissadas, 8,8% em depósitos e 5,8% em letras financeiras. Os títulos de dívida privada representam apenas 7,7%, e as ações, 16,7%. Uma indicação preliminar do

GRÁFICO 4
Fontes de financiamento das empresas brasileiras (capital aberto e fechado) e do investimento privado
Composição percentual (%)

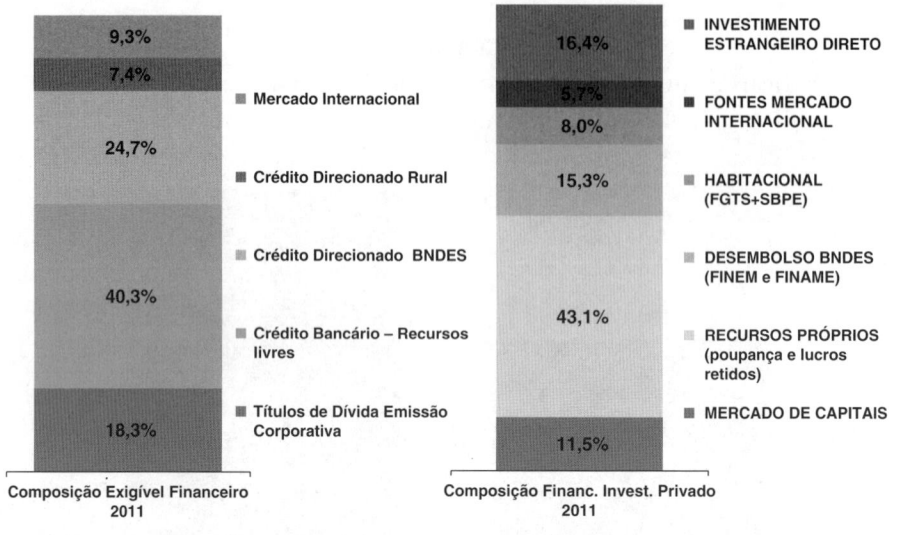

Composição Exigível Financeiro 2011:
- 9,3% — Mercado Internacional
- 7,4%
- 24,7% — Crédito Direcionado Rural
- 40,3% — Crédito Direcionado BNDES / Crédito Bancário – Recursos livres
- 18,3% — Títulos de Dívida Emissão Corporativa

Composição Financ. Invest. Privado 2011:
- 16,4% — INVESTIMENTO ESTRANGEIRO DIRETO
- 5,7% — FONTES MERCADO INTERNACIONAL
- 8,0%
- 15,3% — HABITACIONAL (FGTS+SBPE)
- 43,1% — DESEMBOLSO BNDES (FINEM e FINAME) / RECURSOS PRÓPRIOS (poupança e lucros retidos)
- 11,5% — MERCADO DE CAPITAIS

Fonte: CEMEC.

potencial de aumento das aplicações de investidores institucionais no mercado de capitais pode ser feita, mesmo admitindo que seja mantido o valor aplicado em títulos da dívida pública e letras financeiras, letras essas que foram criadas para aumentar a participação dos bancos nos financiamentos de prazo mais longo. Admitindo que o valor hoje aplicado em depósitos bancários e operações compromissadas fosse integralmente destinado a ativos do mercado de capitais, o acréscimo seria de R$572 bilhões, o que equivale a dobrar sua participação atual de R$535 bilhões (ações, R$367 bilhões, e títulos de dívida privada, R$167 bilhões).[17]

Não obstante já estejam em curso movimentos de diversificação dessas carteiras em favor de ativos de emissão de empresas não financeiras, existem indicações de que esse processo enfrenta também limitações do lado da oferta desses papéis.[18] Tudo indica que esses investidores têm interesse e con-

---

[17] V. TDI CEMEC, 5 de junho de 2011 – www.cemec.ibmec.org.br.
[18] No último Congresso de Fundos de Investimento da ANBIMA, realizado em fins de 2011, foram recorrentes as manifestações de gestores de fundos de investimento e de fundos de pensão quanto à insuficiência de papéis dessa natureza para compor suas carteiras.

dições de alocar parcela crescente de suas carteiras desde que sejam criadas condições para maior participação das empresas nesse mercado, incluindo as de menor porte, mediante abertura de capital ou colocação de dívida, bem como se elevasse consideravelmente a liquidez do mercado secundário de dívida privada.

GRÁFICO 5
Composição da carteira dos institucionais (dezembro de 2011)

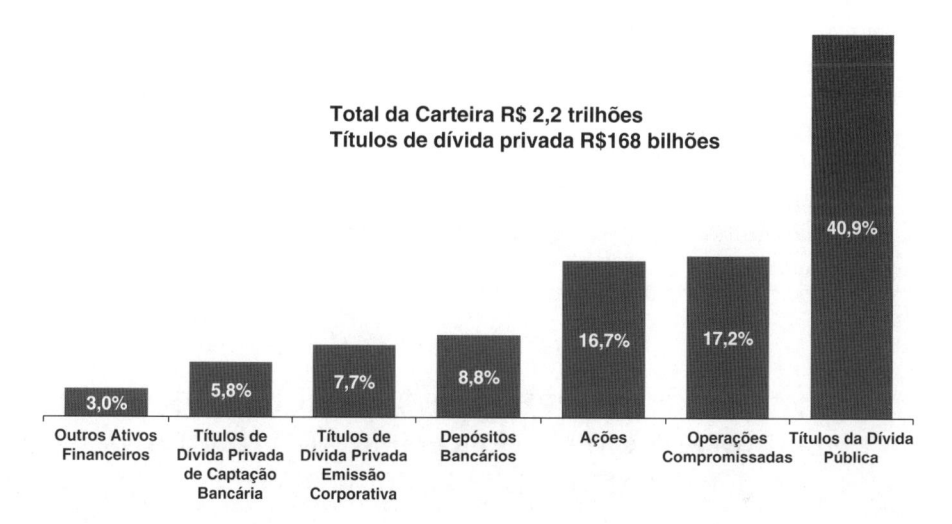

Total da Carteira R$ 2,2 trilhões
Títulos de dívida privada R$168 bilhões

- Outros Ativos Financeiros: 3,0%
- Títulos de Dívida Privada de Captação Bancária: 5,8%
- Títulos de Dívida Privada Emissão Corporativa: 7,7%
- Depósitos Bancários: 8,8%
- Ações: 16,7%
- Operações Compromissadas: 17,2%
- Títulos da Dívida Pública: 40,9%

Um resultado interessante foi obtido em trabalho recente, em que foi feita uma simulação para dimensionar, dentro de certas hipóteses, a participação do mercado de capitais no financiamento de investimentos privados num cenário de crescimento sustentado de 4,5% ou 5,5% a.a. A partir da hipótese de que a taxa de investimento requerida para sustentar um crescimento potencial de 4,5% a.a. é de 21% do PIB, e adotando a hipótese de que a participação das demais fontes de financiamento do investimento privado mantivessem aproximadamente o mesmo padrão observado no período de 2000 a 2011, a participação do mercado de capitais deveria aumentar da média de 1,2% (2000/2011) e 1,9% em 2011, para 3,1% do PIB. Exercício semelhante feito no cenário de 5,5% a.a. de crescimento, caso em que a taxa de investimento deveria se elevar para 25% do PIB, a participação do mercado de capitais deveria saltar para 4,9%, 2,6 vezes maior que a observada em 2011.

TABELA 1
Crescimento de 4,5% a 5,5% a.a. requer dobrar ou triplicar a participação
do mercado de capitais de 2000-2011 (simulação CEMEC)

Em % do PIB	Média 2000 a 2011	2011	Projeção Cenário I	Projeção Cenário II
PIB (IBGE)			4,5%	5,5%
Investimento em FBCF (IBGE) (1)	17,3%	19,3%	21,0%	25,0%
(–) Investimento administração pública (2)	–2,1%	–2,9%	–2,9%	–2,9%
Investimento empresas e famílias (IBGE) (3) = (1) – (2)	15,2%	16,4%	18,1%	22,1%
Investimento estrangeiro direto	–2,7%	–2,7%	–2,7%	–2,7%
Desembolso BNDES (Finem e Finame) (4)	–1,7%	–2,5%	–1,7%	–2,5%
Habitacional (FGTS+SBPE) (5)	–0,5%	–1,3%	–1,4%	–2,6%
Recursos próprios (poupança e lucros retidos) (6)	–8,4%	–7,0%	–8,4%	–8,4%
Necessidade de financiamento (7) = (3) – (4 a 6)	1,9%	2,8%	3,8%	5,8%
Financ. Mercado internacional (8)	–0,7%	–0,9%	–0,7%	–0,9%
Mercado de capitais (9)	**1,2%**	**1,9%**	**3,1%**	**4,9%**

3. POUCAS EMPRESAS SE BENEFICIAM DO MERCADO DE CAPITAIS E O MERCADO DE DÍVIDA É PEQUENO E TEM BAIXA LIQUIDEZ

Existem razões para acreditar que devem ser vencidos pelo menos dois desafios para viabilizar um aumento significativo da contribuição do mercado de capitais para reduzir o custo de capital e alongar os prazos de financiamento das empresas brasileiras. Apesar dos mecanismos criados para favorecer a abertura de capital de empresas de menor porte e dos avanços da regulação em favor da participação de empresas fechadas no mercado de dívida, poucas empresas se beneficiam do mercado de capitais. Como se verá adiante, tudo indica o alto valor das emissões primárias de ações, e dívida e a ausência de liquidez adequada no mercado secundário de dívida privada estão entre os principais obstáculos a serem superados.

3.1 O número de companhias listadas é o menor entre os emergentes

Uma breve análise comparativa relativa à dimensão e penetração do mercado acionário brasileiro e o de outras economias emergentes permite destacar pelo menos duas observações:

a) Como evidenciado no Gráfico 6, a dimensão relativa do mercado acionário brasileiro, avaliada com base no porcentual da capitalização de mercado em relação ao PIB, se situa numa posição intermediária, imediatamente abaixo da Índia, mas acima da dimensão das duas bolsas da China.

GRÁFICO 6
Dimensão do mercado acionário não se distancia dos emergentes

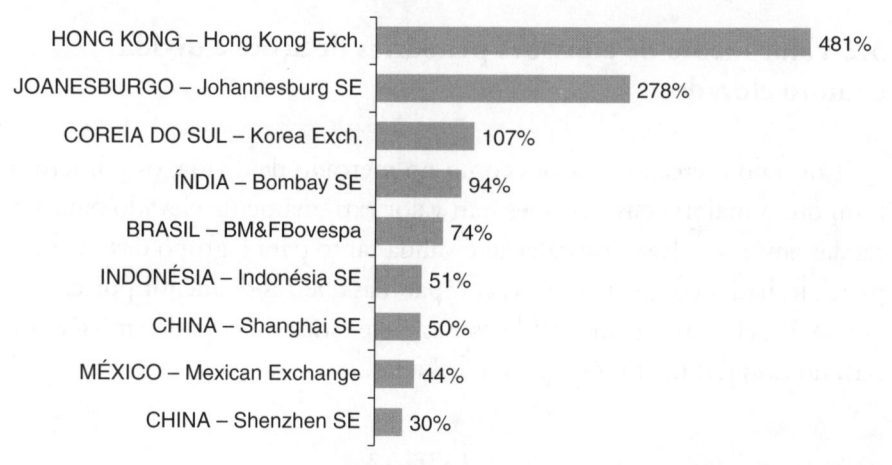

HONG KONG – Hong Kong Exch.	481%
JOANESBURGO – Johannesburg SE	278%
COREIA DO SUL – Korea Exch.	107%
ÍNDIA – Bombay SE	94%
BRASIL – BM&FBovespa	74%
INDONÉSIA – Indonésia SE	51%
CHINA – Shanghai SE	50%
MÉXICO – Mexican Exchange	44%
CHINA – Shenzhen SE	30%

b) Entretanto, quando se examina a posição do mercado acionário brasileiro em termos do número de companhias abertas, o mesmo ocupa o último lugar entre os países considerados, como observado no Gráfico 7. O número de companhias abertas é inferior ao observado naqueles mercados de menor dimensão em relação ao PIB (Indonésia, os dois mercados da China e México) e apenas 20% do número de empresas listadas na Coreia. Além da concentração em um pequeno número de grandes companhias, esses números sugerem que tipicamente a participação no mercado acionário brasileiro é caracterizada por empresas maiores, o que não ocorre na maioria dos emergentes.

GRÁFICO 7
Mas número de empresas listadas é o menor entre os Emergentes

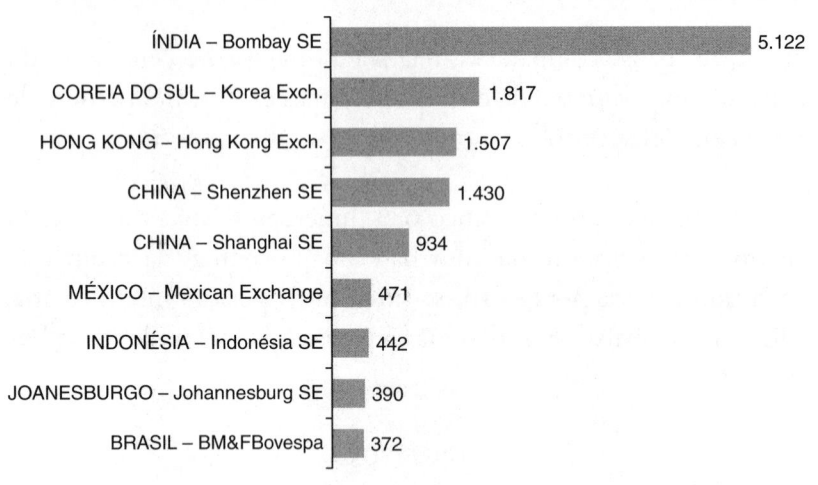

ÍNDIA – Bombay SE	5.122
COREIA DO SUL – Korea Exch.	1.817
HONG KONG – Hong Kong Exch.	1.507
CHINA – Shenzhen SE	1.430
CHINA – Shanghai SE	934
MÉXICO – Mexican Exchange	471
INDONÉSIA – Indonésia SE	442
JOANESBURGO – Johannesburg SE	390
BRASIL – BM&FBovespa	372

3.2 Valor médio de emissões primárias de ações e dívida é muito elevado

Tanto no mercado de ações como no mercado de dívida, os números mostram que a maioria das emissões tem valor extremamente elevado para a maioria das empresas. Essa constatação é válida tanto para o grupo das maiores empresas fechadas como até para as companhias abertas de menor porte.

Na Tabela 2 fica evidenciada essa característica no caso de emissões primárias, no caso das maiores empresas fechadas.

TABELA 2
Volume de emissões de ações e PL, 2010 (em R$ milhões nominais)

	Ações**	PL*
média	771	705
mediana	510	242

*PL das 750 maiores empresas fechadas.
**Exceto Petrobras e Vale.

Utilizando o valor médio e a mediana do patrimônio líquido das maiores empresas fechadas, verifica-se que o valor médio das emissões primárias de ações em 2010 (R$771 milhões) é quase 10% maior que a média do seu patrimônio líquido (R$705 milhões), enquanto a mediana das emissões primárias no mesmo ano (R$510 milhões) é mais que o dobro da mediana do patrimônio líquido (R$242 milhões). Pode-se dizer que mesmo para as maiores empresas fechadas, a decisão de abertura de capital, além de outros obstáculos, se defronta com um problema de escala.[19]

Na Tabela 3 é feita uma avaliação semelhante para as emissões primárias de debêntures não financeiras, principal título de dívida corporativa do mercado.

TABELA 3
Volume de emissões de debêntures e dívida, 2010
(em R$ milhões nominais)

	Debêntures	Dívida*
média	363	339
mediana	239	106

*Dívida das 750 maiores empresas fechadas.

Nesse caso, verifica-se que o valor médio das emissões de debêntures no ano 2010 atinge R$363 milhões, valor superior à média do exigível financeiro das maiores empresas fechadas (R$339 milhões). A mediana do valor das emissões de debêntures (R$239 milhões) é mais que o dobro do indicador de dívida financeira das maiores empresas fechadas (R$106 milhões). Novamente, a constatação é a de que a escala típica das operações parece muito elevada mesmo entre as maiores empresas fechadas.[20]

É interessante acrescentar a essas observações mais duas evidências. A primeira é a de que a média de indicadores de tamanho das companhias abertas é consideravelmente superior ao das empresas fechadas, mesmo quando se exclui das primeiras a Petrobras e a Vale. Na Tabela 4, verifica-se que a média do patrimônio líquido das abertas é mais de três vezes maior que o das maiores fechadas, o mesmo ocorrendo com a mediana. Quando o objeto de comparação é o exigível financeiro a diferença é ainda maior, levando em conta que as companhias abertas têm maior acesso a instrumentos de dívida: a média da dívida

---

[19] Note-se que a média Patrimônio Líquido das companhias abertas, mesmo excluindo a Petrobras e a Vale, em 2010 era de R$2.425 milhões (R$705 milhões das maiores fechadas), enquanto sua mediana era de R$778 milhões (R$242 milhões das maiores fechadas).
[20] O mesmo se repete nos números do exigível financeiro: média das abertas de R$1.838 milhões contra R$339 milhões das maiores fechadas; mediana de R$452 milhões das abertas e R$106 milhões das fechadas.

das abertas é 5,4 vezes maior que a das grandes fechadas, enquanto a mediana é 4,3 vezes maior.

TABELA 4
PL em 2010 em R$ milhões nominais

	PL Abertas*	PL Fechadas
média	2.425	705
mediana	778	242

* ex Petro e Vale

Dívida em 2010 em R$ milhões nominais

	Dívida Abertas*	Dívida Fechadas
média	1.838	339
mediana	452	106

* ex Petro e Vale

A segunda evidência resulta de comparações internacionais, em que se verifica que em muitos países o valor médio de emissões de ações e dívida é muito menor que o observado no Brasil. Por exemplo, no Gráfico 8 verifica-se que o valor médio de IPOs no Brasil em 2011, próximo de US$400 milhões, ocupa o quarto lugar numa amostra de 19 países.

GRÁFICO 8
Volume médio de emissão (IPO) (US$ milhões)

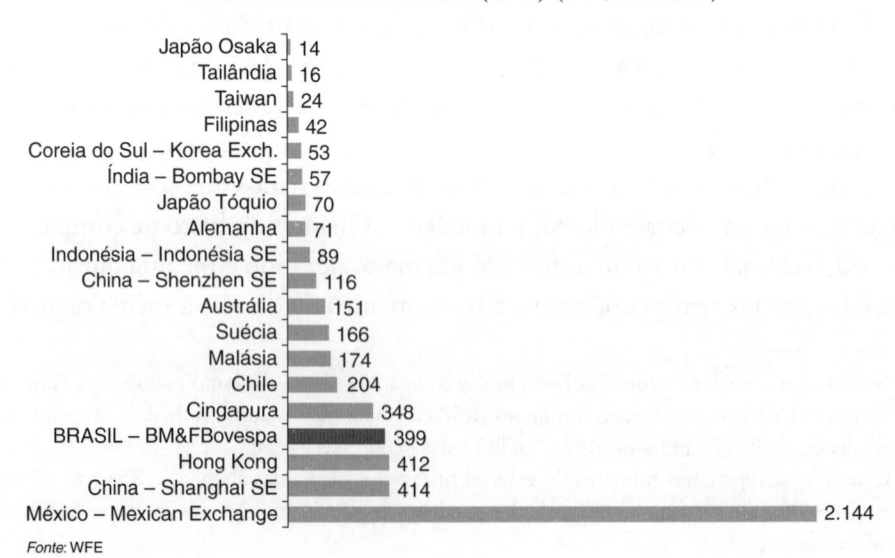

Japão Osaka	14
Tailândia	16
Taiwan	24
Filipinas	42
Coreia do Sul – Korea Exch.	53
Índia – Bombay SE	57
Japão Tóquio	70
Alemanha	71
Indonésia – Indonésia SE	89
China – Shenzhen SE	116
Austrália	151
Suécia	166
Malásia	174
Chile	204
Cingapura	348
BRASIL – BM&FBovespa	399
Hong Kong	412
China – Shanghai SE	414
México – Mexican Exchange	2.144

Fonte: WFE

Existem indicações de que um dos principais obstáculos a emissões de ações e dívida no mercado brasileiro reside na existência de elevados custos fixos para as empresas emissoras. É interessante registrar que o valor médio de emissões de Certificados de Recebíveis Imobiliários e FIDCs é consideravelmente menor que o observado no caso de ações e debêntures, como indicado na Tabela 5.

Embora ainda elevado, valor de emissão de alguns instrumentos permite atender um número maior de empresas.

TABELA 5
Emissões de CRI e FDIC – 2010 em R$ milhões

	CRI	FDIC
média	58	174
mediana	21	80

Provavelmente, a viabilização de menores valores de emissão de CRIs e FIDCs deve ser um dos fatores de seu acelerado crescimento nos últimos anos, como evidenciado no Gráfico 9.

GRÁFICO 9
Instrumentos com menor valor de emissão tem apresentado forte crescimento

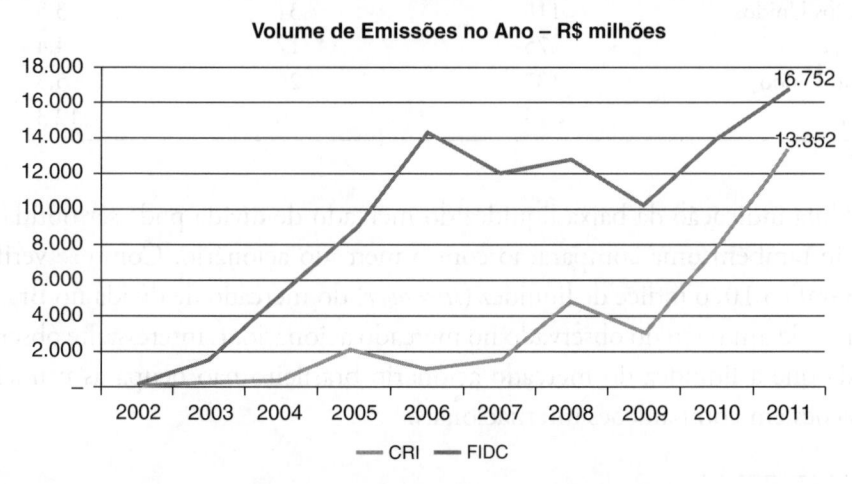

Volume de Emissões no Ano – R$ milhões

Desse modo, é prioritária a realização de um diagnóstico visando identificar os fatores que têm condicionado o mercado primário a se concentrar em operações de alto valor unitário e outras questões que condicionam as decisões das empresas nessas operações. Comparações internacionais e mesmo com outros mercados (por exemplo: CRIs) podem ajudar.[21] De posse desse diagnóstico, será possível formular as propostas de medidas necessárias criando condições para a realização de operações primárias de menor tamanho no mercado brasileiro.

3.2 Mercado de dívida privada é pequeno e de baixa liquidez

Quando comparado com o tamanho do mercado acionário, o mercado de dívida privada no Brasil é muito pequeno. Na Tabela 6, são apresentados os números que traduzem a dimensão do mercado de dívida privada no Brasil em relação ao seu mercado acionário, quando comparada com o observado em mercados mais desenvolvidos. Em relação ao PIB, constata-se que o mercado acionário brasileiro é cerca de 12 vezes maior que o mercado de dívida privada, proporção essa que é da ordem de quatro vezes nos EUA e na França e pouco mais de cinco vezes no Reino Unido.

TABELA 6
Mercado de Dívida Privada é Pequeno e Menos Desenvolvido que o Mercado Acionário

Países	Ações % PIB	Títulos da Dívida % PIB	Ações/Títulos
Estados Unidos	118	31	3,8
França	75	17	4,4
Reino Unido	137	26	5,3
Brasil	74	6	12,3

Uma indicação da baixa liquidez do mercado de dívida pode ser obtida fazendo também uma comparação com o mercado acionário. Como se verifica no Gráfico 10, o índice de liquidez (*turnover*) do mercado de dívida no Brasil é menos de um terço do observado no mercado acionário. É interessante observar ainda que a liquidez do mercado acionário brasileiro não ocupa as primeiras posições em comparações internacionais.

---

[21] Foi divulgada recentemente a iniciativa da BM&FBOVESPA de enviar ao exterior missão técnica com o objetivo de conhecer em detalhes o ambiente regulatório, práticas de mercado e outros fatores que viabilizam emissões de baixo valor em vários outros mercados. Informa-se que devem participar dessa missão (entre outros representantes de órgãos reguladores, como é o caso da CVM), o BNDES e a ABRASCA.

GRÁFICO 10
Liquidez do mercado secundário de divida é baixa 2011

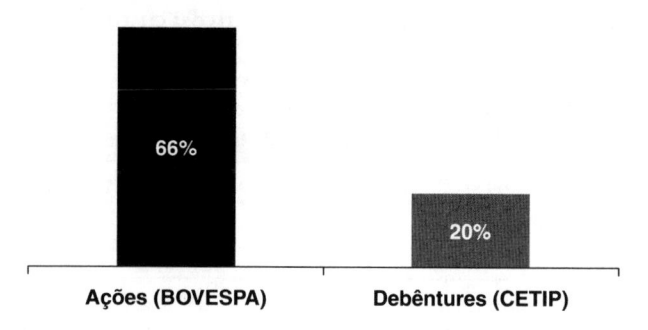

- Ações (BOVESPA): 66%
- Debêntures (CETIP): 20%

3.4 Estimativas sugerem que somente um pequeno número de empresas tem custos de capital compatíveis com a rentabilidade dos negócios

Para analisar realisticamente esse quadro, o CEMEC (Centro de Estudos do IBMEC), promoveu um estudo preliminar das condições de financiamento das empresas não financeiras. Os dados utilizados têm por base a consolidação de balanços de todas as companhias de capital aberto não financeiras de 2000 a 2011,[22] e das maiores empresas não financeiras fechadas.[23] Além de vários outros resultados, verificou-se que, em média, somente esse pequeno grupo de pouco mais de 1.000 empresas tem custos de exigível financeiro[24] inferiores à rentabilidade de seus ativos e, portanto, em condições de serem utilizados para sustentar sua operação e financiar seus Investimentos.

Como demonstrado na Tabela 7, estima-se que em 2010 o custo financeiro médio das companhias abertas foi da ordem de 12,9% a.a. (cerca de 8,5% a.a. após o desconto do IR). E o das maiores empresas fechadas foi de 18,9% a.a. (cerca de 12,5% a.a. após o desconto do IR), custos esses que se comparam à taxa média de 13,5% a 14,0% de rentabilidade de seus ativos. Nesse mesmo período, a estimativa da taxa nominal média de crédito bancário das demais empresas fechadas é de 32% a.a. (21% após desconto do IR), certamente superior à taxa de rentabilidade dos ativos da maioria dessas empresas.

---

[22] Atualmente cerca de 320 empresas, após a exclusão de empresas financeiras e holdings.
[23] Cerca de 750 empresas.
[24] Calculados com base no quociente entre despesas financeiras do exercício de 2010 e o exigível financeiro médio nesse mesmo período.

TABELA 7
Cias. abertas e maiores fechadas: custo capital <ROA
Outras fechadas: quase 40% dos ativos; custo >ROA

Empresas Não Financeiras	Custo Médio do Passivo Oneroso (taxa bruta)	Custo Médio do Passivo Oneroso (taxa líq. de IR)	Leverage	Participação nos Ativos Totais
Cias abertas	12,9%	8,5%	63,3%	42,1%
Maiores fechadas	18,9%	12,5%	42,7%	19,0%
Outras fechadas	32,1%	21,2%	25,2%	38,9%

Fonte: CEMEC 1. Em 2010 a taxa de retorno média dos ativos das companhias abertas e das maiores empresas fechadas não financeiras foi da ordem de 13,5% a.a. a 14,0% a.a.; 2. O custo de debêntures (líq. de IR) em 2010 foi de 8,6% a.a.; enquanto a taxa média das operações de crédito – recursos livres – PJ (líq. de IR) foi de 18,2% a.a.

Entre outras implicações, deve-se destacar que esse grupo de "outras empresas fechadas" cujos ativos totais são estimados em cerca de R$2,3 trilhões (quase 40% dos ativos produtivos do País) têm sua operação, competitividade e expansão limitadas essencialmente aos recursos de seus sócios e ao reinvestimento de lucros. Estima-se que, em média, o custo de recursos de terceiros é muito maior que a rentabilidade de seu negócio.[25]

4. NOVAS OPORTUNIDADES DO MERCADO DE CAPITAIS E PRÓXIMOS PASSOS

O aumento de participação das empresas no mercado de capitais sempre foi defendido pelo IBMEC, tendo sido objeto de várias ações específicas incluídas no Plano Diretor de Mercado de Capitais de 2002, mantidas nesse Plano até os dias atuais.

Desde fins de 2010, várias iniciativas do governo federal e entidades privadas, estas contando ainda com o apoio de órgãos reguladores e do BNDES, caminham para superar alguns dos maiores obstáculos ao crescimento do mercado de capitais brasileiro. É a primeira vez na história recente que os títulos privados têm tratamento tributário mais favorável que os títulos públicos, ao mesmo tempo em que foram eliminadas as distorções tributárias que inibiam a liquidez do mercado secundário de debêntures. Por outro lado a iniciativa da ANBIMA, com o projeto do Novo Mercado de Renda Fixa, propõe várias

---

[25] Outros estudos e relatórios do CEMEC estão disponíveis no site www.cemec.ibmec.org.br.

ações com o objetivo de desenvolver o mercado de dívida e dinamizar o seu mercado secundário. Destacam-se ainda as propostas e estudos em andamento da BM&FBOVESPA, no sentido de viabilizar a entrada de empresas de menor porte no mercado acionário, o que deve resultar na superação de outro obstáculo à difusão do acesso ao mercado de capitais.

Em síntese, ao lado da redução das taxas de juros, a execução desse conjunto de ações pode representar uma oportunidade para dar início a um novo ciclo de desenvolvimento do mercado de capitais brasileiro, desde que sejam adotadas algumas medidas adicionais. Acredita-se que o foco dessas medidas deva se concentrar em duas direções:

1. **Acesso de empresas de maior número e empresas, inclusive as menor tamanho**: difundir o acesso ao mercado de capitais a um maior número de empresas, inclusive às empresas de menor tamanho, mediante a abertura de capital, a emissão de títulos de dívida e a obtenção de recursos de outros instrumentos e veículos do mercado de capitais.
2. **Mercado secundário de dívida privada**: criação das condições para a operação de um mercado secundário de dívida ativo e líquido para sustentar o desenvolvimento do mercado de dívida corporativa de longo prazo.

Nos itens adiante, busca-se resumir as principais inovações introduzidas por iniciativas recentes do governo federal e de entidades privadas. Em seguida, a ideia é examinar algumas das principais propostas formuladas por essas entidades para atingir os citados objetivos, algumas das quais já encaminhadas para o exame do governo.

4.1 Nova tributação: mercados primário e secundário de dívida privada

A edição da Lei nº 12.431, em junho de 2011, cuja origem é a MP 517 de 12/2010, complementada por medidas posteriores, representa um primeiro passo de grande importância para promover a criação de um mercado de dívida privada de financiamento de longo prazo. Essas medidas reduziram substancialmente as diferenças de tratamento tributário com os títulos públicos, que já desfrutavam de isenção do imposto de renda para investidores estrangeiros desde fevereiro de 2006 e eliminaram distorções na tributação dos rendimentos periódicos que inibiam a liquidez no mercado secundário de debêntures. As principais medidas são as seguintes:[26]

1. **Investidores estrangeiros**:
   a. Isenção do imposto de renda sobre títulos de dívida emitidos por empresas não financeiras cujos recursos se destinem a financiar projetos de investimento, tratamento esse estendido a cotas de fundos de investimento exclusivos de não residentes cujas carteiras contenham no mínimo 98% desses títulos; mesma isenção se aplica a fundos com 85% de debêntures de SPE ou FICs com 95% de cotas desses fundos.
   b. Entre outros requisitos destaca-se prazo médio superior a quatro anos,[27] a remuneração definida por taxa prefixada, vinculada a índice de preço ou a taxa referencial, excluída portanto a indexação com base em taxas de curto prazo (CDI); existe ainda o compromisso de destinação dos recursos a projetos de investimento especificados, inclusive os voltados para pesquisa, desenvolvimento e inovação.

2. **Residentes**: isenção do IR para pessoas físicas e redução para 15% na fonte para pessoas jurídicas, sobre rendimentos de debêntures com as mesmas características anteriormente citadas de prazo médio e indexador, de emissão de Sociedades de Propósito Específico (SPE), constituídas para implementar projetos de investimento nas áreas de infraestrutura ou de produção econômica intensiva em pesquisa, desenvolvimento e inovação considerados prioritários;[28] mesma isenção se aplica a Fundos com 85% de debêntures de SPE ou FICs com 95% de cotas desses fundos.

3. **Fundos de investimento**: a lei dispõe ainda sobre a constituição de fundos com aplicações em debêntures das SPE e sobre o aprimoramento das normas sobre os FIPs – Fundos de Investimento em Participações, dos FIPsIE (Infraestrutura) e dos FIPsPD&I (Pesquisa, Desenvolvimento e Inovação).

---

[26] *Fonte*: ANBIMA: http://www.anbima.com.br/informe_legislacao/2011_007.asp.
[27] Critério de cálculo do prazo médio definido na Resolução CMN 3.947/2011.
[28] O Decreto 7.603 de 09/11/2011 considerou projetos prioritários aqueles destinados a investimentos na área de infraestrutura ou produção econômica intensiva em pesquisa, desenvolvimento e inovação aprovados pelo Ministério setorial responsável, mediante a edição de Portaria de aprovação; sete Ministérios já haviam editado portarias até meados de março de 2011, definindo os critérios de aprovação.

Além de outras medidas, mudanças na regulamentação do IOF também favoreceram o mercado e a dívida privada. Todas as operações no mercado de renda fixa, incluindo aquelas realizadas com títulos públicos, pagam IOF, enquanto foi atribuída alíquota zero a debêntures e outros títulos de dívida privada.[29] É a primeira vez na história recente que se atribui tratamento tributário mais favorável a títulos privados que a títulos públicos.[30]

4.3 Projeto do Novo Mercado de Renda Fixa da ANBIMA[31]

O projeto do Novo Mercado de Renda Fixa (NMRF), lançado pela ANBIMA em abril de 2011, com o apoio do governo federal e participação do BNDES, busca a criação de condições favoráveis para o desenvolvimento do mercado de dívida privada de longo prazo.

As principais características do projeto, cuja implementação depende do apoio e participação dos agentes de mercado, entidades privadas e do governo, foram formalizadas em outubro de 2011 com a edição do Código ANBIMA de Regulação e Melhores Práticas do Novo Mercado de Renda Fixa. Pode-se dizer que o NMRF concentra o foco em dois componentes de grande importância para atingir seus objetivos:

1. Crescimento do mercado primário: estabelecimento de padrões elevados de divulgação de informações e outros requisitos de proteção ao investidor para admissão das emissões do NMRF, com condições adequadas a operações de longo prazo, taxas prefixadas ou indexadas a índices de preços (vedada indexação do CDI) mais adequadas para as empresas financiarem seus projetos de investimento e combinadas com requisitos elevam a proteção aos investidores e devem resultar na redução de prêmios de risco e do custo de capital nessas emissões.

2. Dinamização do mercado secundário: a criação de condições para estimular a liquidez do mercado secundário é outro objetivo básico do NMRF, de vez

---

[29] Decreto 7.487 de 23/05/2011; os outros títulos de dívida privada são debêntures, CDCA, LCA, CRA, CRI e Letras financeiras.

[30] Note-se que ao tributar com a alíquota de 6% do IOF operações de financiamento externo de crédito bancário ou por emissão de dívida com prazo inferior a cinco anos (Decreto 7698 de 12/03/2012), o governo induz as empresas a buscar recursos adicionais no mercado doméstico e, em particular, no mercado de capitais.

[31] Esta parte tem por base informações atualizadas gentilmente fornecidas por Vivian Miranda de Figueiredo Corradin, da Assessoria Econômica da ANBIMA, a quem estendo meus agradecimentos.

que esse é um requisito essencial para viabilizar o desenvolvimento de um mercado de dívida de longo prazo. O estímulo à liquidez do mercado secundário é objeto de várias medidas:

a. **Condições das emissões primárias:** requisitos definidos no Código ANBIMA para novas emissões, envolvendo a necessidade de emissões públicas e pulverização, a vedação do compromisso de recompra nos dois primeiros dois anos (que remete o investidor ao mercado secundário para obter liquidez) e a obrigação do emissor assegurar a presença de formador de mercado no primeiro ano da emissão.
b. **Precificação:** adequada precificação dos papéis é outro papel essencial a ser cumprido por um mercado secundário ativo e líquido; busca-se facilitar a formação de preços mediante a padronização, via ordenação do prospecto e negociação em bolsa e/ou balcão organizado.[32]
c. **Ativação do mercado secundário:** criação de condições favoráveis para atuação de agentes de negociação no mercado secundário, o que pode ser feito mediante estímulos regulatórios, diretamente ou com a criação de fundos de liquidez, para os quais há a disposição do BNDES de atuar como fonte parcial de recursos, em complemento aos agentes privados. O desafio é tornar o resultado da atuação dos agentes privados na negociação de títulos privados competitiva com os ganhos obtidos no mercado de títulos públicos.

3. **Papel do BNDES:** Na qualidade do principal fornecedor de recursos de financiamento de longo prazo para investimentos do país, a atuação do BNDES é da maior relevância para o desenvolvimento do mercado de dívida privada de longo prazo. O BNDES está empenhado nesse propósito por meio de várias ações:

i. Emissão e investimento em títulos de dívida com características adequadas ao financiamento de longo prazo;
ii. Estímulo à negociação no mercado secundário, incluindo o estudo do aluguel de títulos privados de renda fixa para instituições que atuem como *market-makers*;

---

[32] A ANBIMA informa que não tem poupado esforços nesse sentido e que em 2011 a precificação das debêntures *ex-leasing* pela Associação cobriu, em média, 81% do volume negociado no ano.

iii. Redução de sua participação em financiamentos, visando a que as empresas procurem completar suas necessidades de recursos emitindo papéis de dívida no mercado de capitais;
iv. Participação no Novo Mercado de Renda Fixa pela discussão da nova política de aquisição de ativos do banco.

4.4 Medidas complementares

4.4.4. Mercado de dívida privada

A eficácia das medidas já adotadas no tratamento tributário e na criação do NMRF para o desenvolvimento do mercado de dívida privada está condicionada à adoção de medidas e ações complementares, tanto num como no outro caso. Não obstante tratar-se ainda de questões em fase de discussão e negociação, é da maior importância acelerar seu equacionamento, pelo menos por duas razões:

a. **mercado de dívida privada** pode desempenhar papel importante no aumento da oferta de recursos de longo prazo a custos razoáveis, em condições de estimular a realização de investimentos num momento em que a economia brasileira perde dinamismo, influenciada também pela permanência da crise internacional;
b. **acesso de empresas de menor tamanho** ao mercado de capitais pode liberar dinamismo e projetos de investimento de médias empresas, cuja execução hoje é inibida por dificuldades de financiamento.

4.4.2 Propostas na área de tributação

As propostas existentes visam estimular a liquidez e o alongamento de prazos dos títulos de dívida privada[33] tendo por base critérios que privilegiam a simplificação, neutralidade e homogeneidade das regras tributárias. Entre elas destacam-se as seguintes:

a. Equiparar o tratamento tributário dado aos investidores estrangeiros na compra de títulos privados ao dos papéis públicos. Neste sentido, seria

---

[33] Segundo informações obtidas, a ANBIMA já encaminhou essas propostas para exame do governo.

necessário simplificar a regra da isenção do Imposto de Renda sobre o ganho auferido em títulos de renda fixa por investidor estrangeiro (Lei nº 12.431/11), no sentido de:
- Manter apenas os critérios objetivos para a isenção de ativos de longo prazo – prazo mínimo do ativo e para recompra, remuneração, entre outros de fácil verificação –, eliminando o requisito de vínculo com projeto de investimento, tendo em vista a dificuldade que este requisito incorpora na identificação do ativo isento.
- Assegurar isonomia com o fundo de investimento que tenha em sua carteira no mínimo 98% em títulos privados de longo prazo e/ou títulos públicos federais, já isentos.

b. Simplificar a regra da isenção do Imposto de Renda sobre o ganho auferido em debêntures de infraestrutura por investidor residente (Lei nº 12.431/11), mantendo apenas os requisitos objetivos para a isenção – prazo mínimo do ativo e para recompra, remuneração, entre outros de fácil verificação –, eliminando os requisitos de emissão por SPE e o vínculo a projetos de infraestrutura, tendo em vista a dificuldade que estes requisitos incorporam ao cumprimento do objetivo da regra.

c. Eliminar o Imposto sobre operações financeiras de curto prazo sobre títulos públicos e privados de renda fixa, bem como sobre cotas de fundos e clubes de investimento, para desonerar a troca de posições entre diferentes ativos financeiros, estimulando o mercado secundário.

4.4.3 Propostas para a implementação do Novo Mercado de Renda Fixa

As propostas existentes[34] têm por foco principal a liquidez do mercado secundário de dívida privada, visando a operacionalização de instrumentos e mecanismos para a dinamização das negociações e a correta precificação desses papéis. É razoável supor que os fundos ou recursos voltados para garantir a negociação desses títulos de dívida têm por compromisso prioritário garantir a liquidez do mercado ainda que em detrimento da rentabilidade dessas operações, razão pela qual, pelo menos nas fases iniciais de operação do NMRF, justifica-se a busca de fontes de recursos mais favoráveis.

---

[34] Propostas encaminhadas pela ANBIMA para exame do Ministério da Fazenda e do Banco Central.

Nesse contexto, as propostas são as seguintes:

a. **Constituição de fundos de liquidez** – criação de fundos de investimento, a serem regulamentados pela ANBIMA, para fomentar o giro de títulos privados de longo prazo do Novo Mercado de Renda Fixa, com captação de recursos ante o BNDES e via mercado, inclusive a partir da utilização de depósitos compulsórios.

b. **Utilização de parcela do recolhimento compulsório** sobre depósitos à vista, com contrapartida de utilização de recursos próprios da instituição – a proposta é a de que a negociação seja feita diretamente por meio da carteira própria das instituições, a partir da utilização de recursos provenientes de um *mix* entre compulsórios à vista (até 20% da exigibilidade, limitado a R$250 milhões por instituição) e recursos próprios, mediante o cumprimento pela instituição financeira de metas de negociação de títulos do NMRF, a serem estabelecidas.

c. **Descontos de Basileia** – a alocação de capital é de 100% na aquisição de títulos privados e de 0% para títulos públicos; uma proposta é atribuir aos títulos do Novo Mercado de Renda Fixa de longo prazo da carteira de negociação fator de ponderação de 50%, e às operações de empréstimos e compromissadas tendo como lastro esses títulos, fator de ponderação do risco de crédito de 20%, na determinação da parcela referente ao ativo ponderado pelo risco que compõe a fórmula de cálculo do Patrimônio de Referência Exigido.

d. **Operações de mercado aberto com lastro em títulos privados de longo prazo** – sugere-se que seja facultada ao Banco Central a utilização de títulos privados do Novo Mercado de Renda Fixa, com *haircut* definido, como lastro em operações compromissadas com o mercado, possibilidade já prevista para o redesconto.

e. **Fundo Garantidor de Liquidez** – o objetivo é assegurar liquidez a instituições que atuem como intermediários, em momentos de iliquidez. A atuação desse fundo seria restrita ao financiamento de posições detidas pelos agentes elegíveis, por meio de operações compromissadas, e sua carteira composta de títulos públicos federais com elevada liquidez.

f. **BNDES** – as propostas visam a atuação do BNDES em várias frentes em parceria com o mercado de dívida privada, incluindo:

i. Lançamento de títulos no Novo Mercado de Renda Fixa.[35]
ii. Financiamento compartilhado de projetos, estimulando lançamentos no âmbito do Novo Mercado de Renda Fixa.
iii. Securitização dos recebíveis de projetos financiados pelo banco, como os de infraestrutura, na fase operacional, quando não há mais risco de performance. O objetivo é que o mercado se apresente como comprador desses créditos, possibilitando a antecipação dos recursos ao banco para o financiamento de novos projetos.
iv. Atuação como copatrocinador do fundo de liquidez.
v. Criação de linhas de crédito para intermediários e formadores de mercado (*market makers*), lastreadas em títulos privados, com colaterais em função do *rating* dos ativos.

4.4.4 Acesso de empresas de menor porte ao mercado de ações

Com o objetivo de estabelecer condições mais favoráveis ao acesso de empresa de menor porte ao mercado de capitais, a BM&FBOVESPA está executando estudo detalhado visando identificar os fatores que têm inibido o acesso de empresas de menor porte ao mercado de capitais. Como referido anteriormente, busca-se também avaliar a adequação para o mercado brasileiro de medidas adotadas com sucesso nos mercados em que emissões de baixo valor são rotineiras.

Desde já, existe a percepção de que um dos fatores mais relevantes é o elevado custo fixo da abertura de capital, quando se considera, além da listagem, a estruturação da emissão primária (IPO) e as despesas de manutenção de uma companhia aberta. Uma proposta interessante para reduzir as despesas de manutenção[36] diz respeito à implementação da Central de Balanços do Sistema Público de Escrituração Digital (SPED) com o objetivo de substituir a obrigatoriedade da publicação dos balanços no Diário Oficial pela alimentação dos dados de balanço na Central de Balanços criada no âmbito do SPE. Desse modo, o artigo 289 da Lei nº 6.404 precisaria ser ajustado para prever a publicação das demonstrações financeiras em jornal de grande circulação ou na Central de Balanços. A Central de Balanços atende cumulativamente as duas características presentes no Diário Oficial:

---

[35] Deve-se registrar que já em abril último a BNDESPAR entrou com solicitação de registro para emissão de debêntures no NMRF. Em março, a CEMIG realizou a primeira emissão no NMRF.
[36] Proposta da ABRASCA, já incorporada ao Plano Diretor do Mercado de Capitais.

a. Livre acesso à informação pública, garantindo transparência das atividades e resultados das companhias.
b. Atua como um registro público, indelével, das informações presentes no balanço social das companhias.[37]

4.4.5 A queda da taxa de juros: migração de investidores para ações e títulos de dívida privada

Da mesma forma que nos últimos anos as elevadas taxas de juros pagas pelos títulos públicos constituíram o principal fator de inibição do mercado de capitais, sua tendência de redução agora observada representa uma condição necessária para a ativação desse mercado. Os efeitos dessa redução repercutem de modo positivo do lado da demanda e do lado da oferta de títulos privados.

Do lado da demanda, admitindo que a atual tendência de redução da taxa de juros seja sustentável, a taxa de remuneração das novas emissões de dívida pública continuará sendo inferior à taxa atuarial da maioria dos fundos de pensão. A diversificação de suas carteiras em favor de ativos privados, em termos de ações, títulos de dívida, fundos de investimento em participações, FIDCs, CRIs e outros instrumentos, será a forma pela qual essas entidades buscarão elevar o retorno de sua carteira e cobrir seus compromissos atuariais. Esse movimento, já identificado há algum tempo, certamente será seguido por outros investidores institucionais, *family offices* e investidores em geral. Restaria lembrar que os investidores estrangeiros, cuja carteira até agora está concentrada em títulos de dívida pública e ações, deverão migrar também para o mercado de dívida privada. Da mesma forma que se observou no mercado de dívida pública, é razoável supor que a entrada desses investidores deve promover um alongamento de prazos considerável dos títulos de dívida privada. Deve-se lembrar também que esses investidores participaram com cerca de 70% das ações emitidas no último grande ciclo de IPOs, por volta de 2006 e 2007.

Do lado da oferta de papéis, a redução das taxas de títulos de dívida privada induzirá a ativação do mercado de emissões primárias de ações e de dívida, neste último caso por parte de companhias abertas e empresas fechadas. Tratamento

---

[37] A ABRASCA destaca que a Central de Balanços possibilitará que esses dados sejam utilizados para geração de estatísticas, análises nacionais e internacionais (por setor econômico, forma jurídica e porte das empresas), análises de risco, estudos de empresas, avaliações contábeis etc., além de atender à informação ao grande público conforme previsto na Lei nº 6.404 de 1976.

tributário favorecido para a colocação de papéis visando o financiamento de projetos de infraestrutura e outros setores prioritários terá efeito semelhante. Esse movimento certamente será reforçado na medida em que o BNDES venha a colocar em prática a política de assumir uma parcela minoritária do financiamento dos projetos que vier a aprovar, induzindo as empresas beneficiadas a buscar os recursos complementares no mercado de capitais.

4.5 Observações finais

A combinação dos efeitos da queda da taxa de juros, do novo tratamento tributário dos títulos de dívida privada, a implementação do projeto do Novo Mercado de Renda Fixa e os avanços previstos na regulação do mercado de acesso da BM&FBOVESPA criam um momento de oportunidade para aumentar a participação do mercado de capitais no financiamento das empresas e dos investimentos privados. Na visão deste trabalho, essa oportunidade poderá ser desfrutada em favor da economia brasileira na medida em que sejam executadas ações complementares de modo a atingir pelo menos dois objetivos básicos, a saber: a ampliação do acesso de um grande número de empresas, inclusive as de menor porte, mediante emissão de ações e instrumentos de dívida no mercado de capitais e a ativação do mercado secundário de dívida privada, condição essencial para ampliar a oferta de recursos privados de longo prazo para o financiamento de investimentos.

Existem razões para acreditar que o crescimento da importância do mercado de capitais como fonte de recursos para o financiamento das empresas brasileiras pode representar uma contribuição relevante para reduzir o seu custo de capital. Esse resultado pode ser a resultante de dois movimentos:

a. **Efeitos diretos**: além da captação de recursos mediante a abertura de capital, as maiores empresas fechadas podem acessar desde já o mercado de títulos de dívida, da mesma forma que as companhias de capital aberto. Adicionalmente, mesmo nas condições atuais de alto valor de emissão primária de dívida, a difusão do uso de alguns veículos, como é o caso de FIDCs como fonte de recursos para capital de giro e securitização de outros recebíveis, CRIs e FIPs e FIEEMs, como alternativa de obtenção de recursos para investimentos, podem reduzir o custo de capital e criar novas oportunidades de crescimento para muitas dessas empresas.

Evidentemente esses efeitos serão potencializados na medida em que se viabilize a redução do valor das emissões de ações e dívida.
b. **Efeitos indiretos:** a maior utilização do mercado de capitais reduz a demanda de recursos junto aos bancos e aumenta a concorrência no mercado de crédito com efeitos favoráveis sobre o custo de capital de todas as empresas, inclusive aquelas que não utilizam os instrumentos do mercado de capitais.

Deve-se destacar ainda duas observações.

i. Entrada de investidores estrangeiros no mercado de dívida privada

Todas as projeções disponíveis mostram que a manutenção de taxas de crescimento mais elevadas nos próximos anos demandará a complementação da poupança externa, na forma de déficit de contas-correntes. Não é difícil demonstrar que a entrada de capital estrangeiro no mercado de dívida privada é uma solução de financiamento do déficit em contas-correntes muito superior ao endividamento das empresas brasileiras no mercado internacional, pelo menos por três razões:

a. Transfere o risco cambial para o investidor estrangeiro, evitando assim o aumento da exposição a esse risco das empresas nacionais.
b. Deve ter impacto positivo sobre prazos de vencimento dos títulos privados, da mesma forma que tem sido observado no caso dos títulos de dívida pública.
c. Favorece o desenvolvimento do mercado de capitais doméstico. Ao contrário do acesso ao mercado internacional, restrito apenas às maiores empresas, o mercado doméstico de capitais beneficiará também empresas de menor porte e até aquelas de capital fechado.

ii. Benefícios da diversificação da intermediação financeira

Finalmente, deve-se registrar que o aumento da participação do mercado de capitais representa uma diversificação saudável dos sistemas de intermediação financeira cujo resultado será o aumento de sua eficiência operacional e econômica, em favor da competitividade das empresas brasileiras. Por outro lado, como ficou evidenciado no desempenho da economia brasileira durante a crise de 2008, tudo indica que a existência de um sistema de intermediação diversificado, com participação de bancos públicos e privados e mercados de capitais ativos, talvez seja a melhor configuração para enfrentar choques de liquidez internacional em uma economia globalizada.

5. ESTRATÉGIA NACIONAL DE ACESSO AO MERCADO DE CAPITAIS: PROPOSTA DO IBMEC

Como demonstrado ao longo do trabalho, acredita-se que estão postas condições especialmente favoráveis para dar início a um novo e importante ciclo de crescimento do mercado de capitais, contribuindo para o aumento de competitividade da indústria e de outros setores da economia brasileira.

Essas são as bases da iniciativa do IBMEC, ao propor a adoção de uma Estratégia Nacional de Acesso ao Mercado de Capitais, já aprovada pelo Comitê Executivo do Plano Diretor do Mercado de Capitais.[38] O objetivo é reduzir o custo de capital e aumentar a oferta de recursos de longo prazo para as empresas brasileiras, mediante o apoio para a formulação e implementação de medidas visando:

a. Difundir o acesso ao mercado de capitais a um maior número de empresas, inclusive às empresas de menor tamanho, mediante a abertura de capital, a emissão de títulos de dívida e a obtenção de recursos de outros instrumentos e veículos do mercado de capitais.
b. Desenvolver o mercado de dívida privada e promover elevada liquidez de seu mercado secundário, condição essencial para aumentar a oferta de recursos de longo prazo, em sinergia com o BNDES.

A proposta de organização adota a experiência bem-sucedida do Plano Diretor do Mercado de Capitais: cooperação com órgãos reguladores e parceria com entidades privadas. Busca-se a participação e o diálogo com pelo menos três grupos de entidades privadas:

a. Empresas: entidades de empresas não financeiras, representativas da indústria, comércio, agricultura e serviços.

---

[38] Proposta aprovada na reunião de março de 2012, com a criação de um Grupo de Trabalho encarregado de identificar as ações recomendadas para ampliar o acesso das empresas ao mercado de capitais.

b. Investidores: investidores institucionais, investidores estrangeiros, pessoas físicas.
c. Intermediários e agentes do mercado de capitais: bancos de investimento, corretoras, prestadores de serviços.

Alguns sinais emitidos pelo mercado recentemente são encorajadores. No mercado de ações, bastante afetado pela crise internacional após o forte ciclo de empresas que abriram seu capital entre 2005 e 2007, surgem agora os primeiros sinais de recuperação, com a expectativa de mais de uma dezena de emissões primárias e IPOs em 2012.[39] O mercado de dívida tem apresentado desempenho positivo, com significativa participação de empresas fechadas, ao mesmo tempo em que crescem as emissões de FIDCs e CRIs.

Trata-se de mobilizar entidades representativas do mercado, de empresas e de investidores, em cooperação com o governo e órgãos reguladores, com o objetivo de complementar o diagnóstico dos obstáculos ao acesso das empresas aos mercados de ações e de dívida, ativar o mercado secundário de dívida privada e formular uma estratégia que contemple medidas eficazes para atingir os objetivos e criar os mecanismos de cooperação para sua implementação.

O IBMEC propõe a realização do Fórum do Mercado de Capitais, provavelmente em outubro de 2012. O objetivo é reunir representantes do governo, entidades privadas, academia e profissionais de mercado com o objetivo de debater e promover a formulação e o debate propostos para otimizar a contribuição do mercado de capitais para a competitividade e o crescimento das empresas brasileiras.

O IBMEC tem o maior interesse na participação ativa da CNI, das Federações de Indústrias Estaduais e demais Entidades Empresariais na preparação, formulação e detalhamento das propostas a serem apresentadas e debatidas no Fórum do Mercado de Capitais de agosto de 2012.

---

[39] Fonte: *Valor Econômico*, 09/05/2012, p. B2.

PARTE IV

O futuro da inovação, no Brasil, e como usar o Pré-sal para transformar a economia

PART IV

O futuro da inovação, no Brasil,
e como usar o Pré-sal para
transformar a economia

Como transformar a inovação em grande oportunidade

*Glauco Arbix**

---
*Presidente da Financiadora de Estudos e Projetos (FINEP).

Inicio minha apresentação com uma questão muito simples: o que tem de novo no Brasil. Um milhão de coisas novas, como todo mundo sabe, a cada segundo, mas o que tem de novo é que a economia volta a crescer com uma qualidade diferente de crescimento, ou seja, a diminuição da desigualdade e da pobreza. Apesar de ser uma agência de tipo de fomento, uma financiadora, para a FINEP isso é fundamental porque em última instância é o que orienta todo o nosso trabalho, não há nenhum valor maior para assumirmos o governo ou entrar em uma atividade pública se não for para diminuir desigualdade e pobreza.

Se formos olhar a qualidade distinta desse processo, observamos a redução de desigualdades em todos os sentidos, desigualdade social, desigualdade regional, desigualdade entre cidades pequenas, grandes, médias, desigualdade na educação, desigualdade no mercado de trabalho, em gênero. Então essa é uma questão de fundo que é o que dá vitalidade para o Brasil, não é outra razão que nos orienta, e que dá relevo ao Brasil na situação de hoje em contexto de dificuldades na economia mundial.

Uma das razões é essa combinação única muito criticada por muita gente, muitas vezes dada a uma visão de que o Estado estaria interferindo exageradamente na sociedade, na economia. No fundo, o que está colocado aqui é uma combinação praticamente única entre crescimento, emprego, geração de emprego, políticas sociais, uma valorização do salário mínimo em regime de baixa inflação, e temos um governo muito mais proativo na elaboração e articulação de políticas orientadas para tecnologia e inovação, que é o tema principal da nossa atividade.

Se formos retomar rapidamente a ideia de construção, com muita dificuldade, de grandes planos nacionais, ela voltou à tona desde o PAC até os planos de ciência e tecnologia, pois as novas versões da política industrial que voltam a ter um foco, e aqui um parêntese importante. Eu era presidente do IPEA em

2003 quando começamos a pensar a política industrial e eu coordenei o grupo interministerial para estruturarmos e pôr de pé essa política na época, e quando levantamos que o foco deveria ser a inovação me senti mais uma vez um marciano, não sei se grande, pequeno ou médio, mas alguém muito distante da realidade. Falo isso não somente para os planejadores públicos que estavam presentes nas nossas conversas, que demoramos muito tempo para elaborar o plano, mas as próprias empresas viam como uma espécie de supérfluo, uma espécie de luxo a ideia de inovação, a ideia de tecnologia. O Brasil vinha de um período muito grande de uma economia fechada, a tecnologia não ia bem e não estava bem no centro das atividades, e era mais ou menos um artigo de luxo. Eu estou resumindo, sempre há exceções, sempre há setores mais dinâmicos, mas estou falando no geral, na maneira como o país se organiza.

Hoje a situação é completamente distinta. Lidamos com tecnologia, ciência há muitos anos e não consigo imaginar que teríamos em menos de sete meses de trabalho na FINEP a construção de uma carteira de demanda por crédito para inovação, com projetos de tecnologia, concentrados em mais de 80% nas áreas de energia, petróleo e gás, etanol de segunda e outras gerações, toda a área de renováveis, depois saúde, tics, espacial, defesa e toda a parte de tecnologias sustentáveis. Essas são as áreas-chave, em sete, oito meses nós geramos uma carteira altamente qualificada de tecnologia com a demanda por financiamento de mais de R$14 bilhões. Não estou falando do não reembolsado, a fundo perdido, de subvenção econômica, mas de crédito para inovação.

Então esse é um dado muito forte sobre as mudanças que ocorrem no país. Eu vou falar depois sobre o que aconteceu com a nossa experiência no petróleo e gás especificamente, que é muito parecido.

A ideia de promover a inovação nas empresas é uma das quatro prioridades do Plano Nacional de Ciência, Tecnologia e Inovação. É a primeira vez que conseguimos incluir, com a prioridade nacional, a promoção de inovação nas empresas. Isso é um sinal bastante importante para a sociedade, para nossas universidades e pesquisas, e é um movimento muito forte que resulta numa inflexão muito grande de várias políticas públicas que estamos desenvolvendo.

A questão de fundo que está colocada para podermos aproveitar a oportunidade é: inovação e tecnologia quase sempre foram concebidas como subproduto do crescimento econômico e não como pré-requisito para o desenvolvimento. Essa ideia-chave, que ainda marca setores imensos da economia brasileira, partes expressivas dos planejadores públicos e das nossas políticas públicas, expressa uma visão de que apenas com o crescimento do investimento agregado na economia nós teremos automaticamente um salto de tecnologia. Isso não é verdade, é insustentável! Não era verdadeiro no passado, não é verdadeiro mais ainda hoje.

A situação é que cada vez mais as pesquisas mostram como o investimento em inovação é capaz de impulsionar, estimular e fazer aumentar o investimento agregado na economia, em expansão, em modernização, em gestão, em exportação, em todos os níveis, e não o contrário. Eu considero essa uma questão de fundo a ser discutida. Isso é altamente polêmico, por isso a FINEP trabalha no sentido de se transformar em uma agência muito mais proativa do que era antes. Nós estamos buscando conversar não somente com as universidades, que tradicionalmente foram e continuarão sendo o nosso público para fazer ciência e estimular a infraestrutura de pesquisa básica, mas, fundamentalmente, com as empresas. As empresas brasileiras, em que pesem enormes mudanças, ainda inovam pouco, e cabe ao Poder Público oferecer melhores condições para diminuirmos a desvantagem que temos em vários níveis, desde infraestrutura, desde a situação dos nossos instrumentos de estímulo e apoio à própria inovação, desde o aperfeiçoamento de instrumentos que nós criamos no passado como a subvenção econômica, que passamos a trabalhar com ela a partir da Lei de Inovação de 2006, mas que ainda estamos engatinhando para conseguir definir modelos mais adequados. Essa é uma questão de fundo que eu gostaria de realçar para podermos aproveitar a oportunidade.

O que estamos levantando aqui como chave além das nossas vantagens, mercado interno, abundância de recursos e existência de empresas dinâmicas e inovadoras, é o desafio de construir uma economia amigável à inovação, capaz de estimular o desenvolvimento de competências tecnológicas e crescente valor agregado. Nada contra um mundo inteiro de commodities que nós temos, de produtos padronizados, inclusive as velhas classificações não dão conta da sua realidade. Um grãozinho de soja hoje está embebido de tecnologia, de transformação genética, de mudança na terra, no clima, mas em todo caso continua sendo uma commodity, e nós precisamos avançar exatamente nas áreas mais desenvolvidas para integrarmos cada vez mais cadeias de maior valor agregado, cadeias globais que é o que consegue oxigenar as cadeias produtivas e o tecido produtivo brasileiro em todos os níveis.

Na área do Pré-sal essa questão é chave. Desafios que estou realçando são as novas políticas e instituições voltadas para inovação, mas as empresas ainda não estão claramente no foco das políticas, pois ainda investem pouco. É preciso aumentar as fontes do sistema de financiamento e apoio. O diálogo entre universidade e empresa existe, há bons exemplos, a começar pela Petrobras, mas ele ainda é difícil. Há uma carência gigante de recursos humanos, principalmente nas áreas de Engenharia, e o mercado de *CID* e *venture capital* ainda engatinha. Não vou levantar aqui a questão da China, que é uma questão-chave porque ela transforma os termos da concorrência internacional, inclusive afetando o Brasil.

Onde estão os pesquisadores brasileiros? Nos Estados Unidos, 79% estão no setor privado, 3,6% no governo e nas universidades 14,8%. No Brasil a esmagadora maioria dos nossos pesquisadores está exatamente trabalhando nas universidades brasileiras. Então nós temos que transformar essa realidade, nós estamos na companhia da Argentina e da Espanha e temos os Estados Unidos, Coreia e Japão com relações bastante díspares em relação a nossa proporção de pesquisadores diretamente atuando nas atividades produtivas. Não estou dizendo que eles são não produtivos, mas que precisamos modificar essa situação para que consigamos aproveitar a oportunidade de inovação.

Queremos aumentar, essa é a meta do Brasil Maior, o investimento em P&D para 1,8% do PIB em 2015. Isso significa concretamente dar um salto de 22% no investimento em inovação, seja no setor público, seja no setor privado, até 2015. Para cumprirmos essa meta, precisaríamos colocar na economia muito mais recursos do que colocamos agora. Precisaríamos oferecer para as empresas e para a universidade muito mais programas e muito mais alternativas e instrumentos do que aqueles que temos. Teríamos que poder integrar e combinar os instrumentos que nós trabalhamos hoje e nem sempre isso é fácil para nós, combinar crédito com subvenção econômica, com participação em projetos das empresas. Esse é o horizonte da FINEP, mas temos muita dificuldade em fazer, seja pelo marco regulatório, seja por uma restrição de recursos que nós temos.

Vamos trabalhar com programas estratégicos a partir deste ano. Esse programa foi lançado em conjunto com o BNDES no ano passado, organizado para ter R$500 milhões da FINEP e R$500 milhões do BNDES. Nós recebemos R$14 bilhões de demanda em projetos para etanol de segunda e outra gerações. Não estamos falando aqui de aperfeiçoamento de etanol de primeira, é segunda e outras gerações. Esses R$14 bilhões compunham uma rede de quase 60 projetos. Desses nós cortamos praticamente a metade, coube ao BNDES financiar R$1,7 bilhão e à FINEP R$1,4 bilhão, que é o que está sendo realizado nesse exato momento.

O segundo programa em que estamos trabalhando é o Inova Petro. Estamos ultimando esse programa juntamente com o BNDES e com a Petrobras.

Estamos trabalhando com várias outras secretarias e com o próprio BNDES para organizar programas como o Brasil Sustentável, um programa para TICS, para informação e comunicação para o complexo da saúde. Temos feito reuniões sistemáticas com o Ministério da Saúde, na área de defesa, na área espacial e de tecnologias sociais e assistidas. Todos esses projetos têm como item o financiamento, mas eles estão muito ligados à disposição de financiar grandes projetos nas áreas da universidade, da pesquisa-base, fundamentais para darmos o salto que precisamos.

O Programa Inova Petro diz respeito a toda cadeia do petróleo e gás. A Petrobras vai ser responsável com a grande parte das tecnologias críticas do Pré-sal e se olharmos as 100 maiores empresas que trabalham e têm condições de oferecer tecnologia nessas áreas não há nenhuma brasileira, a única que existe e marca presença é a Petrobras. Nada contra as empresas estrangeiras, subsidiárias estão aqui e todas elas são recebidas muito bem dentro da FINEP, mas eu gostaria de lembrar que temos a obrigação de trabalhar para capacitar e qualificar as empresas brasileiras.

Temos todas as condições de ser uma potência global na área de energia, seja com o Pré-sal, seja com o etanol e outras energias, e também na área de biodiversidade, evidentemente em um ambiente democrático, esse é o esforço que estamos realizando.

Eu gostaria de acrescentar ao diagrama inicial, que era crescimento, desigualdade e pobreza, a melhoria da qualidade da nossa educação e a multiplicação por cinco dos investimentos atuais que fazemos em inovação e em tecnologia.

O Pré-sal como oportunidade

Osmond Coelho Jr.* e Ana Luiza Silva Costa de Albuquerque**

---

*Gerente-executivo de projetos de desenvolvimento da produção da Diretoria de Exploração e Produção da Petrobras.
**Da Diretoria de Exploração e Produção da Petrobras.

O pessimista vê dificuldades em qualquer oportunidade.
O otimista vê oportunidades em cada novo desafio.
Sir Winston Churchill (1874 – 1965)

1. VISÃO GERAL DA PETROBRAS

Como uma empresa integrada em toda a cadeia de hidrocarbonetos, a Petrobras atua em seis principais segmentos, a saber:

- Exploração & Produção
- Petroquímica
- Distribuição
- Gás & Energia
- Área Internacional
- Biocombustíveis

Cada um deles tem um papel importante no resultado global da Companhia e contribui para o crescimento da empresa como um todo, o que fez com que a Petrobras obtivesse, no ano 2011, uma receita de R$244,1 bilhões, com um lucro líquido de R$244,1 bilhões, conforme mostrado no Gráfico 1.

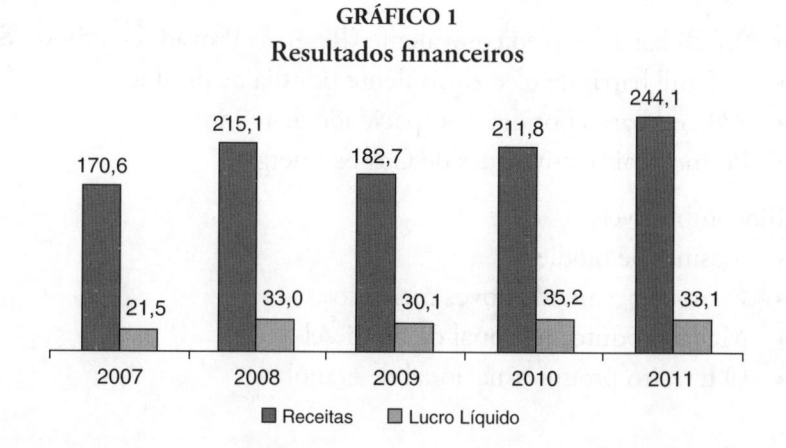

GRÁFICO 1
Resultados financeiros

Ano	Receitas	Lucro Líquido
2007	170,6	21,5
2008	215,1	33,0
2009	182,7	30,1
2010	211,8	35,2
2011	244,1	33,1

Como principais destaques de cada um desses diferentes segmentos, ao longo de 2011 foram alcançados importantes e significativos marcos que demonstram o crescimento e posicionamento da Companhia no mercado de energia:

- Exploração & Produção
  - 2,4 milhões de barris de óleo equivalente por dia de produção
  - 494 áreas de concessão
  - 303 campos produtores
  - 90% da produção brasileira
  - 20% da produção global de águas profundas e ultraprofundas
- Petroquímica
  - 12 refinarias
  - 2,0 milhões barris por dia de capacidade de refino
  - 11,2 milhões de tonelada por ano de capacidade nominal de processamento de materiais (através de Braskem e Quattor)
- Distribuição
  - 7.485 estações de serviço
  - 39,2% participação no volume distribuído
  - 20% de participação em estações de serviço
- Gás & Energia
  - 9.251km de gasodutos
  - Participação em 21 das 27 distribuidoras de gás no Brasil
  - 5.806 MW de capacidade de geração
- Área Internacional
  - 28 países
  - 0,7 Bi barris de óleo equivalente (Reservas Provadas – critério SEC)
  - 245 mil barris de óleo equivalente por dia de produção
  - 231 mil barris por dia de capacidade de refino
  - Petroquímica, atividades de Gás & Energia
- Biocombustíveis
  - 3 usinas de biodiesel
  - Etanol: abertura de novos mercados
  - Maior produtor nacional de biodiesel
  - O terceiro produtor nacional de etanol

2. O POLO PRÉ-SAL DA BACIA DE SANTOS

O Pré-sal é uma sequência de rochas sedimentares depositadas há mais de 100 milhões de anos no espaço geográfico formado pela separação do antigo Continente Gondwana. Mais especificamente, pela separação dos atuais continentes americano e africano, que começaram a se distanciar há cerca de 150 milhões de anos. Entre os dois continentes formou-se, inicialmente, um grande lago onde, gradativamente e ao longo de séculos, foram sendo formadas as rochas geradoras do atual petróleo oriundo da região que passamos a conhecer pela denominação Pré-sal.

Uma camada de sal de até 2.000 metros de espessura se depositou então sobre a matéria orgânica acumulada, a qual se transformaria em hidrocarbonetos (óleo e gás natural).

No atual contexto exploratório da Petrobras, o conjunto de rochas com potencial para gerar e acumular petróleo, denominado Pré-sal, se encontra em lâmina d'água de mais de 2.000 metros, abaixo de uma camada de até 3.000 metros de sedimentos e outra que chega a 2.000 metros de sal. Este conjunto de rochas está localizado nas porções marinhas do litoral brasileiro entre os estados de Santa Catarina e Espírito Santo, a cerca de 300km da costa.

Para atuar na Província Pré-Sal, a Petrobras investiu em tecnologia, venceu obstáculos e se prepara para fazer face a novos desafios.

3. INOVAÇÃO TECNOLÓGICA

O desenvolvimento de novas tecnologias, ou simplesmente o aprimoramento das existentes, é um dos pontos-chave para o crescimento da indústria de petróleo. Isto porque, trabalhando com um recurso natural finito (petróleo), a indústria está constantemente em busca de novas descobertas ou até mesmo novas fronteiras exploratórias, que muitas vezes requerem novas tecnologias de maneira a se tornarem viáveis técnica ou economicamente ou que, em outras vezes, impulsionam/incentivam esse desenvolvimento.

E na Petrobras não é diferente.

De fato, ao longo de sua história, a Companhia vem intensificando seus investimentos em Pesquisa & Desenvolvimento, tendo investido cerca de US$1.450 milhões (0,9% da Receita Bruta) em 2011.

Comparativamente a outras empresas concorrentes no mesmo setor, a Petrobras ficou em quarto lugar em termos de investimento absoluto em Pesquisa & Desenvolvimento no ano 2010, conforme ilustra o Gráfico 2.

GRÁFICO 2

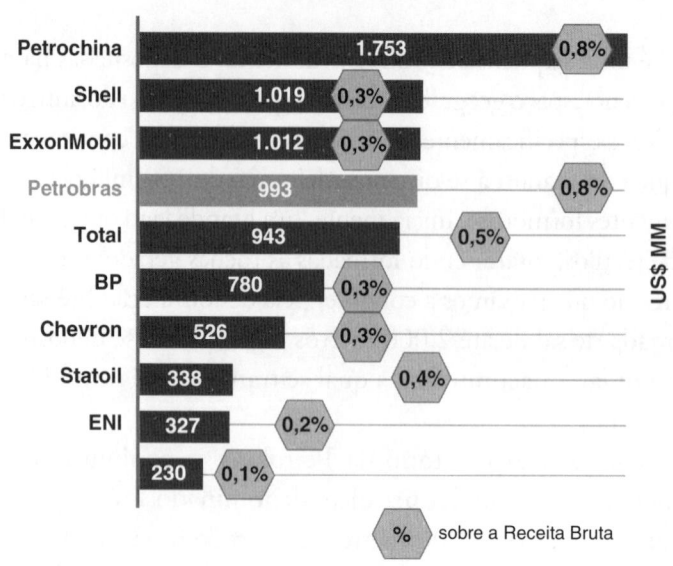

Empresa	US$ MM	% sobre a Receita Bruta
Petrochina	1.753	0,8%
Shell	1.019	0,3%
ExxonMobil	1.012	0,3%
Petrobras	993	0,8%
Total	943	0,5%
BP	780	0,3%
Chevron	526	0,3%
Statoil	338	0,4%
ENI	327	0,2%
	230	0,1%

Atualmente, toda a Estratégia de Desenvolvimento Tecnológico da Petrobras está fortemente calcada em três grandes pilares que servem de sustentáculo para as ações coordenadas da empresa na busca por novas tecnologias.

Esses pilares são:

- Expansão dos atuais limites da indústria brasileira de óleo e gás com a exploração de novas fronteiras exploratórias buscando:
  - Maximização da recuperação de petróleo.
  - Desenvolvimento da produção, das operações e da logística do Pré-sal.
  - Desenvolvimento de nova geração de sistemas marítimos e submarinos de produção.
  - Caracterização da rocha e dos fluidos do Pré-sal e de outros reservatórios complexos.
  - Soluções logísticas do gás natural em ambientes remotos.
  - Otimização e confiabilidade operacionais.
  - Flexibilidade do atual parque de refino.

- Mudança no mix de produtos através de ações associadas a:
  - Inovação em combustíveis, lubrificantes e produtos especiais
  - Petroquímica
  - Gás-química
  - Biocombustíveis
  - Energia de outras fontes renováveis

- Sustentabilidade, de forma a que atue nas seguintes frentes:
  - Gerenciamento de água e efluentes
  - Gerenciamento de CO_2 e outras emissões
  - Eficiência energética

Cabe destacar ainda a existência de um processo estruturado que alinha as demandas tecnológicas do Pré-Sal ao desenvolvimento de novas soluções. O objetivo é atender aos desafios que se apresentam a cada dia nos diversos projetos, e a adequação às demandas de longo prazo. Logo, para fazer frente a todo este desafio tecnológico, a Petrobras vem procurando expandir a capacidade de Pesquisa & Desenvolvimento no Brasil através de parcerias com universidades, institutos de pesquisa e empresas fornecedoras.

Além disso, buscando a viabilização da aplicação das novas tecnologias e a implantação da carteira de projetos da Petrobras no ritmo pretendido, a área de engenharia possui três direcionadores, que constituem o grande desafio desta área para os próximos anos e se encontram descritos a seguir:

1. Redução da complexidade dos projetos e uso de soluções padronizadas
   - Padronização de equipamentos submarinos e de superfície com a estratégia de *frame agreements*.
   - Concepção de sistemas com filosofia mais simplificada.
   - Critérios de projeto padronizados através de diretrizes.
   - Padronização de famílias de UEPs (P- 58 e P-62, 8 FPSOs Replicantes para o Polo Pré-Sal e 4 FPSOs para a Cessão Onerosa).

2. Utilização de padrões e métricas internacionais de engenharia nos projetos das instalações industriais
   - Projetos avaliados com o uso de métricas internacionais da IPA (Independent Project Analysis), que indicam a competitividade em custos e prazos de implantação.

3. Contribuição para consolidação do Brasil como um polo fornecedor de bens e serviços (aumento do Conteúdo Nacional dos projetos)
   - Construção de unidades de produção e sondas de perfuração em estaleiros no Brasil.
   - Concepção de projetos de unidades de produção de forma a propiciar aquisição de materiais, equipamentos e serviços adequados à disponibilidade no Brasil.
   - Indução de instalação de fornecedores no Brasil.

4. CONCLUSÕES

A evolução da indústria de energia é acompanhada pela inovação tecnológica, grande fator de diferenciação da Petrobras e que lhe possibilita operar com excelência em áreas ainda na fronteira do conhecimento da indústria.

A Indústria de Óleo e Gás tem viabilizado, com a política de Conteúdo Local, a instalação no país de centros de pesquisa e de fabricantes de equipamentos, além da reativação de infraestrutura para a conversão e construção de plataformas e sondas de perfuração. Dessa forma, a Indústria Brasileira de Bens e Serviços tem a possibilidade de aproveitar essa oportunidade única de alavancar seus negócios calcados em bases competitivas e de forma sustentável.

A Petrobras vem sendo fator indutor desse processo ao apontar a grande demanda por esses novos bens e serviços e ao fomentar o desenvolvimento de novas tecnologias capazes de atender a essas necessidades no curto, médio e longo prazos.

Como transformar o Pré-sal em grande oportunidade para o desenvolvimento da indústria nacional de petróleo e gás

*João Carlos França de Luca**

*Presidente do Instituto Brasileiro de Petróleo e Gás (IBP).

Viabilizar a produção e o aproveitamento econômico dos recursos do Pré-sal poderá promover um expressivo ciclo de crescimento industrial no Brasil. Segundo estimativas do BNDES, os investimentos em infraestrutura, incluindo petróleo e gás, entre 2011 e 2014, somarão algo em torno de R$750 bilhões. Desse total, cerca de 50% serão investimentos em petróleo e gás. Neste sentido, estima-se que até 2020 o crescimento do setor petrolífero irá estimular uma demanda por bens e serviços que supere a casa dos R$800 bilhões até 2020. Essa magnitude possui escala suficiente para desencadear uma sólida cadeia produtiva de bens e serviços no país. De fato, trata-se de um processo que já está em curso, haja vista, por exemplo, o atual portfólio de encomendas anunciado pelo setor de construção naval. Segundo o Sinaval, até 2015 serão construídas no mínimo 19 plataformas – das quais 14 inteiramente no Brasil –, e 35 sondas de perfuração. Haveria ainda a expectativa de possíveis novas encomendas aos estaleiros brasileiros nos próximos anos superiores a R$16 bi.

Os efeitos que a materialização dessas previsões de investimentos pode desencadear sobre a renda e o emprego são expressivos, porque a cadeia de fornecimento da indústria *offshore* de petróleo e gás no Brasil é extremamente ampla e diversificada, englobando um grande número de segmentos. A produção de um campo de petróleo requer insumos de, no mínimo, cinco macrossetores, quais sejam: EPC, sísmica, serviços de poços, apoio logístico, instalações submarinas. Por sua vez, para atender aos pedidos da empresa operadora, serão demandados, por parte desses cinco setores, integradores, grandes equipamentos, módulos e sistemas. Essa demanda, por sua vez, acionará as empresas que produzem tubulações, equipamentos mecânicos, produtos químicos e equipamentos elétricos. A produção desses equipamentos tem como componentes básicos forjados, fundidos e demais componentes, o que ativa os setores relacionados de siderurgia, plásticos e o próprio setor de energia.

Para que seja possível tornar eficiente o fornecimento de bens e serviços pela cadeia, de tal forma a satisfazer plenamente as expectativas do Programa Brasil Maior, do governo federal, e das grandes empresas exploradoras de petróleo atuantes no Brasil nas próximas décadas, é necessário superar uma série de desafios. O principal destes é que atualmente existem poucos fornecedores locais habilitados em grande parte do fornecimento. Segundo a Booz & Company, atualmente estão disponíveis apenas 112 empresas brasileiras no Vendor List, ao passo que seus pares internacionais somam 286 empresas.

GRÁFICO 1

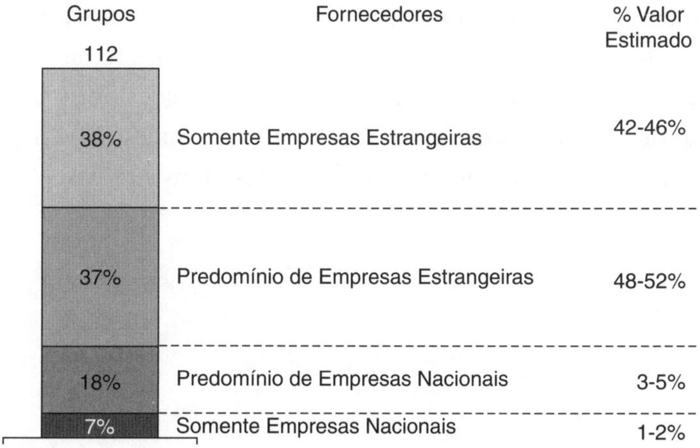

Grupos 112	Fornecedores	% Valor Estimado
38%	Somente Empresas Estrangeiras	42-46%
37%	Predomínio de Empresas Estrangeiras	48-52%
18%	Predomínio de Empresas Nacionais	3-5%
7%	Somente Empresas Nacionais	1-2%

A superação do desafio do conteúdo local tem um *pay off* muito elevado, que é a geração de uma quantidade imensa de empregos nos setores que possuem uma relação de fornecimento com a indústria do petróleo. Segundo estimativas do IBP, espera-se gerar, até 2020, entre 1,7 e 2,1 milhões de empregos no Brasil. Atualmente estão ocupadas, no setor, cerca de 400 mil pessoas. Somente o aumento orgânico da demanda com participação constante adicionará entre 620 e 760 mil pessoas à massa ocupada. Por sua vez, o aumento da participação nacional no fornecimento será capaz de acrescentar entre 940 mil e 1,1 milhão de postos de emprego. Finalmente, com o aumento das exportações poderão ser acrescentados até 170 mil postos. Estima-se que o valor capturado localmente por essa massa de empregos atinja cerca de R$60 bilhões em 2020, ante algo em torno dos R$5 bilhões atuais.

Como o potencial de geração de empregos é muito ambicioso, há urgência em desencadear uma série de ações prioritárias para desobstruir o preocupante gargalo que se formou em torno da questão do conteúdo local no Brasil. Estas ações fazem parte de uma agenda sugerida para a construção de uma política industrial eficaz para o setor. Destacam-se os seguintes pontos: assegurar desoneração dos investimentos e garantir às empresas locais as mesmas condições de isenção tributária das empresas estrangeiras para fornecimento de produtos e serviços; orquestrar a formação de empresas de engenharia básica nacionais competitivas internacionalmente; possibilitar acesso direto da indústria a recursos de P&D&I; incentivar criação de institutos tecnológicos voltados à pesquisa industrial aplicada junto aos polos produtivos sem compromisso acadêmico; simplificar/rediscutir regras de conteúdo local, reduzindo burocracia e custos de medição para a cadeia e operadores; estimular, através de incentivos, as empresas que superem metas de conteúdo local; desenvolver e acelerar implementação sistemática de mecanismos de garantia que facilitem acesso a financiamentos e capital de giro nas diversas modalidades por parte da cadeia; qualificação de recursos humanos através do fortalecimento do ensino básico e o treinamento da força de trabalho em diferentes graus e temas.

O Pré-sal no contexto das necessidades futuras de suprimento de energia

*André Araujo**

---
*Presidente da Shell Brasil Petróleo Ltda.

O Brasil tem uma grande oportunidade para trilhar o caminho do desenvolvimento sustentável. Estamos procurando garantir mais energia e energia mais limpa para manter, pelas próximas décadas, crescimento econômico com desenvolvimento social.

Mas não podemos nos esquecer de que o planeta está sob pressão. No ano passado, o mundo atingiu a marca de 7 bilhões de habitantes. Neste ritmo, segundo a Organização das Nações Unidas, seremos 9 bilhões na metade do século XXI.

Milhões de pessoas estão saindo da pobreza, melhorando a qualidade de vida e elevando os padrões de consumo. Estão comprando o primeiro carro, o primeiro computador, a primeira máquina de lavar. Isso é ótimo, mas traz implicações para todos nós. O crescimento da classe média está aumentando o consumo de recursos básicos, de energia a água e comida.

Um dos maiores desafios da humanidade é encontrar uma forma sustentável de prover as necessidades básicas para essa população crescente, com aspirações de consumo.

Se o mundo mantiver esse ritmo de crescimento, por volta de 2030 a demanda por energia poderá crescer mais de 33%. Isso significará um aumento de produção equivalente ao dobro do que os Estados Unidos consomem em duas décadas.

O Brasil tem a oportunidade de atuar com força nos dois lados dessa equação: ampliando o suprimento e também o consumo de energia.

O crescimento do consumo de energia terá impacto no meio ambiente. Mesmo com a rápida expansão de fontes alternativas, recursos fósseis continuarão a ter um papel central no suprimento.

A equipe que elabora cenários para a Shell prevê que a demanda por petróleo poderá encontrar algumas limitações de suprimento ao redor de 2020. Isso criará o que chamamos de "zona de incerteza". A incerteza está em como suprir essa demanda de forma balanceada.

O mundo vai precisar de uma combinação extraordinária de esforços para aumentar o suprimento de energia e torná-lo capaz de atender à demanda crescente. O Brasil, uma das principais economias emergentes, pode dar um bom exemplo de crescimento com sustentabilidade:

- Expandindo e diversificando o suprimento de energia.
- Aumentando os esforços para promover o consumo eficiente de energia.
- Promovendo tecnologia e inovação para atingir os objetivos citados.

O desenvolvimento do Pré-sal é certamente um dos recursos a serem explorados pelo Brasil, mas não se pode deixar de lado os biocombustíveis, particularmente o etanol. Além disso, as novas tecnologias para a exploração de óleo e gás – como sondas horizontais e fratura hidráulica – podem e devem ter um importante papel no Brasil.

A Shell tem mais de 40 anos de expertise em exploração e produção no Pré-sal, no Golfo do México, em Omã e na Holanda, entre outras regiões. Mas, aqui no Brasil, o setor aguarda o marco regulatório e espera que as novas regras mantenham a atratividade, a transparência e a estabilidade e respeitem os contratos existentes.

O desenvolvimento do Pré-sal vai proporcionar mais do que energia. Será a oportunidade de gerar empregos e permitir que a riqueza do petróleo alavanque outros setores e traga benefícios tangíveis para os brasileiros.

Nesse contexto, há um tema importante tanto para a indústria quanto para o governo: a exigência de conteúdo local. Para a Shell, não se trata simplesmente de atingir uma meta do contrato de concessão. A empresa apoia essa iniciativa, que inclusive faz parte dos nossos princípios empresariais gerais. Criamos no Brasil um departamento de conteúdo local, que se reporta diretamente a mim. Além disso, cada gerente de projeto tem conteúdo local como uma das métricas.

No entanto, tenho duas observações a fazer sobre esse tema. Conteúdo local é uma longa jornada, que não se cumpre como um passe de mágica. Há cinco anos, os planos quinquenais de investimento da Petrobras e das demais operadoras no Brasil não passavam de US$100 bilhões. Agora, ultrapassam US$300 bilhões. Independentemente do percentual de conteúdo local atingido, é impressionante o aumento da riqueza já trazida e a ser incorporada à indústria local.

Dou como exemplo um dos nossos projetos no Brasil: Parque das Conchas, em parceria com a Petrobras, na Bacia de Campos. Mesmo sem exigência de conteúdo local – já que o campo foi adquirido na Rodada Zero, em 1998 – obtivemos 36% de conteúdo local.

O outro ponto é que, embora a indústria de produtos e serviços esteja comprometida com o desenvolvimento dos fornecedores locais, nem todos os setores têm, ainda, competitividade e capacidade suficiente. Podemos treinar, por exemplo, mil soldadores. No entanto, não há como, no primeiro dia de trabalho, esperar que eles tenham a experiência necessária para um desempenho adequado. Isso exige tempo e supervisão.

Não podemos abrir mão de qualidade. Conteúdo local exige determinação, persistência e paciência. Vou dar outro exemplo: nós, da Shell, estamos atualmente explorando um bloco no Pré-sal. Se a geologia nos ajudar, em um ou dois anos partiremos para um projeto de produção. Como vou poder pedir aos supridores locais que me forneçam sondas e plataformas, se a Petrobras já ocupou todos os espaços no Brasil?

Há margem para melhorar o atual modelo de conteúdo local. Nossa recomendação é por mais incentivos, em vez de punições, para produzir melhores resultados. Seriam um excelente mecanismo para estimular os operadores a superar o nível mínimo acordado.

Para nós, da Shell, seria ótimo comprar tudo aqui no Brasil. Certamente possibilitaria focar mais na nossa atividade principal e menos na logística. Com mais competitividade e qualidade, a indústria local de bens e serviços poderia suprir operações da Shell ao redor do mundo.

Não posso negar também os benefícios sociais do conteúdo local. Estive há dois meses acompanhando uma atividade de sísmica em Minas Gerais, na região do Rio São Francisco. Tínhamos uma equipe de aproximadamente 150 pessoas. Muitos, se não a maioria, foram treinados e contratados nos municípios de Arinos e Buritis. Ver uma mulher de Arinos dirigindo um caminhão gigante marcou a minha visita. Esse time já pode trabalhar em sísmica para a Shell ou outras empresas em qualquer lugar do Brasil.

Nossa atividade requer continuidade. E, por esse motivo, a indústria de petróleo e gás espera ansiosa por novas rodadas de leilões de áreas de concessão.

Por fim, vamos falar em tecnologia e inovação. São temas centrais para a estratégia da Shell. Somos uma indústria de superação. A maioria das novas reservas de óleo e gás está em locais de difícil acesso, onde a tecnologia é essencial para a extração.

Voltando ao exemplo de Parque das Conchas, na Bacia de Campos, o uso de tecnologias pioneiras foi determinante para viabilizar nosso projeto.

Introduzimos o primeiro sistema de separação e bombeio submarino de óleo e gás em águas profundas e boias para lançar árvores de Natal. Estamos desenvolvendo a fase 2 desse projeto, e a grande inovação tecnológica será a utilização pioneira de sensores instalados no fundo do mar para monitorar a água injetada no reservatório.

Na área de etanol, a Raízen – *joint-venture* da Shell com a Cosan – está em busca de aprovação para instalar uma unidade no Brasil de produção de etanol de celulose em escala industrial.

Inovação vai além de atender à demanda por energia. Temos que utilizar a tecnologia para limitar o impacto das nossas operações em comunidades locais e no meio ambiente. Temos que inovar também nos nossos investimentos sociais e na forma de pensar.

A sociedade tem peso cada vez maior nos negócios. Atender à demanda da sociedade já nos faz pensar diferente.

Disponibilidade de matérias-primas para a indústria petroquímica no Brasil

*Otto Vicente Perrone**

---

*Do Conselho de Administração do Instituto Brasileiro de Petróleo e Gás (IBP).

1. INTRODUÇÃO

Em princípio, qualquer hidrocarboneto pode ser usado como matéria-prima para a produção de petroquímicos básicos.

Na prática, por motivos de ordem econômica ou mercadológica, as matérias-primas mais usadas, em todo o mundo, são a nafta, o etano e o propano extraídos do gás natural, gasóleos leves e condensados.

A utilização de cada uma delas depende de sua disponibilidade e da estrutura de demanda que se deseja atender. A nafta é a mais usada (cerca de 50% do total), vindo em segundo lugar o etano de gás natural.

TABELA 1
Consumo mundial de matérias-primas, 2006 (%)

	Mundo	EUA	União Europeia
Nafta	55	23	75
Etano	30	55	5
Propano	10	15	10
Gasóleo	5	5	10
Produção de Eteno (Milhões ton/ano)	113	30	32

Fonte: Ren, T. & col. – Utrecht University.

Os rendimentos, quando se usam essas matérias-primas, são muito diferentes e as margens obtidas dependem do valor relativo do eteno e dos coprodutos de pirólise.

No Brasil, a nafta é a matéria-prima mais usada.

Os três complexos petroquímicos da Braskem, o de São Paulo, o da Bahia e o do Rio Grande do Sul, são baseados em nafta.

GRÁFICO 1

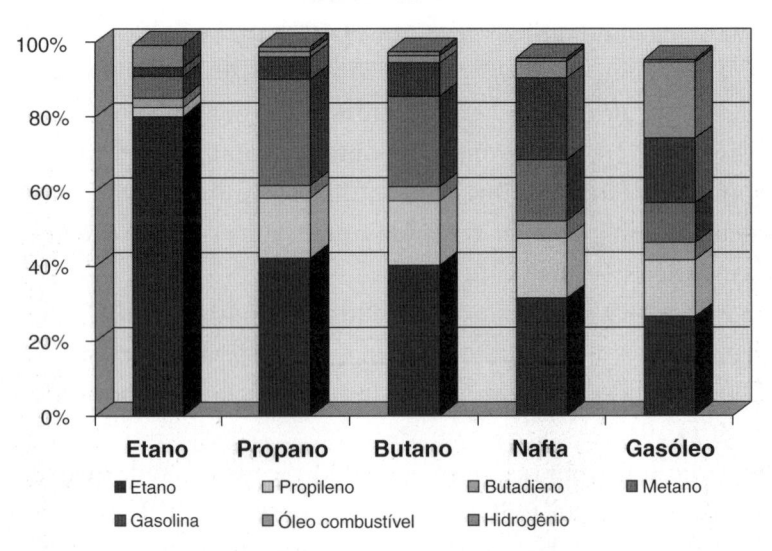

■ Etano		□ Propileno		■ Butadieno	■ Metano
■ Gasolina		□ Óleo combustível		■ Hidrogênio	

Eixo X: Etano, Propano, Butano, Nafta, Gasóleo
Eixo Y: 0% a 100%

As antigas centrais petroquímicas da PQU, da Copene e da Copesul possuem, como unidade básica, uma pirólise de nafta, para produzir as olefinas (eteno, propreno, butadieno) e os aromáticos (benzeno, tolueno, xilenos) que o mercado demanda.

A PQU recentemente passou a usar gás de refinaria, para complementar sua produção.

Somente a unidade da antiga Rio-Polímeros utiliza etano e propano, extraídos do gás natural da Bacia de Campos, como matéria-prima para a produção de eteno e polietileno, no Rio de Janeiro.

TABELA 2
Capacidade de produção de eteno

	Capacidade de Eteno (MM t/ano)	Matéria-prima
Bahia	1,3	Nafta
São Paulo	0,7	Nafta / Gás ref.
Rio Grande do Sul	1,1	Nafta
Rio de Janeiro	0,5	Etano / Propano
	3,6	

A ABIQUIM (Associação Brasileira da Indústria Química), preocupada com a disponibilidade futura de matérias-primas para atender a demanda crescente de produtos petroquímicos no Brasil, já realizou três estudos sobre o assunto: um em 2002, olhando um horizonte até 2010; outro, em 2005, com horizonte até 2015, e o último, em 2007, com horizonte até 2020.

As conclusões alcançadas nestes estudos, cada qual incorporando as informações disponíveis na época, têm um ponto em comum: o reconhecimento de que as fontes de matérias-primas petroquímicas no Brasil são limitadas e que, para o atendimento global da demanda futura, o País deverá diversificar ainda mais o seu elenco de matérias-primas.

Quando a ABIQUIM realizou seu último estudo, em 2007, constava dos planos da Petrobras a construção de apenas duas refinarias novas: a de Pernambuco (200.000 BPD) e outra, de localização indefinida, com capacidade de 500.000 BPD.

Atualmente, a Petrobras planeja, até 2020, a construção de quatro refinarias novas: a de Pernambuco (230.000 BPD), a do COMPERJ no Rio de Janeiro (330.000 BPD em duas etapas), e duas refinarias chamadas "Premium", uma no Maranhão (600.000 BPD em duas etapas) e outra no Ceará (300.000 BPD).

Esse acréscimo na capacidade de refino (1.400.000 BPD) pressupõe um aumento na oferta interna de nafta.

Por outro lado, de 2007 para cá, a grande novidade é a descoberta do Pré-sal. O aumento nas reservas e na produção de petróleo (leve) e gás natural altera, para melhor, as perspectivas de disponibilidade de matérias-primas petroquímicas.

A dificuldade é que o potencial introduzido com o Pré-sal ainda não pode ser dimensionado com segurança.

Esses pontos serão discutidos com mais detalhes a seguir.

2. NAFTA

A nafta é um derivado do petróleo, obtida no processo de destilação, sendo composta por hidrocarbonetos com ponto de ebulição na faixa de 28ºC a 220ºC.

A nafta que cobre toda essa faixa de destilação é chamada de *full range*. Ela pode, porém, receber cortes diferentes nas refinarias e, nesse caso, dependendo do ponto de corte na coluna de destilação, a nafta pode ser chamada de *leve* ou *pesada*.

Para a produção de aromáticos se usa um corte mais estreito de nafta, de 65ºC até 135ºC, onde se concentram os compostos formadores de aromáticos que serão obtidos na operação de reforma.

Quanto às características químicas, dependendo do tipo de petróleo do qual foi extraída, a nafta pode ser classificada em dois tipos: *parafínica* e *naftênica*.

A nafta parafínica é mais adequada para a produção de olefinas, como eteno e propeno, enquanto que a nafta naftênica é mais apropriada para produção de aromáticos.

Devido às características físico-químicas dos hidrocarbonetos que a compõem, naftas leves são, geralmente, parafínicas e naftas pesadas são naftênicas.

No Brasil, toda a nafta de produção nacional, destinada à indústria petroquímica, provém das refinarias da Petrobras.

TABELA 3
Capacidade de refino no Brasil (mil BPD)

	Início de Operação	2011	2020
IPIRANGA (RS)	1932	17	17
RLAM (BA)	1950	320	320
MANGUINHOS (RJ)	1954	12	12
RECAP (SP)	1954	54	54
RBPC (SP)	1955	170	170
LUBNOR (CE)	1956	6	6
REMAN (AM)	1956	46	46
REDUC (RJ)	1961	242	242
REFAP (RS)	1968	189	189
REGAP (MG)	1968	151	151
REPLAN (SP)	1972	396	396
REPAR (PR)	1977	220	220
REVAP (SP)	1980	251	251
REF. PERNAMBUCO (PE)	2012		230
COMPERJ (RJ)	2013-2018		330
REF. MARANHÃO (MA)	2016-2019		600
REF. CEARÁ (CE)	2017		300
		2.074	3.534

Teoricamente, a capacidade de refino existente em 2011 deveria ser suficiente para atender a demanda atual de nafta da indústria petroquímica, que é da ordem de 10 milhões de toneladas por ano.

Na verdade, isso não acontece, e a oferta nacional mal atinge 7 milhões de toneladas anuais, o restante é abastecido por importações.

A razão para esse desequilíbrio se deve principalmente a dois fatores.

Em primeiro lugar, o perfil dos petróleos processados pelas refinarias nacionais tem se deslocado para a faixa de maior densidade (menor API), na medida em que o parque nacional de refino foi adaptado, com novas tecnologias, para o processamento crescente dos petróleos pesados da Bacia de Campos.

TABELA 4
Nafta: Rendimentos no refino

Petróleo Nacional – Pesado	9,5%
Petróleo Importado – Leve	23,7%

Em segundo lugar, uma parte significativa da produção de nafta nas refinarias nacionais é encaminhada para compor o chamado *pool* da gasolina, isto é, a nafta é uma das correntes que entram na formulação final da gasolina.

Como a nafta é um componente pobre em octanagem, sua participação na mistura é limitada, sob pena de a gasolina final não atender a especificação de número de octanos.

GRÁFICO 2
Consumo de Nafta Petroquímica no Brasil (1.000 toneladas)

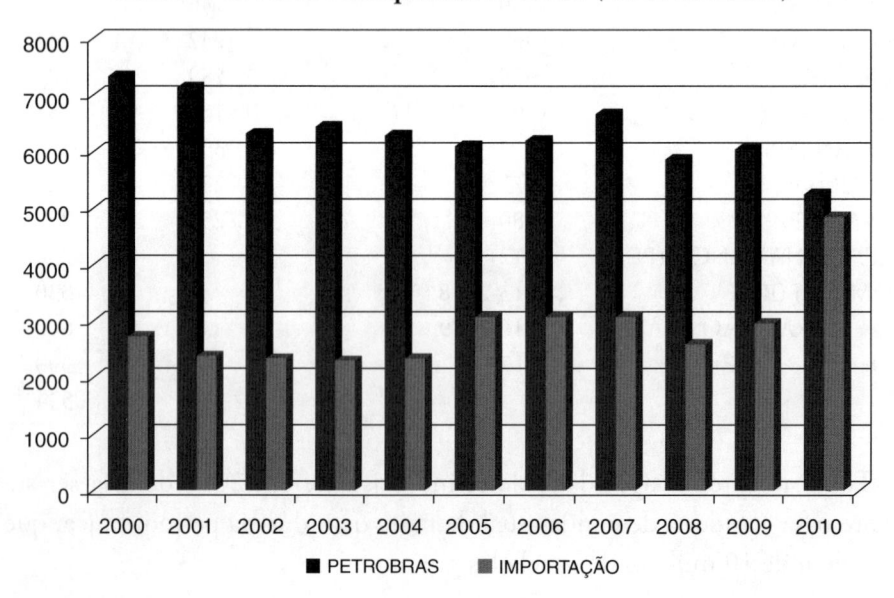

Ocorre que a gasolina nacional tem uma alta percentagem de álcool (etanol), produto de octanagem elevada. Esse fato viabiliza o atendimento da octanagem mínima da gasolina comum, mesmo com a incorporação de um volume de nafta significativamente superior ao empregado em outros países.

Com relação à disponibilidade futura de nafta, deve-se levar em conta o aumento da capacidade de refino com a construção das novas refinarias.

De acordo com o Plano Estratégico da Petrobras, divulgado em 2011, a capacidade interna de refino deve aumentar em aproximadamente 1.400.000 BPD, atingindo o valor de 3.534.000 BPD em 2020.

Ainda segundo a Petrobras, o rendimento em nafta será de 6% nas unidades existentes e de 15% nas refinarias novas.

Isso leva aos números apresentados na Tabela 5.

TABELA 5
Balanço de nafta

	Unidade	2011	2020
Capacidade de refino	Milhares de BPD	2074	3534
Nível de operação	%	87,3	91
Carga de refino	Milhares de BPD	1811	3217
Rendimento em nafta*	%	6	6-15
Produção de nafta	Milhares de BPD	108	319
	Milhões de ton/ano	4,4	13,0
Consumo petroquímico	Milhões de ton/ano	9,7	9,7
Balanço de nafta	Milhões de ton/ano	−5,3	+3,3

*6% nas refinarias existentes e 15% nas novas.

Ou seja, em 2020, com as novas refinarias, após atender o atual consumo petroquímico, haveria um excedente de produção de nafta da ordem de 3,3 milhões de toneladas anuais, o suficiente para produzir cerca de 1 milhão de toneladas de eteno e os coprodutos correspondentes.

O valor do excedente deve ser considerado apenas indicativo, de vez que ele poderá ser menor, dependendo da destinação que vier a ser dada à nafta produzida, como carga de unidades de reforma ou outros processos.

Outro fator importante relacionado com a disponibilidade é o preço da matéria-prima.

Como a nafta, no Brasil, é parcialmente importada, o preço de oportunidade para o produtor nacional é equivalente ao valor CIF do porto brasileiro.

Para as empresas petroquímicas consumidoras de nafta, por uma questão de competitividade, o preço não deveria ser superior ao FOB na origem.

Por muitos anos, a nafta de produção interna teve seu preço relacionado com o do petróleo por uma fórmula paramétrica, fixada pelo governo, na qual se levava em conta a parcela importada:

$$P_N = n\,(1{,}10\,P_{PI}) + (1-n)\,P_{NI}$$

em que:

P_N = preço de nafta
P_{PI} = preço do petróleo importado
P_{NI} = preço de nafta importada
n = parcela de produção nacional

Desde 1998, porém, a fórmula deixou de ser aplicada e o preço da nafta passou a ser objeto de uma negociação direta entre a Petrobras e os consumidores.

GRÁFICO 3
Preço Internacional da Nafta Petroquímica

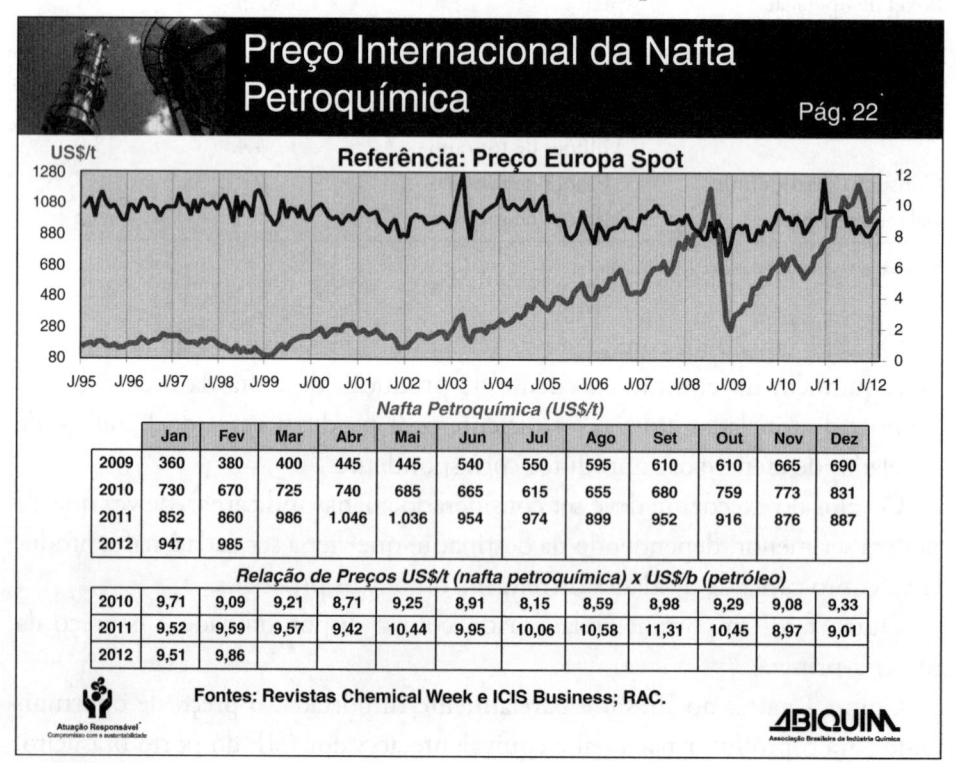

Nafta Petroquímica (US$/t)

	Jan	Fev	Mar	Abr	Mai	Jun	Jul	Ago	Set	Out	Nov	Dez
2009	360	380	400	445	445	540	550	595	610	610	665	690
2010	730	670	725	740	685	665	615	655	680	759	773	831
2011	852	860	986	1.046	1.036	954	974	899	952	916	876	887
2012	947	985										

Relação de Preços US$/t (nafta petroquímica) x US$/b (petróleo)

	Jan	Fev	Mar	Abr	Mai	Jun	Jul	Ago	Set	Out	Nov	Dez
2010	9,71	9,09	9,21	8,71	9,25	8,91	8,15	8,59	8,98	9,29	9,08	9,33
2011	9,52	9,59	9,57	9,42	10,44	9,95	10,06	10,58	11,31	10,45	8,97	9,01
2012	9,51	9,86										

Fontes: Revistas Chemical Week e ICIS Business; RAC.

O preço negociado, no início, oscilou entre o Europa-FOB e o CIF-Brasil.

O preço atual, resultado das negociações da Petrobras com a Braskem, não é divulgado, mas dificilmente se afastará muito desses valores.

3. GÁS NATURAL

O gás natural é uma mistura de hidrocarbonetos, cujo principal componente é o metano. Os outros constituintes são etano, propano, butano e uma fração líquida denominada *gasolina natural*. Ele é encontrado de forma isolada ou, mais frequentemente, associado ao petróleo.

O gás destinado à comercialização é processado nas UPGNs (unidade de processamento de gás natural), onde é decomposto em duas correntes: uma gasosa, denominada *gás seco*, constituída principalmente de metano (e algum etano, dependendo do nível de recuperação que se deseja); outra, uma fração líquida denominada LGN (líquido de gás natural), que pode ser posteriormente fracionada em etano, propano, butano e condensado de gás natural, também chamado de *gasolina natural*.

O gás natural e suas frações podem ser utilizados como combustível ou como matéria-prima petroquímica. Nesse último caso, o gás seco é usado principalmente na produção de hidrogênio, amônia e metanol, e as outras frações (etano, propano, butano) são usadas na produção de olefinas, particularmente eteno.

Em qualquer caso, o uso do gás natural como matéria-prima petroquímica pressupõe a existência de reservas provadas suficientes, de instalações de processamento (UPGNs) e de infraestrutura de transporte.

Também é importante o teor de etano do gás natural. Por exemplo, o gás da Bacia de Campos tem cerca de 8% de etano em volume, enquanto no gás importado da Bolívia, já parcialmente processado na origem, o teor de etano não ultrapassa 5%.

Para a produção de 1 milhão de toneladas anuais de eteno, são necessários cerca de 30 milhões de m^3/dia de gás natural com 8% de etano e, aproximadamente, 50 milhões de m^3/dia de gás com 5% de etano.

Quanto à disponibilidade, a primeira coisa que se deve observar é que as reservas brasileiras de gás natural são muito modestas, da ordem de 400 bilhões de m^3 (cerca de 13% desse total está localizado na Amazônia, sem interligação com o restante).

GRÁFICO 4
Brasil – Reservas de Gás Natural (milhões de m³)

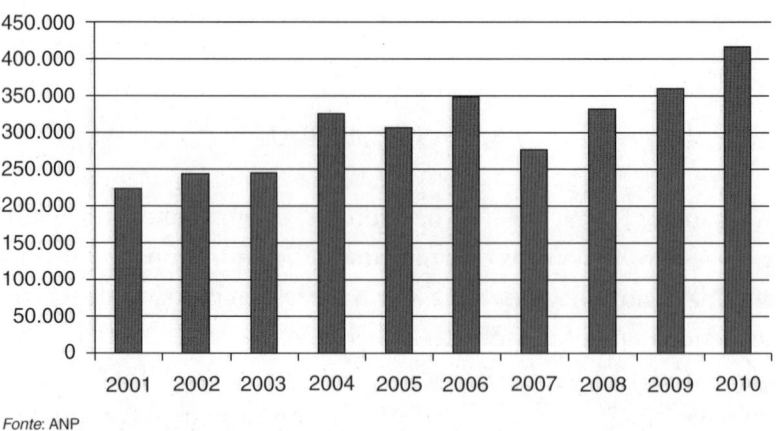

Fonte: ANP

As grandes reservas mundiais estão no Oriente Médio (76 trilhões de m³) e na Rússia (45 trilhões de m³).

A Tabela 6 apresenta, a título de exemplo, as reservas provadas de gás natural de alguns países selecionados.

FIGURA 1
Reservas provadas de gás natural no final de 2009

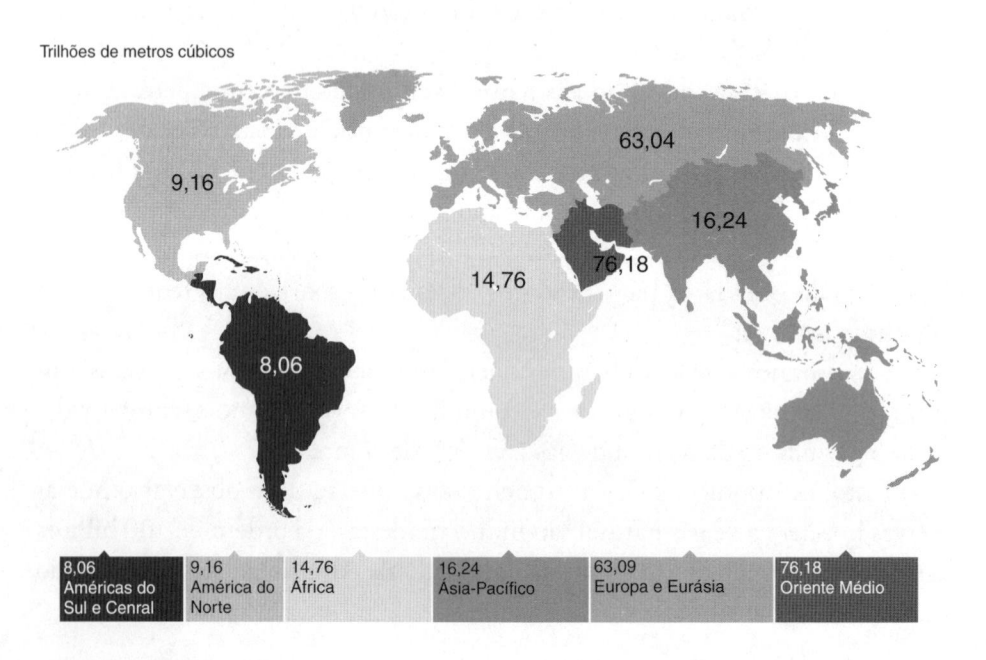

Trilhões de metros cúbicos

| 8,06 Américas do Sul e Central | 9,16 América do Norte | 14,76 África | 16,24 Ásia-Pacífico | 63,09 Europa e Eurásia | 76,18 Oriente Médio |

TABELA 6
Gás natural: Reservas provadas em 2010 (trilhões de m³)

País	Reservas	País	Reservas
Argentina	0,3	Irã	29,6
Bolívia	0,3	Iraque	3,2
Brasil	0,4	Arábia Saudita	8,0
Venezuela	5,5	Qatar	25,3
EUA	7,7	UAE	6,0
Rússia	44,8	Algéria	4,5
Turquemenistão	8,0	Nigéria	5,3

Fonte: BP – *Statistical Review*.

A produção brasileira de gás natural é hoje da ordem de 65 milhões de m³/dia. Do total produzido, uma parte é utilizada nos campos, outra é absorvida nas UPGNs, outra reinjetada nos poços, outra é de uso próprio do produtor e, finalmente, outra parte é simplesmente perdida ou queimada.

Desse modo, apenas cerca de 45% da produção é destinada ao mercado através das distribuidoras de gás natural.

A produção nacional é insuficiente para atender a demanda já existente e o déficit é suprido por importação, da Bolívia por gasoduto (cerca de 30 milhões de m³/dia) e, de navio, sob a forma de GNL – gás natural liquefeito (dois terminais de recebimento com capacidade global de 21.000 m³/dia).

A parcela importada representou, em 2011, 55% do total ofertado ao mercado.

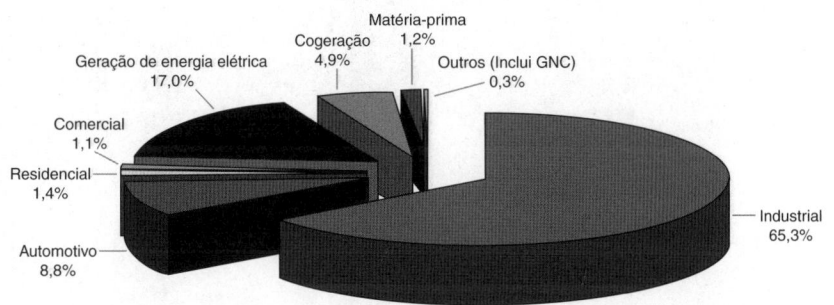

Em 2011, o maior consumidor de gás natural, no Brasil, foi o setor industrial (65,3%). Em seguida, veio o consumo para geração de energia elétrica e cogeração (21,3%). Chama a atenção a baixa participação dos consumos residencial (1,4%) e comercial (1,1%).

GRÁFICO 5
Consumo de gás natural (média 2011)

- Geração de energia elétrica 17,0%
- Cogeração 4,9%
- Matéria-prima 1,2%
- Outros (Inclui GNC) 0,3%
- Comercial 1,1%
- Residencial 1,4%
- Automotivo 8,8%
- Industrial 65,3%

FIGURA 2
Balanço de Gás Natural no Brasil
(em milhões m³/dia)

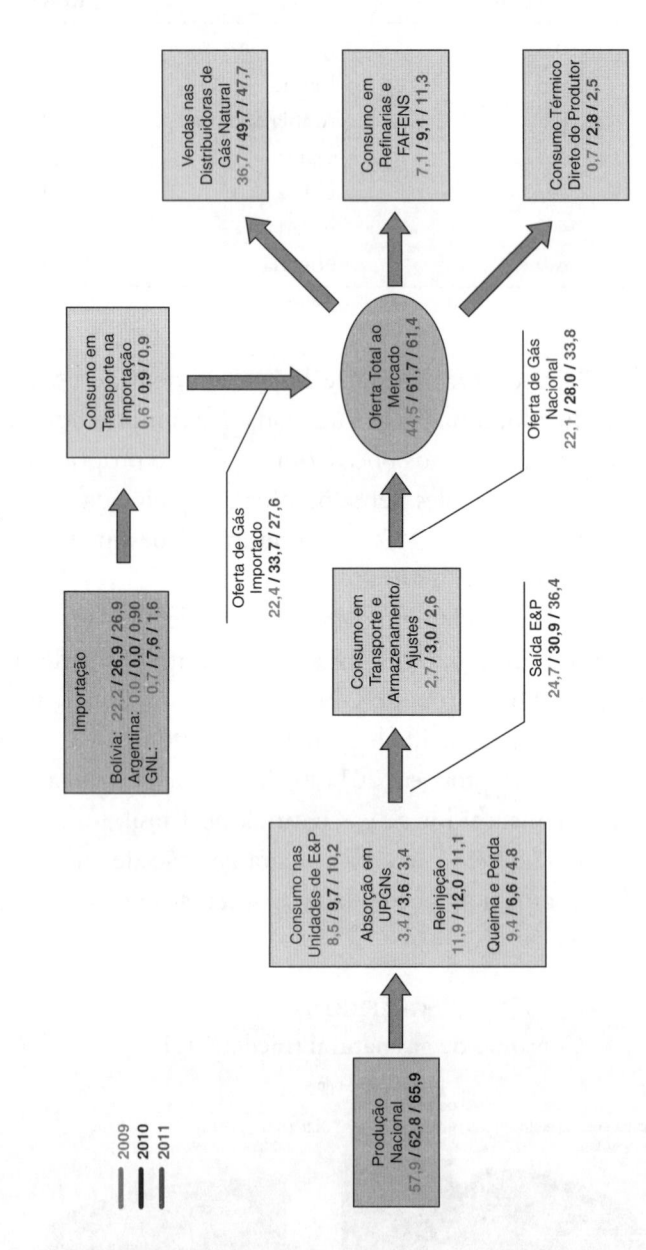

| 2009
| **2010**
| 2011

Produção Nacional
57,9 / **62,8** / 65,9

Consumo nas Unidades de E&P 8,5 / **9,7** / 10,2
Absorção em UPGNs 3,4 / **3,6** / 3,4
Reinjeção 11,9 / **12,0** / 11,1
Queima e Perda 9,4 / **6,6** / 4,8

Saída E&P 24,7 / **30,9** / 36,4

Importação
Bolívia: 22,2 / **26,9** / 26,9
Argentina: 0,0 / **0,0** / 0,90
GNL: 0,7 / **7,6** / 1,6

Consumo em Transporte na Importação 0,6 / **0,9** / 0,9

Consumo em Transporte e Armazenamento/ Ajustes 2,7 / **3,0** / 2,6

Oferta de Gás Importado 22,4 / **33,7** / 27,6
Oferta de Gás Nacional 22,1 / **28,0** / 33,8

Oferta Total ao Mercado 44,5 / **61,7** / 61,4

Vendas nas Distribuidoras de Gás Natural 36,7 / **49,7** / 47,7
Consumo em Refinarias e FAFENS 7,1 / **9,1** / 11,3
Consumo Térmico Direto do Produtor 0,7 / **2,8** / 2,5

Fonte: MME, 2012.

No setor industrial, o maior consumidor é o segmento da indústria química, cuja demanda é da ordem de 13 milhões de m³/dia, sendo aproximadamente 2/3 como combustível e 1/3 como matéria-prima.

O consumo de gás natural para a geração de energia elétrica possui uma particularidade importante: ele não é constante ao longo do tempo. As usinas térmicas (mais caras) funcionam como uma reserva (*back-up*) das usinas hidráulicas, e por isso o seu consumo de gás natural é intermitente. O fornecedor de gás natural (Petrobras) tem que ter uma parte da capacidade instalada disponível para ser usada somente nos períodos necessários. Esse fato, que protege o sistema elétrico durante os períodos secos, cria evidentemente um sério problema de abastecimento de gás natural.

Além disso, por motivos históricos, o gás natural destinado às usinas térmicas tem um preço especial, ou seja, é subsidiado como se verá a seguir.

De fato, em 1999, com o início das importações de gás da Bolívia em grandes quantidades, em regime de *take or pay*, sem contrapartida imediata do consumo industrial, o governo decidiu estimular a construção de usinas térmicas a gás e lançou o PPT (Programa Prioritário de Termoelétricas), inicialmente sem grande sucesso, inclusive pela dificuldade de garantia de preço para o fornecimento de gás.

Em seguida, a crise de energia de 2001, em razão da drástica redução do nível de água nos reservatórios hidroelétricos, obrigou o governo a adotar um programa de racionamento de eletricidade e instituir um Plano Emergencial de Termoelétricas. Nesse contexto, foi publicada a Portaria Interministerial nº 234, de 22/07/2002, fixando um preço máximo para o gás a ser usado nas termoelétricas, equivalente a US$2,58/MM de BTU, reajustável com a taxa de câmbio e outros fatores, ainda em uso atualmente.

Para o consumidor industrial, a tarifa final do gás natural é constituída de quatro parcelas:

1. Valor da commodity, que depende da origem do gás.
2. Valor do transporte.
3. Margem de distribuição; e
4. Tributos federais e estaduais.

O preço da commodity no Brasil não está longe da realidade mundial, que não é exatamente a dos Estados Unidos, usado algumas vezes como referência.

TABELA 7
Preço do gás natural (julho de 2011)

Mês de referência – Dezembro de 2011

Região	Contratos	Preço Petrobras para Distribuidora (Preços isentos de tributos e encargos) Preço US$/MMBTU				Preço ao Consumidor Industrial por Faixa (em US$/MMBTU c/impostos)		
						2.000 m³/dia	20.000 m³/dia	50.000 m³/dia
Nordeste	Gás Nacional	12.2269				15.2546	17.1570	16.7107
Sudeste	Gás Nacional	11.8724				19.5138	15.7688	15.0389
		Commodity	Transporte	Total				
Sudeste	Gás Importado	8.1471	1.7703	9.9173		19.5138	15.7688	15.0389
Sul	Gás Importado	8.1316	1.7702	9.9018		17.5551	15.8929	15.5592
Centro-Oeste	Gás Importado	9.4432	1.7979	11.2411		14.2128	12.0047	11.8575

Fonte: MME/SPG/DGN, janeiro de 2012

* Dados originalmente obtidos da Petrobras. Distribuidoras e Banco Central. Médias regionais simples (não ponderadas por volume).
* Os preços ao consumidor final do segmento industrial foram calculados pelo MME com base nas informações de preço disponibilizadas nos sítios das distribuidoras ou das agências reguladoras estaduais.
* Segundo a Petrobras, a seu exclusivo critério, no mês de dezembro/11 foi aplicado um desconto provisório de aproximadamente 15,2% sobre os preços contratados do gás nacional para as distribuidoras das regiões Nordeste e Sudeste, a exceção da GASMIG.

TABELA 8
Preço para o PPT

Preços para o PPT (US$/MMBTU)	Média 2007	Média 2008	Média 2009	Média 2010	2011												Média 2011
					Jan	Fev	Mar	Abr	Mai	Jun	Jul	Ago	Set	Out	Nov	Dez	
PPT	3,71	4,21	3,86	4,25	4,56	4,63	4,71	4,85	4,85	4,87	4,90	4,85	4,72	4,67	4,67	4,60	4,74

Fonte: MME/SPG/DGN, janeiro de 2012
Nota: PPT: Programa Prioritário Termelétrico. O preço do gás para o PPT não inclui imposto e é calculado com base na Portaria Interministerial nº 234/02.

TABELA 9
Preços internacionais de gás natural (US$/MM BTU)

	França	Alemanha	Itália	Inglaterra
2005	8,17	10,11	8,00	7,63
2006	10,07	13,87	9,32	11,81
2007	11,03	17,57	12,23	15,26
2008	14,07	17,51	13,62	11,32
2009	14,33	15,94	15,27	11,73
2010	14,59	16,00	16,55	13,25

Fonte: Gas Prices: Industrial Users, Eurostat.

Os Estados Unidos passaram, no início dos anos 2000, por um período de escassez de gás natural. As reservas estagnaram e os preços do gás no chamado *city gate* subiram a níveis nunca vistos, da ordem de 12-14 US$/MM BTU.

Aquele país se preparava para se tornar um grande importador de gás natural, quando surgiu o desenvolvimento do chamado *shale gas*, existente nas rochas sedimentares de xisto betuminoso.

Esse acontecimento foi possível graças às inovações introduzidas nos processos de perfuração horizontal e aos avanços na tecnologia de fraturamento hidráulico.

O fato é que o *shale gas* inverteu a situação do gás natural nos Estados Unidos, com enorme reflexo nos preços, hoje da ordem de US$5/MM BTU.

Mas essa é, por enquanto, uma situação particular dos Estados Unidos.

Com relação ao preço, deve-se acrescentar ainda que, para a produção de eteno, a matéria-prima não é o gás natural em si, mas a fração de etano, que dele é extraída.

Ora, o preço do etano tem que ser superior ao do gás natural para justificar sua separação. Por outro lado, o poder calorífico do etano é 70% superior ao do gás natural, em volume. Assim, o preço de indiferença do etano é igual a 1,7 vez o preço do gás natural, acrescido do custo da extração.

Em resumo, essa é a situação no presente.

Restam, como esperança, as futuras reservas do Pré-sal. Essas são aparentemente muito grandes, mas não podem ainda ser avaliadas com precisão.

O último Plano Estratégico da Petrobras prevê que em 2020 a oferta total de gás natural seja da ordem de 173 milhões de m^3/dia, sendo 102 milhões m^3/dia de produção nacional e 71 milhões m^3/dia de importação (30 milhões m^3/dia da Bolívia e 41 milhões m^3/dia de GNL).

A demanda estimada, na mesma época, será superior, da ordem de 200 milhões m³/dia, e o refino e fertilizantes da Petrobras demandarão 61 milhões m³/dia, as térmicas 76 milhões m³/dia e o uso não térmico através das distribuidoras será da ordem de 63 milhões m³/dia.

Ou seja, a produção nacional em 2020, segundo a Petrobras, ainda será apenas 50% da demanda total, o restante terá que ser suprido por importações.

A elevada parcela de gás importado, a compatibilização do consumo intermitente das térmicas e os custos indefinidos do Pré-sal não autorizam uma visão otimista.

Diante desse quadro, pode-se inferir que até o fim da presente década não existem condições para que o gás natural seja abundante e barato no Brasil.

4. GÁS DE REFINARIA

O gás de refinaria é uma mistura de hidrocarbonetos leves obtida de diferentes unidades existentes em uma refinaria, como a de craqueamento, a de reforma e a de coque de petróleo.

Sua composição típica depende do esquema de refino, do petróleo utilizado e das condições de operação de cada unidade.

Em geral, o gás de refinaria apresenta significativa quantidade de hidrogênio (10% a 30% em volume), etano (1,0% a 2,5%) e eteno (10% a 20%), o que o torna uma carga adequada para a produção de eteno.

Não obstante, o uso do gás de refinaria é limitado por causa de quantidade e de logística, isto é, as quantidades disponíveis em uma refinaria normalmente são pequenas e o custo do transporte elimina a possibilidade de reunir cargas de refinarias distantes uma das outras.

Essa situação aplica-se ao caso brasileiro em que, à exceção de São Paulo, onde se localizam grandes refinarias relativamente próximas, não se vislumbra um potencial interessante de produção de eteno a partir das demais refinarias, que se encontram dispersas geograficamente.

Por isso, o gás de refinaria pode vir a ser usado para complementar a produção de uma central petroquímica existente (caso da PQU), mas dificilmente se constituirá em base para a implantação de um complexo petroquímico de porte significativo.

5. FRAÇÕES PESADAS

As olefinas leves (eteno/propeno) são normalmente produzidas pelo processo de pirólise a vapor nas centrais petroquímicas. As cargas utilizadas estão limitadas a algumas frações leves como etano, nafta e gasóleo atmosférico. Cargas mais pesadas não são apropriadas devido ao aumento da formação de coque e de outros compostos policídicos mais complexos.

Recentemente, porém, por causas econômicas e mercadológicas, tais como a maior disponibilidade de crus mais pesados e a necessidade de aumentar a produção relativa de propeno, vários processos foram desenvolvidos para a produção de olefinas e aromáticos, a partir de gasóleos pesados e, mesmo, óleos residuais.

Esses processos, de modo geral, estão baseados na tecnologia do FCC (Craqueamento Catalítico Fluido), de largo uso no refino de petróleo (todas as refinarias existentes da Petrobras possuem unidade de FCC).

Essencialmente, os novos processos introduziram modificações operacionais no FCC, como o uso de temperaturas mais altas no reator e maior circulação do catalisador, o que configura uma severidade mais elevada, levando à maximização do rendimento de olefinas leves.

Além disso, os sistemas catalíticos usados são à base de zeolitos ZSM-5, que atuam seletivamente produzindo mais eteno e propeno, aumentando a octanagem da gasolina produzida e reduzindo a produção de gás residual.

Diversas empresas desenvolveram esses processos (FCC – Petroquímico) e alguns já são usados comercialmente.

A empresa chinesa SINOPEC desenvolveu os processos denominados DCC (Deep Catalytic Cracking) e CPP (Catalytic Pyrolysis Process), ambos comercializados através da Stone & Webster. O DCC processa resíduos atmosféricos e apresenta elevado rendimento de propileno e produz uma nafta rica em aromáticos. Já o CPP foi desenvolvido com o objetivo de maximizar a produção de eteno a partir de gasóleos pesados.

Segundo informações da SINOPEC, ao final de 2010 já havia 13 unidades DCC e uma de CPP em operação comercial no mundo.

Outras plantas continuam a ser licenciadas, estando em fase de design três unidades DCC, uma para a Rússia (Nizhnekamosk), outra para a China (Yanchang) e outra para a Índia.

Ainda este ano (2012), a Shaw Stone Webster anunciou o licenciamento de uma nova planta de DCC, de 30.000 BPD, para a Petro Rabigh, na Arábia Saudita.

A Petro Rabigh é uma *joint venture* da Aramco com a Sumitomo que, em 2009, já havia construído uma primeira unidade de DCC, para produzir 1,3 milhão de toneladas/ano de eteno e 900 mil toneladas/ano de propeno, em seu complexo petroquímico na Arábia Saudita.

Além da SINOPEC, outras empresas desenvolveram processos similares, como a Petrobras, a UOP, a Indian Oil e a KBR.

As tecnologias de FCC Petroquímico podem ser divididas em dois grupos, de acordo com o foco de produção.

No primeiro grupo, cujo foco é a produção de propeno, apenas duas tecnologias foram comprovadas comercialmente: o DCC da SINOPEC e o Conversor de duplo Riser Externo da Petrobras, cujas unidades de FCC da RPBC (desde 1992) e da REPLAN (desde 1995) operam com o novo processo, com o objetivo de maximizar a produção de propeno.

QUADRO 1
Tecnologias de FCC petroquímico

Foco em Propeno		
Licenciador	Nome comercial	Unidade industrial
SINOPEC/S&W	DCC	SIM
UOP	PETROFCC	NÃO
INDIAN OIL	INDMAX	NÃO
KBR	SUPERFLEX	NÃO
PETROBRAS	DUPLO RISER	SIM
Foco em Eteno		
Licenciador	Nome comercial	Unidade industrial
SINOPEC/S&W	CPP	SIM
PETROBRAS	PAC Pch	NÃO

Fonte: Petrobras/Cenpes.

A Petrobras possui uma posição privilegiada com relação a essas novas tecnologias. Possui uma longa experiência com o processo FCC e é proprietária de tecnologia de craqueamento de resíduos pesados, o chamado RFCC, já usado em suas refinarias. Além disso, desenvolveu tecnologia própria de FCC Petroquímico, tanto na linha do riser duplo, quanto na de *down-flow*. Ainda mais, é coproprietária de uma fábrica de catalisadores de FCC, no Rio de Janeiro, capaz de produzir os sistemas catalíticos especialmente projetados para o FCC Petroquímico.

As frações pesadas são, assim, uma fonte alternativa de matéria-prima para o desenvolvimento da indústria petroquímica no Brasil.

6. COMENTÁRIOS

Como foi visto, as disponibilidades de matérias-primas para a indústria petroquímica, no Brasil, são limitadas.

Tanto a nafta como o gás natural produzidos no país são insuficientes para atender a demanda atual, que só é totalmente satisfeita por meio de pesadas importações.

No caso do gás natural, uma parte das importações é feita de navio (GNL), que é reconhecidamente um meio de transporte oneroso.

Esse não é um quadro propício para a existência de fornecimento de matérias-primas abundantes e baratas.

No futuro, o quadro geral pode mudar para melhor.

As novas refinarias que estão sendo construídas pela Petrobras devem gerar um excedente apreciável de nafta até 2020.

Por outro lado, as perspectivas abertas com o desenvolvimento dos novos campos do Pré-sal são altamente promissoras.

A dificuldade reside em que, por enquanto, não é possível fazer uma avaliação quantitativa da disponibilidade de gás no futuro próximo.

Ao contrário, os números do último Plano Estratégico da Petrobras indicam um déficit continuado de gás natural pelo menos até 2020, com a manutenção de elevados volumes de importação.

Nesse contexto, não se deve desprezar a possibilidade de usar frações mais pesadas, geradas nas refinarias, como matéria-prima no FCC petroquímico.

Enfim, depois de duas décadas sem construir nenhuma planta de petroquímicos básicos de porte significativo, a indústria petroquímica brasileira precisa voltar a crescer usando os recursos de que realmente dispõe.

Por último, uma opinião que pode parecer herética.

O atual modelo da indústria petroquímica nacional ganharia muito se a Petrobras passasse a produzir os petroquímicos básicos.

Em primeiro lugar, a fronteira entre ela e as empresas petroquímicas se deslocaria das matérias-primas (nafta, gás natural etc.) para os petroquímicos básicos (eteno, propeno, benzeno etc.), e esses últimos já têm preços definidos no mercado.

Em segundo lugar, o mercado ficaria mais diversificado e isonômico.

Os tablets vão mudar sua vida

*Clayton Melo**

---
*Editor de Tecnologia da revista *IstoÉ Dinheiro*.

Tábua digital que reúne as funções de computador, videogame, leitor, tocador de música e plataforma para vídeos, o iPad causou furor quando foi lançado, em janeiro de 2010. Havia motivos de sobra para a euforia. O aparelho da Apple, que na prática inaugurou o mercado mundial de tablets, chegou com pompa e a expectativa de revolucionar os negócios, a sociedade e a cultura. De imediato, ele despertou a atenção de vários segmentos econômicos, como fabricantes de computadores, empresas de mídia, educação, gravadoras, editoras e jogos virtuais. A explicação é simples: em razão de suas múltiplas funcionalidades, aquele aparelhinho charmoso – e, principalmente, fácil de carregar e simples de manusear – prometia cair nas graças de milhões de pessoas mundo afora e, assim, interferir nos rumos de uma vasta gama de setores.

O sucesso instantâneo do iPad estimulou o surgimento de uma avalanche de concorrentes e abriu caminho para a criação de um ecossistema de negócios, composto de fabricantes, desenvolvedores de aplicativos, operadoras de telefonia móvel, anunciantes e produtores de conteúdo. Em poucas palavras, o tablet se consolidou como categoria de produto e está no dia a dia de uma quantidade crescente de consumidores. Mas hoje, passados pouco mais de dois anos, o que é possível dizer do tablet, essa que é uma das principais – se não a principal – inovação tecnológica do mundo contemporâneo? De que maneira ele está influenciando a maneira de fazer negócios, governar, educar, divertir e informar? Indo além: até onde ele pode chegar? Seria apenas um modismo high tech ou de fato um equipamento capaz de mudar a vida das pessoas?

CENÁRIO

Um bom ponto de partida para reflexão é analisar o estágio atual dos negócios. Os dados mostram que as pranchetas digitais se disseminam rapidamente, no Brasil e nos demais países. Segundo a consultoria americana IDC, especializada em tecnologia, o número de tablets vendidos no País quintuplicou em um ano. Em 2010, foram comercializados 100 mil equipamentos no mercado nacional. No ano passado, foram cerca de 500 mil. Ainda que tenha partido de uma base pequena, o ritmo de expansão impressiona e sinaliza um potencial imenso pela frente. No cenário global a situação não é diferente. Também de acordo com a IDC, em 2011 as vendas de tablets somaram 87,7 milhões de unidades. A expectativa da consultoria para este ano é que o total comercializado suba para 106 milhões. A empresa de pesquisas Gartner, também setorizada em tecnologia, é ainda mais otimista: projeta vendas de 120 milhões de tablets em 2012 no mundo.

A Apple lidera o setor com folga. No primeiro trimestre de 2011, a participação de mercado da companhia fundada por Steve Jobs chegou a 68%, ante 54,7% no trimestre anterior, segundo dados da IDC. A Gartner, por sua vez, prevê que a Apple vá vender 72,9 milhões de iPads em 2012, bem acima dos 37,8 milhões de aparelhos com o sistema operacional Android, do Google. Outro concorrente a ser observado é a Microsoft, com seu o sistema Windows. A empresa não deve conquistar uma parcela relevante de mercado neste ano – a estimativa é de que apenas 5 milhões de tablets com o seu sistema sejam comercializados. Mas, em 2016, a companhia deve elevar as vendas para 43,6 milhões de tablets. Daqui a quatro anos, estima a Gartner, a Apple ainda deve liderar o mercado, com vendas beirando 170 milhões de unidades, embora a distância em relação aos aparelhos que rodam com o Android deva diminuir. No total, no ano em que serão realizadas as Olimpíadas do Rio de Janeiro, 369 milhões de tablets devem parar nas mãos dos consumidores.

O MERCADO
As projeções para a comercialização de tablets no mundo
(em milhões de unidades)

Sistema	2012	2013	2016
iOS (Apple)	72,9	99,5	169,6
Android (Google)	37,8	61,6	137,6
Windows (Microsoft)	4,8	14,5	43,6
Blackberry (RIM)	2,6	6	17,8
Outros	0,5	0,6	0,4
Total	118,6	182,2	369

Fonte: Gartner.

FINALIDADES

O panorama econômico indica que o tablet se fixou como um item relevante no mercado, mas não permite enxergar como as pessoas o utilizam. Sobre esse aspecto, deve-se observar que, para atividades profissionais, o uso tem se dado em casos direcionados, como equipes de vendas, que recorrem ao aparelho como um recurso para atendimento a clientes – pense no caso de corretores de imóveis, que podem se servir dele para mostrar vídeos ou projeções em 3D de casas e apartamentos. É possível citar também sua utilidade durante reuniões de trabalhos, quase como um substituto do velho caderninho de anotações ou suporte para pequenas apresentações em PowerPoint.

Ao que tudo indica, no entanto, o principal impacto tem se dado no campo pessoal. As pesquisas com consumidores constatam que o tablet está se fixando como um equipamento de uso individual e para fins não profissionais, como entretenimento, lazer e acesso à informação. Isso porque é incômodo ou contraproducente realizar nessa máquina muitas das atividades típicas do dia a dia nos escritórios, como preencher planilhas financeiras e redigir longos relatórios. Para tarefas desse tipo, os notebooks e os computadores de mesa continuam os mais adequados. Em ações mais simples, como enviar emails, acessar redes sociais, ver vídeos, consultar a previsão do tempo e jogar, a prancheta digital está conquistando os usuários. "O tablet é um aparelho que permite ao usuário ficar conectado, além de ser útil para entreter as crianças, por exemplo", afirma Angela McIntyre, analista do Gartner. Um dado relevante é a facilidade de uso, o que atrai públicos variados. "Para muitas pessoas, é mais fácil usar os tablets do que o PC", afirma. "A tela multitoque de 10 polegadas, os ícones e o fato de ser leve são fatores que atraem mais as pessoas idosas e crianças novinhas do que a tela pequena do smartphone e o teclado do computador", diz Angela.

O sócio da agência digital Fbiz, Marcelo Castelo, um dos principais especialistas brasileiros do mercado de mobilidade e responsável pelas estratégias digitais de grandes anunciantes, reforça o argumento. Para ilustrar, ele cita Steve Jobs, o fundador da Apple, que afirmou certa vez que o tablet é um veículo de passeio, ao passo que o computador é um caminhão. "Em outras palavras, o tablet se presta mais ao consumo de mídia e entretenimento. O computador, por sua vez, é mais indicado para o uso profissional", diz Castelo.

SEGUNDA TELA

O consumo de mídia via tablet é outro tópico que merece uma análise mais detida. O acesso a conteúdo jornalístico, seja por meio de aplicativos, seja pela navegação em sites de jornais, revistas e emissoras de televisão, é uma realidade e tem motivado as empresas de comunicação a olhar para essa plataforma. Mais que isso, o tablet reforça uma tendência já percebida com a popularização dos smartphones: o consumo simultâneo de mídias. "As pessoas estão usando o tablet enquanto assistem à televisão. Elas recorrem ao aparelho para comentar os programas no Facebook ou no Twitter", diz Marcelo Coutinho, pesquisador da Fundação Getulio Vargas e diretor de inteligência de mercado do Portal Terra. O equipamento funciona como uma segunda tela, condição na qual rivaliza com o smartphone, com a vantagem de ser maior. "O que já acontece por causa do tablet é a ampliação do consumo de mídia no ambiente digital", afirma Coutinho. Só para dar uma ideia desse movimento, cada internauta de tablet acessa 23% mais conteúdo que o internauta de Web tradicional no Terra, segundo o executivo.

Essa tendência já foi percebida pelas companhias de televisão e desenvolvedores de aplicativos, que começam a experimentar maneiras de explorar melhor o poder interativo do tablet. No ano passado, por exemplo, a emissora americana ABC reformulou seu aplicativo para iPad para integrá-lo à série de televisão Grey's Anatomy. Assim, durante a exibição, o aplicativo exibe informações extras sobre o programa e permite a interação entre os telespectadores. Se experiências como essa evoluírem – é provável que isso aconteça –, pode-se chegar a um ponto em que os dispositivos móveis, principalmente o tablet, vão se tornar um meio complementar à televisão e abrirão espaço para ações de comunicação e comércio eletrônico simultaneamente à veiculação dos programas na televisão. Dessa forma, é perfeitamente possível imaginar que a interatividade de fato vai prevalecer na segunda tela (tablets e smartphones), e não na primeira (televisão), ainda que os "smart TVs" (televisores com acesso à Internet), cujos recursos de navegação ainda são primários, estejam disponíveis no mercado.

EDUCAÇÃO

Se na mídia começam a ser percebidos experimentos interessantes com o tablet, o horizonte aberto para a educação é ainda mais instigante. Nesse campo, as possibilidades de transformação são imensas, seja pelo uso pedagógico, seja como suporte para obras didáticas. Devemos assistir nos próximos anos a mudanças profundas no modo como instituições de ensino de todos os níveis, professores e estudantes vão se relacionar com essa ferramenta. Além disso, a cadeia de negócios – com destaque para editoras e livreiros, além do governo – também sofrerá transformações significativas em função do livro digital.

A porta de entrada do tablet na educação foi aberta pelo marketing. De Brasília ao Rio de Janeiro, passando por São Paulo, um número crescente de instituições de nível superior privadas passou a oferecer o equipamento como brinde para alunos que se matricularem em seus cursos. Além de atrair candidatos, as universidades esperam, com a medida, reduzir a inadimplência e custos com material didático impresso. A reportagem "Os tablets chegam à sala de aula", publicada pela revista *IstoÉ Dinheiro*, em 29 de julho de 2011, mapeou o terreno. Um dos casos discutidos no texto é o da Faculdade Paulista de Pesquisa e Ensino Superior (Fappes), que prometia presentear com um tablet os alunos que se matriculassem no curso de Administração. A ideia era emprestar o aparelho por um ano para o novo aluno. Depois desse prazo, o universitário fica de vez com o produto se continuar no curso. A promoção havia garantido à Fappes, até aquele momento, 175 novas matrículas. Com essa promoção, a instituição pretendia reduzir a inadimplência de 25% para 5%, e a evasão, dos atuais 30% para 10%.

A substituição das apostilas impressas por conteúdo digital também já acontece. Conforme a mesma reportagem, a Faculdade Interativa COC desembolsava mais de R$1,5 milhão por trimestre com o envio de apostilas para seus 26,5 mil alunos em todo o país. De acordo com Jeferson Fagundes, diretor nacional de educação a distância do COC, apesar de inicialmente mais alto o custo do tablet vai compensar os gastos logísticos e de impressão de 37 mil livros por trimestre. "A substituição será gradativa, começando pelos cerca de 5 mil alunos ingressantes, mas temos como meta eliminar toda a impressão em papel", disse Fagundes na ocasião. O uso mais abrangente da nova plataforma esbarra, no entanto, na falta de obras didáticas específicas para esse meio. É por isso que um consórcio, formado por 35 editoras ligadas à Associação Brasileira de Direitos Reprográficos (ABDR), começou a adaptar trechos de livros para tablets. Em outras palavras, estão substituindo o velho expediente de tirar xerox de capítulos por uma roupagem mais tecnológica – e econômica.

MATERIAL ESCOLAR

No ensino médio, a novidade é que os colégios particulares começam a incluir os tablets em suas listas de material escolar. Para citar alguns exemplos, pelo menos três escolas privadas de Brasília adotaram a estratégia neste ano: são os colégios Sigma, Marista e Leonardo da Vinci. No Sigma, o tablet é obrigatório. Pais de 1,2 mil alunos do primeiro ano do ensino médio tiveram de comprar o equipamento. Eles precisaram também desembolsar cerca de R$1,2 mil em aplicativos que substituem os livros didáticos. Segundo reportagem do *Correio Braziliense* do dia 10 de maio deste ano (2012), os livros impressos das 16 disciplinas foram substituídos por material digital, criado especificamente para o aparelho. A jornalista Manoela Alcântara, responsável pela reportagem, acompanhou uma aula do Sigma e fez o seguinte relato: "Em 50 minutos, os estudantes tiveram contato com a língua estrangeira, conheceram músicas no idioma e ainda tiveram a oportunidade de interagir com outra cultura. Enquanto ouviam melodias, pesquisavam sobre os países que têm a língua como idioma oficial", escreve. "Com mais alguns cliques, entenderam um pouco mais sobre a história e a geografia de nações que falam espanhol. Tudo isso por meio de um aplicativo desenvolvido pela professora da instituição. O livro virtual contém links, com informações adicionais em determinados pontos do texto."

Exemplos como esses indicam que o tablet veio para ficar e ainda deve ser alvo de muitos debates, especialmente no que se refere à melhor forma de utilizá-lo como instrumento educacional. Afinal, diferentemente do aspecto mercadológico, que costuma ser a motivação inicial para diversas inovações, o uso pedagógico do tablet engatinha e ainda requer reflexões aprofundadas por parte dos educadores, sob o risco de ser um modismo marqueteiro e ter seu potencial transformador desvirtuado. Em todo caso, eles ajudam a entender por que gigantes como a Microsoft decidiram ingressar no setor de tablets. A companhia americana de softwares vai investir US$300 milhões no leitor de livros digitais da Barnes & Noble, o Nook, fortalecendo-se assim no crescente mercado de e-books. Para a rede de livrarias norte-americana, o objetivo é aumentar seu poder de fogo para competir com o Kindle, da Amazon, e o iPad, da Apple. Concretizada no final de abril, a negociação se deu no momento em que a Microsoft tenta reforçar seu sistema operacional Windows 8, que também roda em tablets e deve ser lançado no segundo semestre.

FUTURO

Seria possível discorrer aqui sobre inúmeros outros exemplos do impacto provocado pelo tablet nas mais variadas áreas. Está claro, porém, que se trata apenas do começo de um processo. Podemos projetar então que, conforme o equipamento se popularize, iremos conhecer mais experiências enriquecedoras relacionadas com a adoção dessa nova tecnologia. O ponto crucial, no entanto, é compreender que o tablet é isto: um instrumento. Mais importante que os seus recursos, por mais fabulosos que sejam, é observar que a verdadeira inovação não está na ferramenta, mas sim no uso que faremos dela.

nosso trabalho para atendê-lo(la) melhor e aos outros leitores.
Por favor, preencha o formulário abaixo e envie pelos correios ou acesse
www.elsevier.com.br/cartaoresposta. Agradecemos sua colaboração.

Seu nome: _____

Sexo: ☐ Feminino ☐ Masculino   CPF: _____

Endereço: _____

E-mail: _____

Curso ou Profissão: _____

Ano/Período em que estuda: _____

Livro adquirido e autor: _____

Como conheceu o livro?

☐ Mala direta   ☐ E-mail da Campus/Elsevier
☐ Recomendação de amigo   ☐ Anúncio (onde?) _____
☐ Recomendação de professor
☐ Site (qual?) _____   ☐ Resenha em jornal, revista ou blog
☐ Evento (qual?) _____   ☐ Outros (quais?) _____

Onde costuma comprar livros?

☐ Internet. Quais sites? _____
☐ Livrarias ☐ Feiras e eventos ☐ Mala direta

☐ Quero receber informações e ofertas especiais sobre livros da Campus/Elsevier e Parceiros.

Siga-nos no twitter @CampusElsevier

Cartão Resposta
050120048-7/2003-DR/RJ
Elsevier Editora Ltda
····CORREIOS····

ELSEVIER

SAC | 0800 026 53 40
ELSEVIER | sac@elsevier.com.br

CARTÃO RESPOSTA
Não é necessário selar

O SELO SERÁ PAGO POR
Elsevier Editora Ltda

20299-999 - Rio de Janeiro - RJ

Qual(is) o(s) conteúdo(s) de seu interesse?

Concursos
- [ ] Administração Pública e Orçamento
- [ ] Arquivologia
- [ ] Atualidades
- [ ] Ciências Exatas
- [ ] Contabilidade
- [ ] Direito e Legislação
- [ ] Economia
- [ ] Educação Física
- [ ] Engenharia
- [ ] Física
- [ ] Gestão de Pessoas
- [ ] Informática
- [ ] Língua Portuguesa
- [ ] Línguas Estrangeiras
- [ ] Saúde
- [ ] Sistema Financeiro e Bancário
- [ ] Técnicas de Estudo e Motivação
- [ ] Todas as Áreas
- [ ] Outros (quais?)

Educação & Referência
- [ ] Comportamento
- [ ] Desenvolvimento Sustentável
- [ ] Dicionários e Enciclopédias
- [ ] Divulgação Científica
- [ ] Educação Familiar
- [ ] Finanças Pessoais
- [ ] Idiomas
- [ ] Interesse Geral
- [ ] Motivação
- [ ] Qualidade de Vida
- [ ] Sociedade e Política

Jurídicos
- [ ] Direito e Processo do Trabalho/Previdenciário
- [ ] Direito Processual Civil
- [ ] Direito e Processo Penal
- [ ] Direito Administrativo
- [ ] Direito Constitucional
- [ ] Direito Civil
- [ ] Direito Empresarial
- [ ] Direito Econômico e Concorrencial
- [ ] Direito do Consumidor
- [ ] Linguagem Jurídica/Argumentação/Monografia
- [ ] Direito Ambiental
- [ ] Filosofia e Teoria do Direito/Ética
- [ ] Direito Internacional
- [ ] História e Introdução ao Direito
- [ ] Sociologia Jurídica
- [ ] Todas as Áreas

Media Technology
- [ ] Animação e Computação Gráfica
- [ ] Áudio
- [ ] Filme e Vídeo
- [ ] Fotografia
- [ ] Jogos
- [ ] Multimídia e Web

Negócios
- [ ] Administração/Gestão Empresarial
- [ ] Biografias
- [ ] Carreira e Liderança Empresariais
- [ ] E-business
- [ ] Estratégia
- [ ] Light Business
- [ ] Marketing/Vendas
- [ ] RH/Gestão de Pessoas
- [ ] Tecnologia

Universitários
- [ ] Administração
- [ ] Ciências Políticas
- [ ] Computação
- [ ] Comunicação
- [ ] Economia
- [ ] Engenharia
- [ ] Estatística
- [ ] Finanças
- [ ] Física
- [ ] História
- [ ] Psicologia
- [ ] Relações Internacionais
- [ ] Turismo

Áreas da Saúde
- [ ]

Outras áreas (quais?): _____

Tem algum comentário sobre este livro que deseja compartilhar conosco? _____

Atenção: